Collins

意大利语
会话轻松学

英国 Collins 出版社　编
谢红　译

2018 年·北京

图书在版编目(CIP)数据

Collins 意大利语会话轻松学 / 英国 Collins 出版社编；谢红译. — 北京：商务印书馆，2018

ISBN 978-7-100-15605-9

Ⅰ. ① C⋯　Ⅱ. ①英⋯②谢⋯　Ⅲ. ①意大利语—口语—自学参考资料　Ⅳ. ① H772.94

中国版本图书馆 CIP 数据核字（2017）第 296193 号

权利保留，侵权必究。

© HarperCollins Publishers Ltd 2007

© in the Chinese material The Commercial Press 2018

Collins 意大利语会话轻松学
英国 Collins 出版社　编
谢　红　译

商　务　印　书　馆　出　版
（北京王府井大街 36 号　邮政编码 100710）
商　务　印　书　馆　发　行
北京新华印刷有限公司印刷
ISBN 978-7-100-15605-9

| 2018 年 7 月第 1 版 | 开本 880×1230 1/32 |
| 2018 年 7 月北京第 1 次印刷 | 印张 9¼ |

定价：30.00 元

目 录

I 介绍

这是一本什么书？
为什么你需要这本书？
这本书的结构如何？
如何使用这本书？
为什么要选择《Collins 意大利语会话轻松学》？

III 意大利语的发音

单元

1	小对话 社交用语	135	哎哟！ 关注健康
23	到那里 旅行	147	救命！ 解决各种问题
39	四海为家 找房子	161	取得联系 打电话，发邮件和寄信
57	吃吃喝喝 外出就餐	179	时间，数字，日期 你需要知道的一切
71	到城里 社交活动	207	总结…… 快速参考指南
83	博物馆、古建筑和其他 参观景点	229	一站式短语汇总 每日必备短语
99	购物指南 购物	253	语法
115	微笑服务 服务	273	动词变位表

介　绍

这是一本什么书？

《Collins 意大利语会话轻松学》是一本适合各阶段的意大利语学习者的全新型教材。无论是初学者、意大利语专业学生、业余学习者还是意图提高语言能力的学习者，这本书都能够增强你使用意大利语交流的信心。或许你打算去意大利度假、旅行、出差或生活，无论是上述哪种情况，使用意大利语高效、自然地进行交流一定是你所希望的。

为什么你需要这本书？

熟练使用一门外语意味着运用和理解这门语言的诸多方面——词汇、语法、发音等等。但是，要将这些融会贯通，并且真正地道地使用往往需要很长时间。《Collins 意大利语会话轻松学》这本书的语言结构经过精心编排，囊括了以上各个方面，便于读者可以用纯正的意大利语自信地进行交流。

这本书的结构如何？

《Collins 意大利语会话轻松学》共分为 12 个单元，每单元讲解一种特定情境，单元末尾的总结部分呈现单元的重要语言点。同时，在"一站式短语"单元中还列出了所有重要的表达方式，能够助你讲出一口更加地道的意大利语。

简短的语法和动词补充为你提供额外的语言帮助，确保你能够方便地使用它们。最后，在英意词汇表中你可以找到日常对话中最重要的单词。

如何使用这本书？

语言使我们既能够表达自我又能与他人互动交流。根据不同情境我们使用不同的语言，例如询问信息、表达赞成或反对、抱怨、建议等等。此时，我们就要用到语言结构（怎么……？什么时候……？我可以……吗？我想……，等等），这些语言结构可以应用于很多场合。《Collins 意大利语会话轻松学》的每一个单元都以结构化的形式为读者介绍特定情境下可能会使用到的各种表达，小标题使读者能够快速、便捷地从中找到需要的内容。在每个单元中，更有小贴士着重强调英语和意大利语在语言表达上的差异。

对话顾名思义是一个双向的过程。因此理解对方的语言，并且能够做出应答，两方面都很重要。在每个单元的最后都有一个"听力"的部分，为读者提供了在各情景下最有可能听到的多种表达方式。熟悉这些表达能够帮助读者与意大利人进行更顺畅的对话。从 www.collinslanguage.com 可以免费下载所有重点短语音频，以便更好地练习发音。

仅仅掌握语言方面还不足以称得上能够用意大利语高效地进行交流——文化知识也同样重要。更多地了解意大利文化和生活方式才能够在意大利更加自如。在每个单元的最后，"生活小贴士"为读者提供了深入探究意大利语言、国家和意大利人生活等内容。

为什么选择《Collins 意大利语会话轻松学》？

- 易用：重点语言结构使你更加有信心用纯熟的意大利语展开对话
- 易读：清晰、现代的排版使你能够快速、简单地找到你所需要的信息
- 易懂：使你能够轻而易举地理解特定情况下意大利人使用的语言
- 易听：www.collinslanguage.com 可以免费下载音频

意大利语的发音

意大利语发音很容易，拼写和读音完全对应，所以当你看到一个单词的时候很容易就能读出来，而当你听到一个新单词的时候你也能很快知道如何拼写。意大利语中没有和英语很不同的发音。下面我们就教大家如何正确读意大利语。

意大利语中的元音

在英语中，不重读的元音一般都念作 uh，所以 e 在单词 mother 和 a 在单词 central 的读音是完全一样的。有时候元音完全不发音，如单词 interesting 中的第一个 e。意大利语中不会出现这种情况，元音发音总是非常清楚。

- **a** 读音如英文单词 *apple* 中的 *a*
- **e** 读音如英文单词 *set* 中的 *e*
- **i** 读音如英文单词 *sheep* 中的 *ee*
- **o** 读音如英文单词 *orange* 中的 *o*
- **u** 读音如英文单词 *soon* 中的 *oo*

意大利语中的辅音

很多意大利语的辅音读起来和英语是一样的，除了双辅音，它们总是分开发音，因此 **tutto** 中的 **tt** 发音就如同英文 *hat trick* 中的 *tt*，而与 *fitted* 中的 *tt* 发音不同。

以下是与英语读音不同的辅音：

- **c** 在 **e** 和 **i** 前面要发 *tch* 的音 (cento, cinema, cioccolato)
- **ch** 读音类似 *kettle* 中的 *k* (chiesa, chilometro)
- **g** 在 **e** 和 **i** 前面要发类似 *jet* 中的 *j* (gelato, gennaio, giorno, giacca)
- **gh** 发音类似 *get* 中的 *g* (ghiaccio, laghi)
- **gl** 在 **i** 前面发音类 *million* 中的 *ll* 的发音 (meglio, migliaio)
- **gn** 发音类似 *canyon* 中的 *ny* (gnocchi, cognomen)
- **sc** 在 **e** 和 **i** 前面发 *sh* (scena, scendere, lasciare, scienza)
- **z** 读作 *ds* 或者 *ts* (zucchini, zucchero, mezzo, zia)

哪个音节要重读

要想更加流利和自然地说意大利语,你就需要找准重读音节。以下是一些指南:

双音节单词一般重音在第一个音节上,除非最后的元音有重音符号:

casa (*house* 家)　　　　　giorno (*day* 天)
bella (*beautiful* 漂亮)　　due (*two* 二)
sono (*I am* 我是)　　　　　spesso (*often* 经常)
lui (*he* 他)　　　　　　　　oggi (*today* 今天)

三个或者三个以上音节构成的单词的重音一般是在倒数第二个音节:

inglese (*English* 英语)　　　finite (*finished* 完成)
andare (*to go* 去)　　　　　andresti (*you'd go* 你最好去)
venire (*to come* 来)　　　　supermercato (*supermarket* 超市)
settimana (*week* 星期)　　　straordinariamente (*extraordinarily* 卓越的)

假如一个单词末尾元音表有重音符号,那么这个词最后一个音节重读。

età (*age* 年纪)　　　　　　metà (*half* 一半)
così (*like this* 像这样)　　perché (*why, because* 为什么 / 因为)

这类词包括很多英语中以 *ty* 结尾的单词

università (*university* 大学)　curiosità (*curiosity* 好奇)
città (*city* 城市)　　　　　　crudeltà (*cruelty* 残酷)

两种将来时态动词结尾经常带有重音符号:

farò (*I'll do* 我要做)　　　　aspetterò (*I'll wait* 我会等)
sarà (*it will be* 这将要)　　si divertirà (*she'll enjoy herself* 她会好好玩的)

还有一些单词的重音不在结尾,或者倒数第二个音节,要加以注意。

utile (*useful* 有用的)　　　　numero (*number* 数字)
macchina (*car* 汽车)　　　　camera (*room* 房间)
subito (*suddenly* 很快)　　　compito (*homework* 家庭作业)
difficile (*difficult* 困难)　　portatile (*portable* 可拿着的)

掌握以 **-ere** 结尾的动词不定式重音尤为重要，因为他们的位置不定，像 **avere** (*to have* 拥有)，**vedere** (*to see* 看见) 的位置是规则的，倒数第二个音节是重读音节。

然而，也有很多例外，比如：

essere (*to be* 是)　　　　vendere (*to sell* 卖)

scendere (*to get off* 下车)　dividere (*to divide* 分开)

scegliere (*to choose* 选择)　chiudere (*to close* 关门)

> **小贴士！**
> 过去分词如 **finito**，**partito**，重音总是倒数第二个音节，不过有些看上去很像过去分词的单词重音位置有时却让人无法预料，如 **subito** 和 **compito**。

小对话

Small talk

Come va? 最近好吗？

不管你是要去意大利工作还是要是只和意大利朋友相处一段时间，你都希望能够和他们谈话并更好地认识他们。这个单元能够帮助你很自然地与朋友、家人和同事在每天生活的各种场景进行交谈。

问候

就像英语一样，意大利人也有很多种问候的方式，究竟用哪一个取决于你所面对的人，以及正式或者非正式场合。**Buongiorno** (*Good morning* 早上好) 或 **Bronasera** (*Good afternoon/evening* 下午好/晚上好) 是礼貌的说法。

你好……

Buongiorno.	*Hello.*	早上好，你好。
Buongiorno signora Rossi.	*Good Morning, Mrs Rossi.*	早上好，罗西太太。
Buongiorno Francesco, come va?	*Good afternoon Francesco, How are you?*	下午好，弗朗切斯科，你好吗？
Buonasera.	*Good evening.*	晚上好。

小贴士！

意大利语中是有 **buon pomeriggio** (*good afternoon* 下午好) 这个表达的，不过一般仅新闻解说员用在电台或者电视节目中。如果你和人用 **buon pomeriggio** 打招呼，听上去会有一点奇怪。直接说 **buongiorno** 或者一天中稍晚一点的时间直接说 **buonasera**。当你走进商店或者餐厅的时候，记住要说 **buongiorno** 或者 **buonasera**。

如果和别人打招呼时不想那么正式,不管你是否认识对方,均可用 **salve** (*hi* 你好) 来问候。如果你想用友好的方式来问候,或者是对年轻人进行问候,你也可以用 **ciao** (*hi* 你好)。

你好……

Salve, cerco Matteo.	**Hi,** *I'm looking for Matteo.*	你好,我在找马提奥。
Salve, come va?	**Hi,** *how are things?*	你好,你最近还好吗?
Ciao ragazzi, come va?	**Hi there,** *how are things?*	你好,朋友们,你们最近还好吗?

向不太熟悉的人道别一般用 **arrivederci**。对认识的人或年轻人可以只说 **ciao**。**buongiorno** 和 **buonasera** 也可以用来表示再见。

再见……

Arrivederci.	*Goodbye.*	再会。
Arrivederci, signora Clari!	*Goodbye, Mrs Clari!*	再会,卡拉莉太太!
Ciao, ci vediamo domani.	*Bye, see you tomorrow.*	再见,明天见。
Allora io vado, **buonasera** a tutti.	*I'm off, goodnight everybody.*	我准备走了,各位再见啦。

小贴士!
记住在离开商店或者餐厅时,可以说 **arrivederci**。

在英语中你可以说 *goodnight* 来告别或者祝对方晚安,睡个好觉。但是在意大利语中,睡觉前才会说 **buonanotte** (*goodnight* 晚安)。

晚安……

Meglio dormire adesso. **Buonanotte!**	*Better go to sleep now. goodnight!*	我最好现在去睡觉了,晚安!
Vado a dormire, sono proprio stanca.	*I'm going to bed, I'm really tired.*	我要去睡觉了,我已经非常累了。
Buonanotte a tutti.	*Goodnight everybody.*	各位晚安。
Buonanotte e sogni d'oro!	*Goodnight and sweet dreams!*	晚安,做个好梦!

再见

A domain!	*See you* tomorrow!	明天见！
A lunedì!	*See you* on Monday!	周一见！
Ci vediamo!	*See you* later!	再见！
Allora a più tardi, ciao!	*See you* later!	待会儿见！

小贴士！

在意大利语中，如果你说 **a più tardi** 来告别，则表示在当天可能会再次遇到这个人，而不是在将来的某个时间再见。

介绍

你可能想向别人介绍你认识的人，最简单的方法是说 **questo / questa è** (*this is* 这是)。当你要介绍一位很熟的朋友，也可以说 **ti presento** (*I'd like you to meet* 我想向你介绍)，或者用 **le presento**，这样比较正式。如果是向多人介绍，可以说 **vi presento**。

这是……

Questo è mio marito David.	***This is*** my husband, David.	这是我的丈夫，大卫。
Questi sono i miei figli Andrew, Gordon e Emma.	***These are*** my children, Andrew, Gordon and Emma.	这些是我的孩子，安德鲁、戈登和艾玛。
Ti presento Lara.	***I'd like you to meet*** Lara.	我想向你介绍萝拉。
Mi permetta di presentarle Richard, il mio compagno.	***Let me introduce You to*** Richard, my partner.	请允许我向您介绍我的同事理查德。
Vi presento James, il fratello di Kate.	***I'd like you all to meet*** James, Kate's brother.	我想向你们介绍凯特的兄弟詹姆士。

当别人介绍你的时候,你要知道如何回答。可以说一句 **piacere** (*nice to meet you* 很高兴认识你),或者说 **molto piacere** (*how do you do?* 幸会)。你也可以说 **piacere di conoscerla**,或者对比你年轻的人说 **piacere di conoscerti**。另外你可以用自己的名字做自我介绍。在更正式的场合中,意大利人经常说他们的姓而不是他们的名字。

很高兴认识你

Piacere, Emma.	**Nice to meet you**, I'm Emma.	很高兴认识你,我是艾玛。
Piacere, io sono Maree e questo è Kevin.	**Nice to meet you**, I'm Maree and this is Kevin.	很高兴认识你,我是马瑞,这是凯文。
Molto piacere, Sinclair.	**How do you do**, my name's Sinclair.	幸会,我叫辛克莱尔。
E tu sei Maria? **Piacere di conoscerti**.	Are you Maria? **Nice to meet you**.	你是玛丽亚吗? 很高兴认识你。
Piacere di conoscerla, avvocato Martini.	**Nice to meet You**, Mr. Martini.	很高兴认识您,马尔蒂尼律师。

小贴士!

　　意大利人经常用职位头衔,比如 **avvocato** (*lawyer* 律师)、**ingegnere** (*engineer* 工程师)、**architetto** (*architect* 建筑师) 来称呼专业人士,而名字可以省略。比如说, **Buongiorno architetto!** 早上好啊,建筑师! 医生也可用同样的方式来称呼。

　　如果你想做自我介绍,你可以说 **Piacere...** 之后报出自己的名字。更正式的说法是 **Mi permetta di presentarmi,...** (*May I introduce myself, ...* 请允许我介绍一下自己……)

你好,我是……

Piacere, sono Kate Brooks.	**Hello**, I'm Kate Brooks.	你好,我是凯特·布鲁克斯。
Piacere, Peter.	**Hello**, I'm Peter.	你好,我是彼特。
Slave, sono il fratello di Jane.	**Hi**, I'm Jane's brother.	你好,我是珍妮的兄弟。
Mi permetta di presentarmi, mi chiamo Thomas Baxter.	**May I introduce myself**, I'm Thomas Baxter.	请允许我介绍自己,我是托马斯·巴克斯特。

小贴士!

　　如果你错过了介绍环节,但是你又非常想认识某人,可以说 **Mi scusi, non ci siamo presentati, io sono Catherine. Lei è...?** (*Excuse me, we've not been introduced, I'm Catherine, You're ...?* 对不起,我们还没有介绍,我是凯瑟琳,您是……?)

为了继续交谈，你也可以介绍更多个人信息，如名字、职业等等。用意大利语说你的名字，你会用到 **mi chiamo**，从字面上理解就是我称我自己为……，这个词是从动词 **chiamarsi** (*to be called* 被称之为) 变位而来。你也可以简单地说 **sono** (*I am* 我是)，这个词是从动词 **essere** (*to be* 是) 变位得来的。想了解更多关于动词 **essere** 的信息，请查阅第 280 页。

我叫……

Mi chiamo Jonathan Butterfield.	***My name is*** *Jonathan Butterfield.*	我叫乔纳森·巴特菲。
Ciao, **mi chiamo** Danielle.	*Hi,* ***my name is*** *Danielle.*	你好，我的名字是丹尼尔。
Ci chiamiamo John e Francis.	***We are*** *John and Francis.*	我们是约翰和弗朗西斯。
Salve, **io sono** Liam.	*Hi, I'm Liam.*	你好，我是里安姆。
Piacere, **noi siamo** Christine e Peter.	*Nice to meet you,* ***we are*** *Christine and Peter.*	很高兴认识你，我们是克莉丝汀和彼特。

如果你想说你年纪多大，用 **ho** 跟在你的年龄和 **anni** 后面（字面意思是 *I have... years* 我有……岁）。**ho** 是动词 **avere** (*to have* 有) 的动词变位形式。想了解更多关于动词 **avere** 的信息，请查阅第 277 页。

我……岁

Ho trentasette **anni**.	*I'm thirty-seven* ***years old***.	我 37 岁。
Ho ventidue **anni**.	*I'm twenty-two.*	我 22 岁。
Mio figlio **ha** otto **anni**.	*My son**'s** eight.*	我儿子 8 岁。
Quanti anni **hai**?	*How **old** are you?*	你多大了？

小贴士

如果你不得不问 **Quanti anni ha?** (*How old are?* 你多大了？) 你可以在前面加上 **se non sono indiscreto/indiscreta** (*if you don't mind my asking.* 如果你不介意我问的话。)

如果要谈及你的身份以及职业，用 **sono** (*I'm* 我是)，**ho** (*I have* 我有)，以及 **faccio** (*I do* 我做)。这些词是从 **essere** (*to be* 是)，**avere** (*to have* 有) 以及 **fare** (*to do* 做) 进行动词变位而来。想了解更多关于这些动词的信息，请查阅 280，277 以及 281 页。

我是……

Sono il fratello di Ben.	*I'm* Ben's brother.	我是本的兄弟。
Sono un'amica di Paul.	*I'm* a friend of Paul's.	我是保罗的朋友。
Non **sono** sposata.	*I'm* not married.	我没结婚。
Avevo una ragazza ma adesso **sono** single.	I had a girlfriend but *I'm* single now.	我曾经有一个女朋友但是现在我单身。
Siamo amiche di Helen.	*We are* Helen's friends.	我们是海伦的朋友。

当你用意大利语说你做什么工作的时候，用动词 **fare** (*to do* 做)：我是一个面包师，可以说 **faccio il panettiere**。也可以用 **essere** (*to be* 是) 这个动词，但是这并不常见。

我是一名……

Faccio l'insegnante.	*I'm* a teacher.	我是一名老师。
Faccio il medico.	*I'm* a doctor.	我是一名医生。
Faccio il programmatore presso un'azienda inglese.	*I work as* programmer for a British company.	我在一家英国公司做程序员。
Sono avvocato.	*I'm* a lawer.	我是一名律师。
Siamo studentesse.	*We are* students.	我们是学生。

小贴士！

请记住当谈论职业的时候，英语中常用 *a*，而在意大利语中则用冠词 (**il**，**la** 等)。

我有……

Ho due sorelle.	*I have* two sisters.	我有两个姐妹。
Ho un figlio e una figlia.	*I have* one son and one daughter.	我有一个儿子和一个女儿。
Abbiamo parenti nel sud Italia.	*We have* relatives in southern Italy.	我们有亲戚住在意大利南部。

我住在……

Abito nel Galles.	**I live** in Wales.	我住在威尔士。
Abito da sola.	**I live** alone.	我一个人住。
Abitiamo in un appartamento.	**We live** in a flat.	我们住在一间公寓。
Addeso **vivo** in Italia.	**I live** in Italy now.	我现在住在意大利

我现在待在……

Sto all'Hotel Belvedere.	**I'm staying** at the Hotel Belvedere.	我现在住在贝尔韦德里酒店。
Sto da amici.	**I'm staying** with friends.	我现在和朋友待在一起。
Mi fermo a Milano per una settimana.	**I'm staying** in Milan for a week.	我在米兰待一个星期。

表达某事已经做了一段时间，用一般现在时和 **da** (*for* 从)。另外一种常见的用法是用 **sono...che**...。

我已经做……（某事）……（多长时间）

Faccio l'infermiera **da** cinque anni.	**I've been** a nurse **for** five years.	我当了五年护士。
Vivo in Italia **da** dieci anni.	**I've been living** in Italy **for** ten years.	我住在意大利已经有十年了。
Sono a Ravenna **da** due settimane.	**I've been** in Ravenna **for** two weeks.	我到拉韦纳已经两周了。
Sono sei mesi **che** studio l'italiano.	**I've been** learning Italian **for** 6 months.	我已经学习意大利语六个月了。
Sono tre mesi **che** insegno inglese in Italia.	**I've been** teaching English in Italy **for** 3 months.	我在意大利教英语已经有三个月了。

询问信息

当你和别人聊天时,会问好几个问题。一个简单方法是当你问一个不太熟悉的人信息的时候用 **mi parli di** (*tell me about* 请告诉我……),而问年轻人时说 **parlami di**。这些都是从动词 parlare (*to speak* 说)变位而来的。想了解更多关于这个动词的信息,请查阅第 273 页。

请告诉我……

Mi parli della sua famiglia.	*Tell me about* Your family.	请给我介绍一下你的家庭。
Mi parli un po' di lei.	*Tell me* a bit *about* Yourself.	请给我介绍一下你自己。
Parlami del tuo nuovo ragazzo.	*Tell me about* your new boyfriend.	请给我介绍一下你的新男朋友。
Dimmi in che consiste il tuo lavoro.	*Tell me* what your job involves.	请给我介绍一下你的工作内容。
Ma basta parlare di me. **Dimmi** di te, adesso.	Enough about me. Now *tell me about* you.	我的情况说得够多了,现在请说说你的情况吧。

另外一种常用问信息的形式是说 **Come…?** (*How…?*……怎么样?), **Cosa…?** (*What…?*……是什么?) **Dove…?** (*Where…?* 哪里……?) **Quando…?** (*When…?* 什么时候……?)等等。

……怎么样?

Come va?	*How* are things?	事情进展如何?
Come stai?	*How* are You?	你好吗?
Come stai, Marco?	*How* are you, Marco?	你好吗,马可?
Volevo chiederti, **com**'è andata la vacanza?	I meant to ask, *how* was your holiday?	我想问问,你假期过得如何?
Come va con l'università?	*How's* university going?	你的大学生活如何?

……是什么?

Cosa fai nella vita?	*What* do you do?	你做什么职业?
Cosa le piace fare nel tempo libero?	*What* do you enjoy doing in your free time?	你平常有时间时喜欢做什么?
Cosa farai quando finisci l'università?	*What* are you going to do when you finish university?	你读完大学后想去做什么呢?

你叫什么名字？

Come si chiama?	What's Your name?	您叫什么名字？
Ciao! E tu come ti chiami?	Hi! What's your name?	你好吗？你叫什么名字？
Come si chiama sua moglie?	What's your wife's name?	您太太叫什么名字？
Come vi chiamate?	What are your names?	你们叫什么名字？

哪里……？

Dove abita?	Where do you live?	您住在哪里？
Dove lavora?	Where do you work?	您在哪里工作？
Dov'è il suo ufficio?	Where is your office?	您的办公室在哪？
Di dove sei?	Where do you come from?	你来自哪里？

什么时候……？

Quando arrivi?	When will you get here?	你什么时候到达？
Quando parte?	When are you leaving?	您什么时候出发？
Quando ci troviamo?	What time are we meeting?	我们几点碰面？
Quand'è il tuo compleanno?	When is your birthday?	你生日是什么时候？

如果你想问别人做一件事情多长时间了，可以用 **Da quanto tempo ...?** 或者只用 **Da quanto ...** (*How long ... for?* ……做了多长时间？) 后面跟现在时。想了解更多关于现在时的信息，请查阅第 268 页。

……做了多长时间？

Da quanto tempo lavori qui?	How long have you been working here?	你在这里工作多长时间了？
Da quanto tempo è sposata?	How long have You been married?	您结婚多长时间了？
Da quanto stai in Italia?	How long have you been in Italy?	你在意大利待多久了？

有时候，你想问你的朋友或者熟人为什么做或为什么不做某事，你可以说 **Perché...?** (*Why...?* 为什么......？) 加用过去时来询问？想了解更多关于过去时的信息，请查阅第 268 页。

为什么……？

Perché hai cambiato casa?	**Why** did you move house?	你为什么搬家了？
Perché si è licenziata?	**Why** did You quit your job?	您为什么辞职了？
Perché non mi hai telefonato?	**Why didn't** you call me?	你为什么不打电话给我？
Perché non c'è andata?	**Why didn't** You go?	为什么您还没走呢？

告诉别人你想做什么

当你正在和朋友或者同学聊天的时候，你经常要谈到你喜欢做什么。如果要表达你想要做什么，用 **vorrei** (*I'd like* 我想)。**vorrei** 是从动词 **volere** (*to want* 想要) 变位而来的，想了解更多关于动词 **volere** 的信息，请查阅第 283 页。

我想做……（比较客气一些）

Vorrei ringraziarla dell'aiuto.	**I'd like to** thank You for your help.	我想感谢您的帮助。
Vorrei parlare con la signora Martini, per favore.	**I'd like to** speak to Mrs Martini, please.	请帮我转给马蒂尼太太（我想和马蒂尼太太说话）。
Vorremmo inviatarvi a bere qualcosa.	**We'd like to** take you out for a drink.	我们想请你们一起出去喝点什么。
Vorremmo presentarle un amico.	**We'd like** You to meet a friend of ours.	我们想向您介绍我们的一位朋友。

你也可以用 **voglio** (*I want* 我想) 来表达想要做的事情。如果你想让别人做什么，你可以用 **voglio che** 加虚拟语气。想了解更多关于虚拟式的信息，请查阅第 270 页。

我想做……

Voglio organizzare una festa.	**I want to** organize a party.	我想组织一次聚会。
Voglio invitare un po' di amici per il mio compleanno.	**I want to** have a few friends over for my birthday.	我想邀请几个朋友来参加我的生日聚会。
Voglio che tu venga con me.	**I want** you **to** come with me.	我想让你和我一起去。
Voglio che la serata vada bene.	**I want** the evening **to** be a success.	我想让晚会顺利举行。

提出建议

向你的朋友或者同学提出建议的一个比较简单的方式,是用 **si potrebbe** (*we could* 我们能够),加动词不定式。**potrebbe** 是动词 **potere** (*to be able*) 能够的动词变位,想了解更多关于动词 **potere** 的信息,请查阅第 282 页。

我们能够……

Si potrebbe chiedere a Paul di venire con noi.	*We could* ask Paul to join us.	我们可以邀请保罗加入我们。
Si potrebbe uscire a bere qualcosa insieme.	*We could* go out for a drink.	我们可以一起出去喝点一杯。
Ci si potrebbe incontrare un'altra volta.	*We could* meet another time.	我们可以约其他的时间碰面。
Ci si potrebbe trovare al Caffè San Marco.	*We could* meet at the Caffè San Marco.	我们可以约在圣马可咖啡馆见面。

像英语一样,你也可以用很简单的问句来提出建议 **Perché non...**? (*Why don't...?* 为什么不……呢?)。

为什么不……呢?

Perché non ci troviamo uno di questi giorni?	*Why don't* we get togherer sometime?	我们不如找个时间聚一聚吧?(为什么我们不找个时间聚一聚呢?)
Perché non invitiamo Fabio e la sua ragazza?	*Why don't* we invite Fabio and his girlfriend?	不如我们邀请法比奥和他的女朋友吧?
Perché non li chiami?	*Why don't* you phone them?	为什么你不打电话给他们?
Perché non viene a pranzo con me?	*Why not* meet me for lunch?	不如我们中午吃饭的时候碰面?

在意大利语中,你提出建议的时候用 **E se...**? (*How about...?* 如果……怎么样?)加虚拟式未完成时。想了解更多关于虚拟式的信息,请查阅第 270 页。

如果……怎么样?

E se li invitassimo a cena?	*How about* asking them round for dinner?	我们邀请他们一起吃晚餐怎么样?
E se venisse con noi?	*How about* if You came with us?	你和我们一起来怎么样?
E se passassi a prenderti la mattina?	*How about* if I picked you up in the morning?	我早上去接你怎么样?

可以用 **Dovrei...?** (*Should I...?* 我需要……?) 加动词不定式来询问你是否应该做某事。**dovrei** 是 **dovere** (*to have to* 应该) 的动词变位，想了解更多关于动词 **dovere** 的信息，请看第 279 页。

我要不要……？

Dovrei invitare Anna?	**Should I** invite Anna?	我要不要邀请安娜？
Dovrei richiamarla?	**Should I** call her back?	我要不要给她回电话？
Dovrei scusarmi?	**Should I** apologize?	我要不要道歉？

表达意见

在社交或者谈论工作的时候，你希望表达你自己的观点。用意大利语你可以说 **credo** 或者 **penso** (*I think* 我认为)。当你在 **credere** 以及 **pensare** 后面加上 **che** 时，后面的动词用虚拟语气。想了解更多关于虚拟语气的信息，请查阅第 270 页。

我认为……

Penso che sia una splendida idea.	*I think* it's a great idea.	我认为这是个好主意。
Penso proprio **che** sia troppo tardi per andare al cinema.	*I think* it's really too late to go to the cinema.	我觉得现在去电影院真的太晚了。
Credo che Sonia abbia ragione.	*I think* Sonia's right.	我认为索尼娅是对的。
Non credo proprio **che** sia così.	*I don't think* that's the case at all.	我一点也不认为真的是这样。
Non credo che sia una buona idea rivederci.	*I don't think* it's a good idea for us to see each other again.	我不认为我们再见面是一个好主意。

在我看来……

Second me è una buona idea.	*In my opinion,* it's a good idea.	在我看来，这是个好主意。
Secondo me ci creerà problemi.	*In my opinion,* it will cause us problems.	在我看来，这将会引起麻烦。
Secondo me è la decisione giusta.	*In my opinion,* it's the right decision.	在我看来，这是一个正确的决定。
Per me non è vero.	*In my opinion,* it's not true.	在我看来，这不是真的。

如果你要问别人的看法，你可以用 **Che ne pensa di...?** (*What do you think of...?* 你认为……怎么样？)。和比较熟悉的人或者是年轻人可以用 **Che ne pensi di...?**

你认为……怎么样？

Che ne pensa del suo ultimo film?	*What do You think of his latest movie?*	你觉得他最新拍的这部电影怎么样？
Che ne pensa di questo ristorante?	*What do You think of this restaurant?*	你觉得这家餐馆如何？
Che ne pensi di questa idea?	*What do you think of this idea?*	你觉得这个主意如何？
Che ne pensa?	*What do You think?*	你觉得呢？

如果要表达同意或者不同意某人的观点，用 **sono d'accordo** 或 **non sono d'accordo**。

我同意

Sono d'accordo.	*I agree.*	我同意。
Sono d'accordo con Nigel.	*I agree with Nigel.*	我同意倪洁尔的观点。
Sono completamente **d'accordo con** lei!	*I entirely agree with You!*	我完全同意你的观点。
Non sono del tutto **d'accordo con** Giovanni.	*I don't altogether agree with Giovanni.*	我完全不同意杰万里的观点。
Non condivido questa decisione.	*I don't agree with this decision.*	我不同意这个决定。

在英语中，我们用动词 to be 来表示对和错：*to be right*, *to be wrong*。在意大利语中用 **avere** (*to have* 有)：**avere ragione** (*to be right* 是对的)，**avere torto** (*to be wrong* 是错的)。

你是对的

Hai ragione!	*You're right!*	你是对的。
Secondo me **ha ragione.**	*I think You're right.*	我认为你是对的。
Ha ragione Matteo.	*Matteo's right.*	马提奥是对的。
Credo che **abbiate ragione** voi.	*I think you're right.*	我认为你们说的有道理。
Per me Marina **ha torto.**	*I think Marina is wrong.*	我觉得马丽娜是错的。
Fai male a non ascoltarla.	*You're wrong not to listen to her.*	你不听她的话是不对的。

谈论你的计划

当你和的朋友、同事谈话时,会想谈论一下你的计划。在意大利语中,和英语一样,经常用现在时来谈论计划,特别是已经安排好而且肯定会是去做的事情。想了解更多现在时的用法,请查阅第 268 页。

我将要……

Vedo Gianni giovedì.	*I'm seeing* Gianni on Thursday.	我周四会去见杰阿尼。
La **vedo** questo pomeriggio.	*I'm seeing* her this afternoon.	今天下午我会见到她。
Andiamo al cinema stasera.	*We're going* to the cinema tonight.	我们今晚准备去电影院。
Pranziamo insieme venerdì prossimo.	*We're going for lunch* next Friday.	我们下周五一起吃午餐。

在英语中,当你谈论未来的时候我们经常说 *I'm going to* 我将要做。在意大利语中,你可以用将来时或者现在时,请查阅第 268 页。

我即将要做……

Gli **telefonerò**.	*I'm going to phone* him.	我准备要打电话给他。
Lo **avvertirò** che non posso venire.	*I'm going to let* him know I can't come.	我要让他知道我不能来。
Dirò loro di venire un po' più tardi.	*I'm going to tell* them to come a bit later.	我要告诉他们我稍晚一点到。
Usiamo a cena domani sera.	*We're going to go out* for dinner tomorrow night.	我们明晚要出去吃晚饭。
Andiamo a trovarli lunedì.	*We're going to go* and see them on Monday.	我们下周一去看他们。

你将要做……吗?

Glielo **dici** oggi?	*Are you going to tell* him the news today?	你今天会告诉他这个消息吗?
Pensi di rivederlo?	*Are you going to see* him again?	你会再见他吗?
Lei ci **va a** questa festa?	*Are you going to go to* this party?	你会去这个派对吗?
Comprerà una casa?	*Are you going to buy* a house?	你要买栋房子吗?

当你想表达你计划做什么，你可以用 **ho intenzione di** (*I intend to* 我计划要去做) 加动词不定式。

我计划要做……

Ho intenzione di invitarla a bere qualcosa.	*I intend to* ask her out for a drink.	我打算邀请她去喝一杯。
Ho intenzione di andarli a trovare quest'estate.	*I intend to* go and see them this summer.	我计划这个夏天去看他们。
Abbiamo intenzione di invitarlo durante la vacanze.	*We intend to* invite him over during the holidays.	我们计划邀请他一起度假。
Intendo sistemare la questione prima possibile.	*I intend to* sort out this problem as soon as possible.	我打算尽快解决这个问题。

你打算做……吗？

Hai intenzione di andare al matrimonio di Carlo e Mariella?	*Do you intend to* go to Carlo and Mariella's wedding?	你打算去参加卡罗和玛丽埃拉的婚礼吗？
Ha intenzione di contattarli?	*Do You intend to* get in touch with them?	您打算和他们联系吗？
Cosa **hai intenzione di** dire?	What *do you intend to* say?	你准备说什么？
Intende restare in questa zona?	*Do You intend to* stay in this area?	你打算在这里待着吗？
Come **intendi** dargli la notizia?	How *do you intend to* tell him the news?	你打算如何告诉他这个消息？

约会

当你准备和某人约会，一般说 **Le va bene…?** 或者随意一些，**Ti va bene…?** (*Is it okay by you if…?* 你觉得……可以吗？) 来问对方某事是否符合他们的意愿。**va** 是从动词 **andare** 变位而来，想了解更多关于动词 **andare** 的信息，请查阅第 276 页。

如果……你觉得可以吗？

Le va bene cenare alle nove?	*Is it okay by You if* we have dinner at nine?	我们今晚九点吃晚餐你觉得如何？
Le va bene alle due?	*Is* two o'clock *okay by You*?	你觉得两点可以吗？
Ti va bene se ti telefono la settimana prossima?	*Will it be okay if* I phone you next week?	您觉得我下周打电话给您时间可以吗？
Vi va bene se restiamo d'accordo così?	*Would* this arrangement be *okay by <u>you</u>*?	你们觉得这个安排可以吗？

如果你要问别人更倾向于什么,可以说 **preferisci...?** 或者用 **preferisce...?** (*Would you prefer it...?* 你愿意吗……?) 更正式一些。它们是 **preferire** 现在时的动词变位。你也可以用条件式 **preferirebbe...** 或者 **preferiresti...**。想了解更多关于 **preferire** 一类以 -ire 结尾的动词及其条件式的信息,请查阅 266 和 271 页。

如果……你愿意吗?

Preferisci che ci incontriamo in centro?	*Would you prefer it if* we met in town?	我们在镇上碰面好吗?
Preferisce che ci troviamo al ristorante?	*Would You prefer it if* we met at the restaurant?	您愿意我们在餐厅见面吗?
Preferite che vi passi a prendere?	*Would you prefer* me to come and collect you?	你们愿意我来接你们吗?
Preferirebbe andare allo spettacolo dopo?	*Would you prefer it if* we went to the later show?	我们一会去晚场秀好吗?

最好是……?

È meglio invitare anche sua moglie?	*Is it better to* invite his wife as well?	我们最好也邀请上他太太吧?
È meglio se ti chiamo di sera?	*Is it better to* ring you in the evening?	我晚上再给你电话更好吧?
È meglio se l'avvisiamo prima di venire?	*Is it better to* let You know before we drop in?	我们拜访你之前告诉你好吗?

如果你要确定和某人约会,你可以说 **siamo d'accordo...?** 或者 **Allora d'accordo...?** (*Are we agreed...?* 我们确定……好吗?)。

我们确定好……吗?

Siamo d'accordo per la data?	*Are we agreed on* the date?	我们确认好那个日期了吗?
Siamo d'accordo su dove trovarci?	*Are we agreed on* where to meet?	我们确认好哪里见面了吗?
D'accordo, signora?	*Are we agreed,* madam?	我们达成一致了吗,女士?
Allora **d'accordo?**	*Are we agreed,* then?	那么,我们确认了吗?
D'accordo.	*Agreed!*	同意!

小贴士!

D'accordo 经常用来表示接受或者同意: **Ci andiamo insieme?- D'accordo!** (*Shall we go together?- Ok!* 我们一起走吗? —好啊!)。

表达必须要去做的事情

在意大利语中,表达必须去做的事情可以用 **devo**(*I have to* 我必须)加不定式。**devo** 是从动词 **dovere**(*to have to* 必须)变位而来。想了解更多关于动词 **devere** 的信息,请查阅第 279 页。

我必须……

Devo fare una telefonata.	**I have to** make a phone call.	我必须要打一个电话。
Devo stare a case stasera.	**I have to** stay in tonight.	我今晚必须待在家里。
Devo andare a cena con i colleghi.	**I have to** go out to dinner with my colleagues.	我必须要和同事一起去吃晚饭。
Dobbiamo essere là alle otto in punto.	**We have to** be there at eight o'clock sharp.	我们必须八点准时到那儿。

我必须……

Devo finire prima delle due.	**I must** finish before two o'clock.	我必须在两点前完成。
Adesso **devo** proprio andare.	**I** really **must** go now.	我现在真的得走了。
Devo telefonare a mia moglie.	**I must** call my wife.	我必须要打电话给我太太。

应该要做什么……?

Devi dargli una risposta oggi?	**Do you have to** give him an answer today?	你今天必须给他一个答复吗?
Deve andare subito?	**Do you have to** go right now?	您必须马上走吗?
Dobbiamo portare qualcosa?	**Do we have to** bring something?	我们必须带些什么吗?

表达应该要做某事,用 **dovrei**(*I should*)加不定式。想了解更多关于动词不定式的信息,请查阅第 264 页。

我应该……

Dovrei chiamare Anne.	**I should** call Anne.	我应该要打电话给安妮。
Dovrei darle il mio numero di cellular.	**I should** give you my mobile number.	我应该给你我的手机号码。
Dovreste venire a trovarci.	**You should** come and see us.	你们应该过来看我们。

如果你要问别人他们要干什么，或者什么时间，为什么必须要干这件事情，在 **deve** 前面，或正式一点，在 **devi** (*do you have to?* 你应该) 的前面用 **cosa** (*what* 什么)， **quando** (*when* 什么时间)，或者 **perché** (*why* 为什么)，放在句首。**deve** 和 **devi** 由动词 **dovere** 变化而来，想了解更多关于动词 **dovere** 的信息，请查阅第 279 页。

你必须要做什么？

Cosa deve fare?	**What do You have to** do?	您必须要做什么？
Quando devi partire?	**When do you have to** go?	你什么时间必须要离开呢？
Perché dovete rientrare così presto?	**Why do you have to** go back so soon?	为什么你们要那么快就回来呢？

如果要表达你不用干什么，你可以说 **non sono obbligato/obbligata a** (*I'm not obliged to* 我不一定要……)。

我不一定要……

Non sono obbligato a restare in albergo.	**I don't have to** stay at the hotel.	我没有必要待在酒店。
Non sono obbligata a invitarli da me, se è tardi.	**I don't have to** invite them back if it's late.	如果太晚了我没有必要邀请他们来我这里。
Non siamo obbligati a coinvolgere tutta la famiglia.	**We don't have to** involve the whole family.	我们没有必要要全家参与进来。

我不该……

Non devo fare tardi anche stasera.	**I mustn't** be late again tonight.	我今晚不该再一次迟到。
Non devo perdere il suo numero.	**I mustn't** lose his number.	我不该丢了他的号码。
Non dobbiamo vederci più.	**We mustn't** see each other again.	我们不该再见面了。

听力

以下是你在对话中可能听到的短语。

Salve, come va?	Hi, how are you?	你好，最近好吗？
Ci conosciamo?	Have we met before?	我们之前见过吗？
È qua con amici?	Are you here with friends?	您和您朋友在这里吗？
Di dove sei?	Where are you from?	你来自哪里？
Quanto vi fermate a Catania?	How long are you staying in Catania?	你们在卡塔尼亚呆了多久了？
Da quanto studia l'italiano?	How long have you been learning Italian?	您学习意大利语多长时间了？
Riesce a seguire la conversazione?	Are you following the conversation?	你跟上对话了吗？
Veramente, parli un ottimo italiano.	Your Italian is really very good.	你的意大利语说得真是特别好。
Parlo troppo veloce?	Am I speaking too fast?	我是不是说得太快了？
Preferisce se parlo inglese?	Would you prefer it if I spoke English?	我说英语会不会更好？
Vuole che ripeta?	Would you like me to say it again?	您希望我再说一遍吗？
Vuole che parli più piano?	Do you want me to speak more slowly?	您希望我说得慢一些吗？
Capisce il dialetto?	Do you understand dialect?	您能听懂方言吗？
Mi scusi, ma parlo un pessimo inglese.	I'm sorry, but my English is really bad.	很抱歉，我的英语说的太差了。
Mi può dare del tu.	You can call me tu.	您可以用"你"来称呼我。
Potremmo darci del tu.	Shall we call each other tu?	我们能用你来称呼彼此吗？
È sposata?	Are you married?	您结婚了吗？
Avete figli?	Have you got any children?	你们有孩子吗？
Vieni qua spesso?	Do you come here often?	你经常来这里吗？
Mi picacerebbe rivederti.	I'd like to see you again.	我很想和你再见面。

生活小常识

lei 用来称呼不太熟悉的人,表示礼貌。也可用来称呼比你年长的人,或者是在工作中资历比你长的人,表示尊敬。一般日常工作中经常接触的人会用**tu**来称呼彼此,(**darsi del tu** *to say tu to each other* 用你来称呼彼此),但是为了安全起见,一般要等到大家熟悉了才用。很多人不喜欢被尊称为您,因为他们觉得这样太正式。他们会建议你用**tu**来称呼彼此:**mi puoi dare del tu** 或者 **possiamo darci del tu**。如果你觉得对方更喜欢用**tu**,你可以先问一下**Ci diamo del tu?**我能用你称呼吗?

像英文里面的*sir*一样,**signore**是对男性的一种尊称, 而**signora**在意大利语中比英文中的*madam*更常用。你可以用它来称呼任何一位以**lei**相称的女士,即使你和她很熟悉。

当你第一次和某人见面,不管对方是男性还是女性,你一般会握手(**darsi la mano**)。在会议或者谈判上握手是非常常见的。男性一般会握手表示友好,女性比较喜欢亲对方的两侧脸颊。男性也会亲女性朋友或者是男性亲戚。注意在意大利不同地区习惯可能会有所不同。

ragazzo 和**ragazza**可以用来表示男/女孩,也可以表示男/女朋友。如果有人说**il mio ragazzo**,就是在说我的男朋友。不过,当你过了25岁以后,就不会再用**ragazzo**和**ragazza**。这时候你会说**il mio compagno**我的男性伴侣,或者**la mia compagna**我的女性伴侣。

像英国人一样,意大利人很喜欢泡咖啡馆、酒吧以及餐馆。意大利的酒吧一般提供咖啡以及酒精饮料,所以你可以走到任何一间酒吧**a prendere un caffe**点咖啡或**a prendere l'apertivo**(一种午餐和晚餐前的开胃酒)。意大利没有饮酒文化,人们一般不会整个晚上都在外面喝酒。

到那里

Getting there

Buon viaggio! 旅途愉快!

如果你准备要去意大利或周边旅游,掌握这个章节的句子将有助于你问路,找到到达目的地的途径以及和其他旅游者进行日常会话。

谈谈你的计划

当你旅游的时候,你可能会想说一下你准备做什么。你可以用将来时或者现在时来说你的计划。想了解更多关于将来时和现在时的信息,请查阅268页。

我计划……

Passerò una settimana a Roma.	***I'll spend*** a week in Rome.	我计划在罗马待一个星期。
Raggiungerò degli amici a Ferrara.	***I'll be joining*** some friends in Ferrara.	我计划在费拉拉和朋友一起走。
Torneremo a Milano per il fine settimana.	***We'll get back*** to Milan for the weekend.	我们将回米兰度周末。
E poi **vado** a Pisa.	Then ***I'll go*** to Pisa.	接着我会去比萨。
Torniamo a Napoli dopo una settimana.	***We'll go back*** to Naples a week later.	一个星期之后我们会回到那不勒斯。
Ci **fermiamo** qui fino alla fine del mese.	***We'll be staying*** here till the end of the month.	我们会一直在这里待到月底。

当你谈论你计划要干什么的时候,你可以用 **ho intenzione di** (*I intend to* 我准备要) 加动词不定式。

我计划要……

Ho intenzione di prendere il treno delle sette.	*I intend to* get the seven o'clock train.	我计划要赶上 7 点的火车。
Ho intenzione di passare la giornata a Catania.	*I'm going to* spend the day in Catania.	我计划要在卡塔尼亚待一天。
E poi **abbiamo intenzione di** andare a Palermo.	Then *we're going to* go to Palermo.	接着我们计划要去帕拉莫。
Abbiamo intenzione di fare la strada costiera.	*We intend to* drive along the coast.	我们计划要沿着海岸线开。

我计划……

Ho in programma di noleggiare una macchina.	*I'm planning to* hire a car.	我计划要租一辆车。
Ho in programma di andare in Sicilia.	*I'm planning to* go to Sicily.	我计划要去西西里岛。
Conto di passare due giorni a Cortina.	*I plan to* spend two days in Cortina.	我计划要在科提那待两天。

我希望……

Spero di andare in Toscana quest'anno.	*I hope to* go to Tuscany this year.	我希望今年去托斯卡纳。
Spero di visitare gli Uffizi.	*I hope to* visit the Uffizi.	我希望参观乌菲兹博物馆。
Speriamo di riuscire a vedere tutto.	*We hope* we can see everything.	我们希望能看到所有的东西。

当计划行程有可能要更改时,在句子开头加上 **salvo imprevisti** 或者 **se tutto va bene**。

如果一切按照计划

Salvo imprevisti arrivo entro venerdì.	*If all goes to plan*, I'll be there by Friday.	如果一切按照计划,我会在周五到达那里。
Se tutto va bene, ci fermiamo prima a Taormina.	*If all goes to plan*, we're going to stop in Taormina first.	如果一切按照计划,我们会先停在达奥米娜。

谈论你必须做什么

如果你想用意大利语表达你必须做什么,比如买票,坐火车等,你可以用 **devo** (*I have to* 我应该) 或者 **dovrei** (*I ought to* 应该) 加动词不定式。它们都由动词 **dovere** 变位而来,想了解更多关于动词 **dovere** 的信息,可以查阅第279页。

我必须……

Domani **devo** comprare il biglietto per il traghetto.	*I have to* buy my ticket for the ferry tomorrow.	我明天必须买船票。
Devo prima prendere il treno per Parma.	*I have to* get the train to Parma first.	我必须先坐火车到帕尔马。
Devo andare a prendere la macchina entro le tre.	*I have to* pick up the car before three.	我必须在三点前坐上车。
Deve presentare la patente.	*You have to* show your driving licence.	您必须给我看你的驾照。

我应该……

Dovrei fare ancora benzina.	*I ought to* get some more petrol.	我应该再加一些油。
Dovrei confermare il volo.	*I ought to* confirm my flight.	我应该确认我的航班。
Dovremmo essere in stazione alle sette.	*We ought to* be at the station at seven.	我们应该在7点到达车站。

另外一种表达必须做的事情的方法是 **bisogna che** 加虚拟语气。想了解更多关于虚拟语气的信息,请查阅第270页。

我必须……

Adesso **bisogna** proprio che vada in stazione.	*I really must* go to the station now.	我真的现在必须要去车站了。
Bisogna che lo chiamiamo domani mattina.	*We must* call him tomorrow morning.	我们明早必须电话他。
Bisogna che ritiri i biglietti in agenzia.	*I must* pick up the tickets from the travel agent's.	我必须从旅行社拿到票。

谈论你想做什么

当你旅游的时候,可能想和别人说自己想做什么。你可以用 **vorrei** (*I'd like* 我很想)或者 **voglio** (*I want* 我想)加动词不定式。这两个动词都是从动词 **volere** 变位而来,想要了解更多关于动词 **volere** 的信息,请查阅第 283 页。

我想要……

Voglio andare a Torino.	*I want to* go to Turin.	我想去都灵。
Voglio scendere a Verona.	*I want to* get off at Verona.	我想在维罗纳下车。
Voglio cambiare il biglietto.	*I want to* change my ticket.	我想变更我的票。
Vogliamo partire domani mattina.	*We want to* leave tomorrow morning.	我们想明早离开。

我不想……

Non voglio viaggiare in prima classe.	*I don't want to* travel first class.	我旅游不想坐头等座。
Non voglio andare fin là a piedi.	*I don't want to* walk all the way there.	我不想全程步行到那。
Non voglio perdere la coincidenza.	*I don't want to* miss my connection.	我不想失去联系。

我想……

Vorrei noleggiare una bici.	*I'd like to* hire a bike.	我想租一辆自行车。
Vorrei andarci in barca.	*I'd like to* go by boat.	我想坐船去。
Il mio amico **vorrebbe** denunciare lo smarrimento del bagaglio.	*My friend would like to* report his luggage missing.	我的朋友想报失行李。

你也可以用 **desidero** (*I would like* 我想要),这样更正式一些。这个动词是从 **desiderare** 变位而来,想要了解更多关于 **desiderare** 一类以 **-are** 结尾的动词的信息,请查阅第 265 页。

我想……

Desidero un biglietto di sola andata in prima classe.	*I would like* a single ticket, first class, please.	麻烦您,我想要一张头等座的单程车票。
Desideriamo prenotare un tavolo al vagone ristorante.	*We would like to* reserve a table in the dining car, please.	麻烦您,我们想在餐车订一张桌子。

如果你想说你想要干什么，你可以 **ho voglia di** 或者 **mi va di** (*I feel like* 我想要)。**ho** 由动词 **avere** 变位而来，**va** 是从动词 **andare** 变位而来，想了解更多关于动词 **avere** 和 **andare** 的信息，请查阅 277 页和 276 页。

我想要……

Ho voglia di passare per Fiesole.	***I feel like*** *going via Fiesole.*	我想途经费耶索莱。
Ho proprio voglia di andare a Portofino.	***I quite fancy*** *going to Portofino.*	我很想要去波多菲诺。
Non ho nessuna voglia di passare sei ore in treno.	***I really don't feel like*** *spending six hours on the train.*	我真的不太想坐 6 个小时火车。
Mi va di spezzare il viaggio.	***I feel like*** *breaking the journey.*	我想中途停留一下。
Non mi va di passare un'altra notte qua.	***I don't feel like*** *spending another night here.*	我不太想在这里多待一晚。

提出建议

你可能希望给你的同事或者朋友提出建议。可以用 **potremmo** (*we could* 我们能够)，或者 **si potrebbe** (*one could* 可以)。这两个动词均由动词 **potere** (*to be able* 能) 变位而来。想了解更多关于动词 **potere** 的信息，请查阅 282 页。

我们能够……

Potremmo andare domani.	***We could*** *go there tomorrow.*	我们明天能去那。
Potremmo fare tappa a Siena.	***We could*** *break our journey at Siena.*	我们可以在锡耶纳停留一下。
Si potrebbe andare a piedi, se preferisci.	***We could*** *walk, if you prefer.*	如果你愿意，我们可以步行。

如果你想问其他人他们是否想做什么，一般用动词 **volere** (*to want* 想要）。另一种说法是用 **ti piacerebbe**，或对不太熟悉的人用 **le piacerebbe**。它是从动词 **piacere** 变位而来，想了解更多关于动词 **volere** 的信息，请查阅第 283 页。

你想要……吗？

Vuoi andare in acqua?	***Would you like to*** go for a swim?	你想去游泳吗？
Vuoi riposare un po'?	***Would you like to*** have a little rest?	你想休息一下吗？
Vuoi guidare?	***Would you like to*** drive?	你想开车吗？
Vuole fermarsi qui?	***Would You like to*** stop here?	您想停在这里吗？
Ti piacerebbe andarci a piedi?	***Would You like to*** walk there?	你想走过去吗？
Le piacerebbe visitare il museo?	***Would You like to*** go to the museum?	您想去博物馆吗？

像英语一样，你可以用 **perché non…**? (*Why don't…?* 为什么不……呢？) 来提出建议。

为什么不……呢？

Perché non noleggiamo una macchina?	***Why don't*** we hire a car?	为什么我们不租辆车？
Perché non prendiamo la metropolitana?	***Why don't*** we take the underground?	为什么我们不坐地铁？
Perché non chiediamo al conducente?	***Why don't*** we ask the driver?	为什么我们不问问司机？

你也可以用 **E se…**? (*How about…?* 怎么样？) 加动词虚拟式未完成时来提建议，想了解更多关于动词虚拟式的信息，请查阅第 270 页。

……如何？

E se prendessimo l'autostrada?	***How about*** going on the motorway?	我们走高速公路怎么样？
E se ci andassimo in traghetto?	***How about*** taking the ferry?	我们坐船怎么样？
E se passassimo per Riccione?	***How about*** going via Riccione?	我们去里乔内怎么样？

如果你想……

Ti posso dare un passaggio, **se vuoi**.	*I can give you a lift, **if you like**.*	如果你愿意，我可以捎你一段路。
Possiamo chiedere al controllore, **se vuole**.	*We can ask the ticket inspector, **if You like**.*	如果您愿意的话，我们可以问问验票员。
Se vuole possiamo dividere un taxi per l'aeroporto.	*We can share a taxi to the airport, **if You like**.*	如果您愿意的话，我们可以一起拼出租车去机场。

■ 询问信息 ■

如果你在意大利旅游，你经常需要了解很多信息来帮助你去到想去的地方。当你要询问信息的时候，要先引起别人的注意，以便继续提问。你可以用 **Scusi...** 或者 **Mi scusi...** 向成年人提问，用 **Scusa...** 向年轻人提问。

对不起，打扰一下

Scusi, cerco la stazione.	*Excuse me, I'm looking for the station.*	对不起，打扰一下，请问汽车站在哪里？
Scusi, cerco il municipio.	*Excuse me, I'm looking for the town hall.*	不好意思，打扰一下，请问市政厅在哪里？
Mi scusi, cerco la piazza principale.	*Excuse me, I'm looking for the main square.*	不好意思，打扰一下，请问主广场在哪里？

小贴士!

当你得到信息后，别忘了说 **grazie** 或者 **tante grazie**。如果问路的人无法给与你帮助，你也可以说 **grazie lo stesso** (*thanks all the same* 同样也要谢谢你)。

如果你想问一个非常常见的问题，你可以用 **È...?** 是……吗？

是……吗？

È di qua?	*Is it this way?*	是这条路吗？
È vicino?	*Is it near here?*	是在这附近吗？
È lontano?	*Is it far?*	很远吗？
È questo il treno per Lecce?	*Is this the train for Lecce?*	这是去莱切的火车吗？
È questa la fermata per il museo?	*Is this the stop for the museum?*	这是博物馆的站？
È libero questo posto?	*Is this seat free?*	这个座是空的吗？

有……吗？

C'è un distributore nei paraggi, per favore?	Is there a petrol station near here, please?	请问这附近有没有加油站？
C'è una stazione della metropolitana qui vicino?	Is there an underground station near here?	请问这附近有没有地铁站？
C'è uno sconto per studenti?	Is there a reduction for students?	请问学生有优惠吗？
Ci sono ristoranti in questa zona?	Are there any restaurant around here?	请问这里附近有没有餐厅呢？

为了要得到更多特指信息，你可以用 **Dove…?** (*Where…?* 哪里……?)，**Quale…?** (*Which…?* 哪个……?)，或者 **A che ora…?** (*What time…?* 几点……?) 来提问。

哪里……？

Dov'è il deposito bagagli?	**Where's** the left-luggage office?	哪里是行李寄存处？
Dov'è il più vicino posteggio di taxi, per favore?	**Where's** the nearest taxi rank, please?	请问最近的出租车排队点在哪里？
Dove sono le toilettes?	**Where** are the public toilets?	请问哪里是公厕？

哪个……？

Quale linea devo prendere, per favore?	**Which** line do I take, please?	请问我应该乘坐哪条线路？
Quali autobus vanno in centro?	**Which** buses go to the town centre?	哪辆公共汽车能到市中心呢？
Da quale binario parte il treno per Pisa?	**Which** platform does the train for Pisa go **from**?	开往比萨的火车从哪个站台发车？
Scusi, **in che direzione** è Treviso, per favore?	Excuse me, **which way** do I go for Treviso, please?	不好意思，打扰一下，请问去特雷维索走哪条路？
In che direzione è l'Arena, per favore?	**Which way is it to** the Arena, please?	请问去竞技场怎么走？

几点……？

A che ora è l'imbarco?	**What time** do we board?	我们几点上车？
A che ora parte il treno?	**What time** does the train leave?	火车几点出发？
A che ora arriviamo a Bologna?	**What time** do we get to Bologna?	我们几点到博洛尼亚呢？

多长时间……一次?

Con quale frequenza partono le corriere per Trento?	How often is there a bus for Trento?	去特兰托的车多长时间发一次?
Con quale frequenza partono i voli per Londra?	How often is there a flight to London?	去伦敦的飞机多长时间一班?
Ogni quanti chilometri bisogna fare il pieno?	How often do you have to fill up?	装满(汽油)可以走多少公里?
Quante soste facciamo per strada?	How often do we stop on the way?	我们路上多长时间停一次?

多长时间……?

Quanto ci si mette?	How long does it take?	需要花费多长时间?
Quanto ci si mette per arrivare in stazione?	How long does it take to get to the railway station?	去火车站需要多长时间呢?
Quanto ci si mette per andare da Rovigo a Verona?	How long does it take to get from Rovigo to Verona?	从罗维戈到维罗纳需要走多长时间?
Quanto ci mettiamo per arrivare?	How long will it take us to get there?	我们需要多长时间到那儿呢?

……多少钱?

Quanto costa un biglietto per Cagliari?	How much is a ticket to Cagliari?	一张去卡利亚里的票多少钱呢?
Quanto si paga di autostrada da Milano a Pisa?	How much is the motorway toll between Milan and Pisa?	从米兰到比萨高速公路费是多少钱呢?
Quanto costa lasciare la valigia al deposito bagagli?	How much does it cost to leave a case in left-luggage?	一件行李寄存要多少钱呢?
Quanto costerebbe affittare una macchina per due giorni?	How much would it cost to hire a car for two days?	租两天车需要多少钱呢?

你可以用 **Posso...?** (Can I...? 我能……?),或者 **Si può...?** (Can you...? 能……吗?)来询问是否可以做某事,或者什么事情有可能发生。它们是由动词 **potere** (to be able 能够) 变位而来,想了解更多关于动词 **potere** 的信息,请查阅 282 页。

我可以……吗?

Posso noleggiare una macchina per una giornata?	Can I hire a car for one day?	我是否能租一天车?
Possiamo cambiare il biglietto in Internet?	Can we change our tickets online?	我们能在网上换票吗?
Ci si può andare a piedi?	Can you walk there?	可以步行去那里吗?
Si può fumare in treno?	Can you smoke on the train?	火车可以上抽烟吗?
Si può pagare con la carta di credito?	Is it possible to pay by credit card?	可以用信用卡支付吗?

询问某事物

索要拿某物时，可以用 **Mi dà...?** (*Can I have...?* 可以给我……吗？)，或者 **Potrebbe darmi...?** (*Could I have...?* 请给我……可以吗？)。它们是从动词 **dare** 变位而来。想了解更多关于动词 **dare** 的信息，请查阅 278 页。

可以给我……吗？

Mi dà una piantina della metropolitana, per favore?	**Can I have** a map of the underground, please?	可以给我拿一份地铁地图吗？
Mi dà un abbonamento settimanale, per favore?	**Can I have** a weekly pass, please?	可以给我拿一张周票吗？
Potrebbe darmi l'orario ferroviario, per favore?	**Could I have** a train timetable, please?	可以给我一份火车时刻表吗？

Mi dà...? 或者 **Potrebbe darmi...?** 常常可以省略。所需要的东西可以直接询问，就像英语一样。

请给我一个……

Un biglietto di sola andata, **per favore**.	**A** single, **please**.	请给我一张单程票。
Un posto vicino al finestrino, **per favore**.	**A** window seat, **please**.	请给我一张靠窗位置的票。
Una cabina per 2 persone, **per favore**.	**A** cabin for two, **please**.	请给我一个两人间。
Tre biglietti andata e ritorno per Como.	**Three** returns to Como.	3张去科莫的往返票。

当你想询问是否能够得到某物或者某人是否有某物时,可以用 **Ha...?** (*Have you got...?* 您有……吗?),或者更随意一些,用 **hai...?** 如果你询问的对象超过一个人,用 **Avete...?**。这些都是从动词 **avere** 变位而来。想了解更多关于动词 **avere** 的信息,请查阅 277 页。

您 / 你有……吗?

Ha l'orario degli autobus?	*Have You got* the bus timetable?	您有公交车时刻表吗?
Ha una cartina che mostra come arrivarci, per favore?	*Have You got* a map that shows how to get there, please?	您有能指明路线的地图吗?
Hai l'ora, per favore?	*Have you got* the time, please?	请问你知道现在几点吗?
Avete l'orario dei traghetti?	*Have you got* the timetable for the ferry, please?	你们有渡轮的时刻表吗?

向别人求助时,你可以说 **Può...?** (*Can you...?* 您能……吗?), **può** 可以省略。

您可以……吗?

Mi **può** avvisare quando stiamo per arrivare alla fermata per il museo?	*Can You* tell me when we're near the museum stop?	请问您可以在我们快到博物馆站的时候能告诉我一下吗?
Mi **può** lasciare qui, per favore?	*Can You* drop me here, please?	请问您能让我在这里下车吗?
Ci **può** portare all'Hotel Duomo, per favore?	*Can You* take us to Hotel Duomo, please?	请问您能带我们去大教堂酒店吗?
Ci mostra dov'è sulla piantina?	*Can You show us* where it is on the map?	请问您能把这个在地图上给我们指出来吗?

你是否介意? 劳驾您能……吗?

Le dispiacerebbe scrivere l'indirizzo?	*Would You mind* writing down the address?	劳驾您能把地址写下来吗?
Le dispiacerebbe lasciarmi all'albergo?	*Would You mind* dropping me at my hotel?	劳驾您能顺路把我载到酒店吗?
Le dispiacerebbe mostrarci dov'è?	*Would You mind* showing us where it is?	劳驾您告诉我们这是在哪里?

与意大利朋友交谈时，你会想讨论喜欢什么或者不喜欢什么。表达喜欢，可以用 **mi piace**（*I like* 我喜欢）加单数名词，用 **mi piacciono** 加复数名词。表达不喜欢，用 **non mi piace** 或者 **non mi piacciono**（*I don't like* 我不喜欢）来表示。这些由动词 **piacere** 变位而来。

我喜欢……

Mi piace viaggiare in treno.	*I like* travelling by train.	我喜欢搭火车旅行。
Mi piacciono queste stradine di campagna.	*I like* these country roads.	我喜欢这样的乡间小路。
Mi piace molto viaggiare in nave.	*I really like* travelling by boat.	我真的很喜欢坐船旅行。
Mi piace tantissimo viaggiare in aereo.	*I love* flying.	我喜欢坐飞机。

我不喜欢……

Non mi piace guidare sulla destra.	*I don't like* driving on the right.	我不喜欢靠右边行驶。
Non mi piace guidare di notte.	*I don't like* driving at night.	我不喜欢夜间开车。
Non mi piacciono le macchine col cambio automatico.	*I don't like* automatics.	我不喜欢开自动挡的车。

我讨厌……

Odio i motorini.	*I hate* scooters.	我讨厌摩托车。
Odio le cartine!	*I hate* maps!	我讨厌地图。
Detesto dover chiedere indicazioni.	*I hate* having to ask for directions.	我讨厌问路。

你喜欢……吗？

Ti piace viaggiare in aereo?	*Do you like* flying?	你喜欢坐飞机吗？
Ti piace viaggiare da sola?	*Do you like* travelling by yourself?	你喜欢自己一个人旅行吗？
Le piace questa regione?	*Do You like* this area?	您喜欢这个地方吗？
Le piacciono i viaggi organizzati?	*Do You like* package tours?	您喜欢跟旅行团旅行吗？

要表达你更喜欢做某事，可以用 **preferisco** (*I prefer* 我更想) 或者 **preferirei** (*I'd prefer* 我更乐意) 来表达。它们是从动词 **preferire** 变位而来。想要了解更多 **preferire** 一类以 **-ire** 结尾的动词的信息，请查阅 266 页。

我宁愿，更喜欢，更愿意……

Preferisco viaggiare in aereo.	*I prefer to fly.*	我更愿意坐飞机旅行。
Preferisco prendere l'autostrada.	*I prefer to go on the motorway.*	我更喜欢走高速公路。

我宁愿……，我愿意……

Preferirei viaggiare col bel tempo.	*I'd rather make the journey in good weather.*	我更希望在天气好的时候去旅行。
Preferirei sedermi vicino al finestrino.	*I'd rather sit next to the window.*	我更愿意坐在窗户旁边。
Preferirei non lasciare qui la mia macchina.	*I'd rather not leave my car here.*	我不希望把我的车放在这里。
Preferiremmo guidare di giorno.	*We'd rather drive in the daytime.*	我们更喜欢白天开车。

听力

以下是你在旅行中可能会听到的短语。

Prossima fermata:…	*Next stop:…*	下一站：……
Il treno diretto per Bologna centrale parte dal binario tre.	*The train for Bologna centrale leaves from platform three.*	去往博洛尼亚中心车站的火车从 3 号站台发车。
Si deve convalidare il biglietto in stazione.	*You must stamp your ticket at the station.*	你必须在车站打车票。
Biglietto, prego.	*Ticket, please.*	请出示您的票。
Le dispiace mi siedo qui?	*Do you mind if I sit here?*	您介意我坐在这里吗？
Continui dritto fino al semaforo.	*Go straight on till You get to the traffic lights.*	一直往前走到红绿灯。
Prenda la seconda a sinistra.	*Take the second turning on the left.*	第二个路口往左转。
È difronte alla cattedrale.	*It's opposite the cathedral.*	在教堂的对面。
È vicinissimo.	*It's very near.*	距离非常非常近。
Ha sbagliato strada.	*You've gone the wrong way.*	你走错路了。
Ci si può andare a piedi.	*It's within walking distance.*	这是可以步行的距离。
È fra tre fermate.	*It's three stops from here.*	离这里三站。
Imbarco immediato, uscita 3.	*Now boarding at gate 3.*	现在请从三号门上车。

生活小常识

如果你被一辆警车叫停，警察上前询问的时候，你要准备好驾照。如果你没有带在身上的话，会被罚款。警官会询问你**patente**，**prego** (*your driving licence, please* 请出示您的驾照)。意大利司机也会同时出示他们的**libretto di circolazione** (*registration document* 登记文件)以及他们的**assicurazione** (*insurance certificate* 保险证明)。

在意大利高速公路不是免费的。当你上高速公路的时候，会拿到一张票。它会在你离开高速公路时显示里程以及相关费用。

在公交车、火车或者地铁上查票的时候，须向验票员出示车票。

一般来说，你需要在上车前买好票。上了公交车以后，请你激活你的车票以显示乘坐的时间。车票可以在烟草店或报摊买到。如果你会在某个地方呆上一段时间，可以购买**abbonamento**，那么从你第一次激活以后可以持续使用一个月。

你必须在上火车前激活你的车票。没有激活的票是无效的，如果你忘记激活，请你尽快向**il controllore** (*the ticket inspector* 检票员)求助，否则可能会被罚款。

如果赶时间，你可以上车，在检票员处直接购买车票，不过票价可能会贵一些。

在意大利排队不算特别正式。如果在询问台前，不知道是否轮到你，你可以问**Tocca a me?** 如果想让别人先向前，你可以说**prego**，**dopo di lei** (*after you* 您先请)。

四海为家

Home from home

Buonanote! 晚安,睡个好觉!

如果你准备要去意大利,这个单元的短语能让你表达如何去找你想要的房子,并且确保你到达以后对一切都满意。我们同时也给你一些小贴士,告诉你前台、房东或者房东太太会说些什么。

询问事情

如要要用意大利语表达你想要哪种类型的房间,用 **vorrei** (*I'd like* 我想要),如果你想稍微直接一些,**voglio** (*I want* 我要)。它们是从动词 **volere** (*to want* 想)变位而来。想要了解更多关于动词 **volere** 的信息,请查阅 283 页。

我想要……

Vorrei una stanza con balcone.	*I'd like* a room with a balcony.	我想要一间带阳台的房间。
Vorrei prenotare una camera doppia per due notti.	*I'd like* to book a double room for two nights.	我想要订一个双人间住两晚。
Vorrei fermarmi tre notti.	*I'd like* to stay three nights.	我想要住三个晚上。
Vorrei prenotare una stanza nel vostro agriturismo per due settimane.	*I'd like* to book a room in your agriturismo for two weeks.	我想要在你们的农家乐住两个星期。

我要……

Voglio un appartamento luminoso.	*I want* a flat with plenty of light.	我要一间采光不错的公寓。
Voglio cambiare stanza; quella che mi avete dato è troppo rumorosa.	*I want to* change rooms; the one <u>you</u> gave me is too noisy.	我要换房间,你们提供的这一间太吵了。
Voglio un rimborso.	*I want* a refund.	我要退款。
Non vogliamo una stanza che dia sulla strada.	*We don't want* a room overlooking the road.	我们不要朝向街道的房间。

当你想要询问是否能够得到某物，可以用 **Avete...?** (*Do you have...?* 你们有……吗？) 或者 **Avreste...?** (*Would you have...?* 您们是否会有……？)。它们是从动词 **avere** (*to have* 有) 变位而来。想了解更多关于动词 **avere** 的信息，请查阅 277 页。

你是否有……？

Avete informazioni su dove alloggiare?	*Do you have any information about accommodation?*	你们是否有关于房间的任何信息？
Avete camere libere?	*Have you got any rooms free?*	你们是否有空的房间？
Avreste degli asciugamani, per favore?	*Would you have any towels, please?*	请问您们是否有毛巾？
C'è accesso ad Internet?	*Have you got internet access?*	这里是否有网络？

如果你想问任何信息，你可以用 **Mi dà...?** (*Can I have...?* 我能……吗？)。

能……吗？

Mi dà la chiave della stanza, per favore?	*Can I have the key to my room, please?*	请问能给我房间的钥匙吗？
Mi dà una ricevuta, per favore?	*Can I have a receipt, please?*	请问能给我收据吗？
Ci dà una lista degli alloggi disponibili?	*Can we have a list of available accommodation?*	能给我一份空房间的明细吗？
Mi potrebbe dare ancora due asciugamani?	*Could I have two more towels?*	能再给我两条毛巾吗？

如果你要询问别人他们是否能做什么事情，你可以用 **Può...** (*Can You...?* 您能……吗？) 和 **Potrebbe...?** (*Could You...?* 您能……吗？) 或者，更随意一些，用 **Puoi...?** 或者 **Potresti...?** 它们都是从动词 **potere** (*be able to* 能够) 变位而来。想了解更多关于动词 **potere** 信息，请查阅 282 页。

您能……吗？

Può darmi conferma della prenotazione per posta elettronica?	*Can You confirm the booking by email?*	您能发邮件确认预订吗？
Mi può svegliare alle sette, per favore?	*Can You give me an alarm call at seven o'clock, please?*	请问您能在 7 点的时候提供叫醒服务吗？
Potrebbe cambiare gli asciugamani, per favore?	*Could You change the towels, please?*	请问您能更换毛巾吗？
Potrebbe farmi vedere la stanza, per favore?	*Could You show me the room, please?*	请问您可以带我看看房间吗？

您介意……吗？劳驾您是否能够……？

Le dispiacerebbe mostrarmi come funziona il forno?	**Would You mind** showing me how the oven works?	您能告诉我如何用烤箱吗？
Le dispiacerebbe chiamarmi un taxi?	**Would You mind** calling a taxi for me?	您能为我叫一辆出租车吗？
Le dispiacerebbe portarmi la valigia in camera?	**Would You mind** taking my suitcases up to my room?	您能帮我把行李箱拿到楼上吗？

谈谈自己

寻找住处时你需要提供个人信息。介绍自己时用 **sono** (*I am* 我是) 来表达，如果还有别人与你同行则用 **siamo** (*we are* 我们是)。它们是从动词 **essere** (*to be* 是) 变位而来。想了解更多信息，请查阅 280 页。

我是……

Sono una studentessa.	**I'm** a student.	我是一名学生。
Sono canadese.	**I'm** Canadian.	我是加拿大人。
Sono del sud dell'Inghilterra.	**I'm** from the south of England.	我来自英国的南部。
Siamo in vacanza.	**We're** on holiday.	我们在度假。
Siamo i proprietari.	**We're** the owners.	我们是屋主。

我的名字是……

Mi chiamo Brian Gallagher.	**My name is** Brian Gallagher.	我的名字是布莱恩·加拉格尔。
Mi chiamo Olivia Green.	**My name is** Olivia Green.	我的名字是欧丽薇亚·格林。
Sono la signora Smith. Ho prenotato una stanza doppia per questa notte.	**My name is** Mrs Smith. I've booked a double room for tonight.	我是史密斯太太。我预订了今晚的一间双人间。
Il cognome è Morris… …e **il nome è** Emma.	**My surname is** Morris… …and **my first name is** Emma.	我姓莫瑞斯……我的名字是艾玛。
Si scrive M-O-R-R-I-S.	**It's spelt** M-O-R-R-I-S.	写出来是 M-O-R-R-I-S。

小贴士！

请记住意大利的字母名称与英语是不一样的。想了解更多关于意大利语的字母读音的信息，请查阅 204 页。

询问信息

如果想要了解一些关于住宿的信息,最简单的询问方法是把 **È...?** (*Is...?* 是……吗?)放在你想询问的事情的前面。也可以将句子结尾用升调来表示疑问。

是……吗?

È caro?	*Is it expensive?*	这个贵吗?
È un hotel moderno?	*Is it a modern hotel?*	这间是现代化酒店吗?
È lontano?	*Is it far?*	离这里远吗?
La colazione **è** compresa nel prezzo?	*Is breakfast included in the price?*	价格包括早餐吗?
Le spese **sono** comprese nell'affitto?	*Are bills included in the rent?*	账单包含在租金里面吗?

在意大利语中,你可以用单数形式 **C'è...?** 或者复数形式 **Ci sono...?** 来询问是否有什么。

这里有……吗?

C'è un posto per mangiare qualcosa qui vicino?	*Is there anywhere near here where we can get something to eat?*	这附近有餐厅吗?
C'è un ascensore?	*Is there a lift?*	这里是否有电梯?
C'è un balcone?	*Is there a balcony?*	这里是否有阳台?
Ci sono toilettes per disabili?	*Are there disabled toilets?*	这里是否有可供残疾人使用的卫生间?

如果你要表达你想寻找什么,你可以用 **cerco** (*I'm looking for* 我找)或 **cerchiamo** (*we're looking for* 我们在找)。**cerco** 从动词 **cercare** (*to look for* 寻找)变位而来。

我找……

Scusi, **cerco** il campeggio.	*Excuse me, I'm looking for the campsite.*	劳驾请问一下,营地在哪里呢?
Cerco una pensione per stanotte.	*I'm looking for a B&B for tonight.*	我找今晚住宿的旅馆。
Cerchiamo l'Hotel Bellini.	*We're looking for the Hotel Bellini.*	我们找贝里尼酒店。

如果你要询问具体的信息,可以用 **Quale...?** (What...? 什么……?), **Dove...?** (Where...? 哪里……?) 或者 **A che ora...?** (What time...? 几点……?)。

什么……?

Qual è l'indirizzo del proprietario?	**What's** the landlord's address?	房东的地址是哪里呢?
Qual è il numero dell'agenzia immobiliare?	**What's** the number for the letting agency?	中介的电话号码是多少呢?
Quale mi raccomanda?	**Which** one would You recommend?	您推荐哪一个?
Quali stanze hanno vista mare?	**Which** rooms have a sea view?	哪个房间是海景房?

小贴士!

quale 后面可以加单数名词,无论阳性还是阴性。如果后面的单词以元音开头,则变为 **qual**,比如 **Qual è...?** (What's...? 哪一个是……?)

……在哪里?

Dov'è il bar?	**Where's** the bar?	酒吧在哪里?
Dov'è la palestra?	**Where's** the gym?	健身房在哪里?
Dove sono gli ascensori?	**Where** are the lifts?	电梯在哪里?
Dove trovo una presa per il portatile?	**Where** can I plug in my laptop?	哪里可以给我的手提电脑充电?

几点……?

A che ora è servita la cena?	**What time's** dinner?	晚餐几点开始呢?
A che ora chiudete il portone la sera?	**What time** do you lock the doors at night?	你们晚上几点关门呢?
Entro che ora bisogna liberare la stanza?	**What time** do we have to vacate the room **by**?	我们要几点退房呢?
Fino a che ora è servita la colazione?	**What time** do you serve breakfast **till**?	早餐供应到几点呢?

……多少钱?

Quanto viene una camera doppia a notte?	**How much is** a double room per night?	双人间一晚多少钱?
Quanto viene la pensione completa?	**How much is** full board?	全包食宿是多少钱?
Quanto verrebbe affittare un appartamento per tutto luglio?	**How much would it be** to rent an apartment for the whole of July?	一间公寓 7 月租一整月多少钱?

……有多少？

| Quante camere con bagno vi sono rimaste? | How many en-suite rooms have you got left? | 还剩下几间带洗浴的房间呢？ |
| Quanti letti ci sono nella camera famigliare? | How many beds are there in the family room? | 家庭房里面有几张床呢？ |

■ 询问是否许可

在酒店或者其他人家经常要询问你能否做什么。可以用 **Posso...?** (Can I...? 我可以……吗？) 或 **Possiamo...?** (Can we...? 我们可以……吗？) 来询问你是否能做什么。它们是从动词 **potere** 变位而来，想了解更多关于动词 **potere** 的信息，请查阅 282 页。

我可以……吗？

Posso vedere la stanza?	Can I see the room?	我可以看一下房间吗？
Posso lasciare le valigie qui per cinque minuti?	Can I leave my suitcases here for five minutes?	我可以把行李放在这里5分钟吗？
Possiamo usare la piscina?	Can we use the pool?	我们可以用水池吗？
Possiamo piantare la tenda qui?	Can we camp here?	我们可以在这里露营吗？

你可以用 **Si può...?** 来询问是否可以做什么。

可以……吗？

Si può parcheggiare qui?	Is it okay to park here?	可以把车停在这里吗？
Si può fumare in camera?	Is it okay to smoke in the room?	房间里面可以抽烟吗？
Si può mangiare fuori?	Is it possible to eat outside?	可以在外面吃东西吗？

我可以……吗？

Le dispiace se parcheggio la macchina qui fuori per un minuto?	Do You mind if I park my car outside for a moment?	我可以把车停在外面一会儿吗？
Le dispiace se pago con la carta di credito?	Do You mind if I pay by credit card?	我可以用信用卡支付吗？
Le dispiace se prendiamo la camera al piano di sopra?	Do you mind if we take the room on the next floor?	我们能要高一层的房间吗？

询问是否可以干什么，也可以用 **È permesso...?** (Am I allowed to...? 我是否被允许……?) 加动词不定式来表达。

我能……吗？

È permesso ricevere ospiti?	*Am I allowed to* have guests?	我能请人做客吗？
È permesso usare la griglia?	*Are we allowed to* use the barbecue?	我们能使用 BBQ 吗？
È permesso usare telefono?	*May we* use the phone?	我们能用电话吗？
Ci è permesso portare il cane?	*Are we allowed to* bring our dog?	我们能带狗入住吗？

表达自己喜欢，不喜欢，宁愿做的事情

表达喜欢的事情，可以用 **mi piace** (*I like* 我喜欢) 加单数名词，**mi piacciono** 加复数名词。表达不喜欢的事情，可以用 **non mi piace** 或者 **non mi piacciono**。它们是从动词 **piacere** 变位而来。

我喜欢……

Mi piace cenare all'aperto.	*I like* having dinner outside.	我喜欢在外面吃饭。
Mi piacciono gli alberghi piccoli.	*I like* small hotels.	我喜欢小旅馆。
Mi piacciono i campeggi in montagna.	*I like* campsites in the mountains.	我喜欢在山上露营。
Mi piace tantissimo questa pensione.	*I love* this guest house.	我爱极了这个旅馆。

我不喜欢……

Non mi piace questo albergo.	*I don't like* this hotel.	我不喜欢这家酒店。
Non mi piace viaggiare in traghetto.	*I don't like* going on the ferry.	我不喜欢坐船去。
Non ci piace pianificare tutto in anticipo.	*We don't like* to plan everything in advance.	我们不喜欢提前做计划。

我讨厌……

Odio questo arredamento.	*I hate* this decor.	我不喜欢这件家具。
Odio le grandi catene alberghiere.	*I hate* big chain hotels.	我讨厌大型连锁酒店。
Detesto non avere il bagno.	*I hate* not having a bathroom.	我不喜欢没有淋浴室。

如果想表达更喜欢的事物，用 **preferisco**（*I prefer* 我更喜欢）或者 **preferirei**（*I'd prefer* 我宁愿）。它们是从动词 **preferire** 变位而来。想了解更多关于 **preferire** 一类以 **-ire** 结尾的动词的信息，请查阅 266 页。

我更喜欢……

Preferisco questo hotel.	*I prefer* this hotel.	我更喜欢这家酒店。
Preferisco stare presso una famiglia.	*I prefer* to stay with a family.	我更喜欢和家人待在一起。
Preferiamo gli ostelli **ai** campeggi.	*We prefer* youth hostels *to* camp sites.	比起露营区，我们更喜欢青年旅馆。

我宁愿……

Preferirei stare in centro.	*I'd rather* be in the town centre.	我宁愿在市中心待着。
Preferiremmo abitare in campagna.	*We'd rather* live in the country.	我们宁愿住在乡下。
Preferirei non dover far file.	*I'd rather not* have to queue.	我宁愿不排队。
Preferirei dividere un appartamento **piuttosto che** abitare da sola.	*I'd rather* share a flat *than* live on my town.	我更希望是和别人合住，而不是自己一个人住。

表达意见

你可能会被问到你觉得房间怎么样。可以用 **penso che** (*I think* 我觉得)，或者 **trovo che** (*I find* 我发现) 加虚拟式语式来描述满意与否。它们是从动词 **pensare** (*to think* 想) 和 **trovare** (*to find* 发现) 变位而来，想了解更多关于以 -are 结尾的动词的用法，请查阅 265 页。想了解虚拟式的用法，请查阅 270 页。

我认为……

Penso che la camera sia un po' piccola.	***I think*** the bedroom's a bit small.	我认为卧室有点小。
Penso che la casa sia molto accogliente.	***I think*** the house is very welcoming.	我认为这个房子很不错，让人宾至如归。
Trovo che ci sia troppo rumore la notte.	***I find*** there's too much noise at night.	我觉得晚上有很多噪音。
Ho trovato il servizio eccellente.	***I found*** the service excellent.	我觉得这里的服务非常棒。

我认为……

A moi avviso, costa troppo per quello che è.	***In my opinion***, it costs too much for what it is.	我认为，这里比它本身的价值要贵好多。
Secondo me, fa proprio per noi.	***In my opinion***, it's just what we want.	我觉得，这正是我们想要的。
Secondo me, la stanza è troppo piccola.	***In my opinion***, the room is too small.	我觉得这间房间有点小。
A moi avviso, è completamente inaccettabile.	***In my view***, it's totally unacceptable.	我认为这是完全不可接受的。

提出建议

提出建议可以用 **posso** (*I can* 我能够) 加动词不定式, 或者在句尾加 **se vuole** (*if You like* 如果您愿意), 和你比较熟悉的人句尾则可以用 **se vuoi** 来表达。**posso** 是动词 **potere**(*to be able* 能够) 变位而来, 想了解更多关于动词 **potere** 的信息, 请查阅 282 页。

如果你愿意, 我可以……。

Posso darie conferma delle date domani, **se vuole**.	*I can* confirm the dates tomorrow, *if You like*.	如果您愿意, 我明天就可以定下日期。
Posso mandarie un acconto, **se vuole**.	*I can* send You a deposit, *if You like*.	如果您愿意, 我可以先支付定金。
Possiamo cercare un altro albergo, **se vuoi**.	*We can* look for another hotel, *if you like*.	如果您愿意, 我们可以再看看其他酒店。

如果你希望询问某人是否希望你做什么, 可以用 **Vuole che...?** (*Would You like me to...?* 您希望我做……吗?) 加虚拟式, 或者更随意一些, 用 **Vuoi che...?** 加虚拟式。想了解更多关于虚拟式的信息, 请查阅 270 页查询更多的信息。

我要……吗?

Vuole che paghi in contanti?	*Would You like me to* pay cash?	您要我付现金吗?
Vuole che le mostri la prenotazione?	*Would You like me to* show you my booking?	您要我出示订单吗?
Vuoi che ti aiuti con le borse?	*Would you like me to* help you with your bags?	你要我帮你拿包吗?
Vuole tenere i passaporti?	*Would You like to* keep our passports?	您要我保管我们的护照吗?

询问建议

关于你的房间，你可能需要询问别人的意见或者建议。你可以用 **mi consiglia?** (*Would You advise me to...?* 你能建议我……？) 这是从动词 **consigliare** (*to advise* 建议) 变位而来。

你建议我……吗？

Mi consiglia di prenotare in anticipo?	***Would You advise me to*** *book in advance?*	您建议我提前预订吗？
Mi consiglia di portare qualcosa da mangiare?	***Would You advise me to*** *bring something to eat?*	您建议我带些吃的过来吗？
Ci consiglia di portare dei sacchi a pelo?	***Would You advise us to*** *bring sleeping bags?*	您建议我们带睡袋吗？

您推荐我们……吗？

Mi consiglierebbe questo hotel?	***Would You recommend*** *this hotel?*	您推荐这间酒店吗？
Mi consiglierebbe questa agenzia immobiliare?	***Would You recommend*** *this estate agency?*	您推荐这家房地产中介吗？
Ci consiglierebbe di affittare settimanalmente?	***Would You recommend*** *that we rent by the week?*	您推荐我们这周内租住吗？
Ci consiglierebbe di prendere un appartamento in città?	***Would You recommend us to*** *take a flat town?*	您推荐我们在市中心住公寓吗？

表达你必须做什么

如果想说必须做什么，可以用 **devo**（*I have to* 我必须）或者 **dovrei**（*I ought to* 我应该）来表达。这是从动词 **dovere**（*to have to* 必须）变位而来。想了解更多关于动词 **dovere** 的信息，请查阅 279 页。

我必须……

Devo prendere nota dell'indirizzo dell'albergo.	*I have to* write down the address of the hotel.	我必须记下酒店的地址。
Devo passare alla reception per pagare.	*I have to* go to reception to pay.	我必须到前台支付。
Dobbiamo partire domattina alle sei.	*We have to* leave at six tomorrow morning.	我们明早必须在 6 点离开。

小贴士！
domattina 这个单词是 **domani**（*tomorrow* 明天）和 **mattina**（*morning* 早上）的缩合形式。

我应该……

Dovrei scaricare la macchina.	*I ought to* unpack the car.	我应该卸下车。
Dovrei fare il bucato.	*I ought to* do a load of washing.	我应该洗衣服。
Dovremmo alzarci entro le sette di mattina.	*We ought to* be up by seven am.	我们应该在 7 点前起来。
Dovremmo avere un doppione delle chiavi.	*We ought to* have a spare set of keys.	我们应该有备用钥匙。

意大利语用 **ho bisogno di**（*I need* 我需要）表达所需的事物。

我需要……

Ho bisogno di una culla.	*I need* a cot.	我需要一个小床。
Ho bisogno di telefonare in Scozia.	*I need* to call Scotland.	我需要给苏格兰那边挂一个电话。
Abbiamo bisogno di una camera al piano terra.	*We need* a room on the ground floor.	我们需要一层的房间。

可以用 **Devo...?** (*Do I have to...?* 我必须……吗？) 加动词不定式，或者 **Bisogna che...?** (*Do I need to...?* 我需要……吗？) 加动词虚拟式来询问必须做的事情。想了解更多关于虚拟式的信息，请查阅第 270 页。

我必须……吗？

Devo lasciare la chiave alla reception quando esco?	***Do I have to*** leave the key at reception when I go out?	我出去的时候必须要把钥匙留在前台吗？
Devo passare alla reception per pagare?	***Do I have to*** go to reception to pay?	我必须到前台付钱吗？
Dobbiamo avvertirvi quando lasciamo l'albergo?	***Do we have to*** let <u>you</u> know when we leave the hotel?	我们离开酒店时须告知你们吗？

我需要……吗？

Bisogna prenotare?	***Do I need to*** book?	我是否需要预定？
Bisogna che faccia le pulizie nell'appartamento prima di partire?	***Do I need to*** clean the flat before leaving?	离开前我是否需要打扫公寓？
Bisogna che portiamo dei sacchi a pelo?	***Do we need to*** bring sleeping bags?	我们是否要带睡袋？
Quando bisogna liberare la camera?	***When do I have to*** vacate the room?	我们需要几点离开房间？

谈论你的计划

意大利语中用将来时态或者现在时来表述住宿计划。想了解更多关于将来时和现在时的信息，请查阅第 268 页。

我计划……

Affitterò un appartamento per le prime tre settimane.	***I'll rent*** a flat for the first three weeks.	最初的三周我要租一间公寓。
Arriverò al campeggio di sera.	***I'll arrive*** at the campsite in the evening.	我会在晚上到达营地。
Trovo un albergo quando sono là.	***I'll find*** a hotel when I get there.	我到的时候会找一间酒店。

我准备……

Mi fermo a Parma. **Affitterò** uno chalet in montagna. **Faremo** campeggio.	*I'm going to stay* in Parma. *I'm going to rent* a chalet in the mountains. *We're going to camp*.	我准备待在帕尔马。 我准备在山上租一间小屋。 我们准备去露营。

我准备待在……

Sto in un ostello per la prima settimana. Poi **sto** in un albergo. **Sono ospite** presso una famiglia la prima notte.	*I'm staying* in a youth hostel the first week. After that *I'm staying* in a hotel. *I'm staying* with a host family the first night.	第一周我准备住一家青年旅舍。 之后我就住酒店里。 第一晚我准备住民宿家中。

用 **ho intenzione di** 或者 **conto di**（*I intend to* 我准备）可以表达准备做某事。

我准备……

Ho intenzione di prendere un appartamento in affitto. **Ho intenzione di** trovare un agriturismo. **Conto di** fermarmi fino a venerdì. **Contiamo di** partire domani dopo colazione.	*I intend to* rent a flat. *I intend to* find an agriturismo. *I intend to* stay until Friday. *We intend to* leave after breakfast tomorrow.	我准备租一间公寓。 我准备要找一个农场。 我准备待到周五。 我们打算明天吃完早餐后离开。

投诉

如果很不幸,你住的地方服务不太好。一个非常简单的投诉方式是用 **c'è** (there is(单数)这里有……(问题))和 **ci sono** (there are(复数)这里有……(问题))或者 **non c'è** (there isn't(单数)这里没有……)和 **non ci sono** (there aren't(复数)这里没有……)。

这里有……(问题)

C'è troppo rumore.	**There's** too much noise.	这里太吵。
C'è uno spandimento sul soffitto.	**There's** a leak in the ceiling.	天花板漏水。
Ci sono scarafaggi nell'appartamento.	**There are** cockroaches in the flat.	公寓里面有蟑螂。

这里没有……

Non c'è acqua calda.	**There isn't** any hot water.	这里没有热水。
Non ci sono asciugamani puliti in camera.	**There aren't** any clean towels in the room.	房间里面没有干净的毛巾。
La stanza **non ha** un balcone.	The room **doesn't have** a balcony.	房间没有阳台。
L'appartamento **non ha** l'aria condizionata.	The flat **doesn't have** air-conditioning.	公寓里面没有空调。

你也可以用动词 **essere** (to be 是)来描述哪里出现了问题。

这是……

L'appartamento **è** sporco.	The flat**'s** dirty.	这间公寓是脏的。
L'hotel **è** troppo rumoroso.	This hotel**'s** too noisy.	这间酒店太吵了。
L'acqua della piscina **non è** molto pulita.	The water in the swimming pool **isn't** very clean.	游泳池的水不干净。
Qua **fa** troppo caldo.	**It's** too hot in here.	这里太热了。

小贴士!

请记住表示热、冷等感官时要用动词 **fare** (to do 做),而不是 **essere** (to be 是)。

听力

以下是一些在寻找住所时可能会听到的常用短语。

Che tipo di alloggio cercate?	What type of accommodation are <u>you</u> looking for?	你想找什么类型的房间？
A che nome è la prenotazione?	Whose name is the booking in?	请问是用谁的名字预定的？
Per quante notti?	For how many nights?	多少钱一晚？
Per quante persone?	For how many people?	几人入住？
La colazione è compresa nel prezzo.	Breakfast is included in the price.	价格包含早餐。
Mi fa vedere il passaporto, per favore?	Can I see your passport, please?	请出示您的护照。
Siamo al completo.	We're full.	我们吃饱了。
Va pagata una cauzione di 300 euro.	There's a 300 euro deposit.	需要交 300 欧元的定金。
Mi date un recapito telefonico?	What number can we contact <u>you</u> on?	请问您的电话号码多少？
Non sono ammessi i cani.	We don't allow dogs.	不允许带狗入住。
Come desidera pagare?	How would You like to pay?	您想用什么方式支付？
Compili questo modulo, per cortesia.	Please fill in this form.	请填写这张表格。
Una firma qui, prego.	Please sign here.	请在这里签字。
Come si scrive il suo nome, per favore?	How do you spell your name, please?	请问你的名字如何拼写？

生活小常识

● 在意大利,租房子比拥有自己的房子更加常见。租房合同有很多种类型,如果你准备长期租一间房子,但是还没有取得永久居留权,则只能签订非本地居民合同。

● 一般短期租房会提供带有家具布置好的房子(**ammobiliato**),如果是长期租房,那一般是没有装修和家具的(**non ammobiliato**)。

● 在意大利很少见和别人一起合租,除非是学生。不过,也可以租住在公寓或者房子中的某一个 **una camera ammobiliata**(*a furnished room* 布置好有家具的房间)。

● 合同中会描述家具以及房间数量、面积等方面的具体情况,比如精装公寓,80平米,带客厅,厨房,卧室,客房,卫生间,阳台以及地下室。

● 在意大利,工作室称为 **monolocale**,这种工作室就是一个大开间,有床,有厨房。工作室更加的小巧,经常被一些需要经常到来的专业人士租用,也受到一些喜欢这种类型的房子的游客的青睐。

● 如果房子标注了 **stabile d'epoca**,那就是表示房子还在建造期是期房。

● 如果你想长租,你会在地方报纸上看到广告并且需要联系当地的房屋中介,中介可能会收取一定的中介费。

● 如果你是游客,你可能会住在旅馆,酒店,或者那种B&B旅馆(民宿,有早餐供应),现在非常常见,还有农场(就是可以直接食用农场生产的食物),公寓或者别墅。

吃吃喝喝

Wining and dining

Buon appetito 祝你好胃口!

如果要有机会在意大利吃饭，无论是当地的小吃店还是豪华餐厅，本章节介绍的短语可以让你可以非常自信地和服务员进行对话，和意大利朋友闲聊。另外我们同时也会给你一些关于点菜的小窍门，以及服务员可能会用到的一些短语。

安排约会

和意大利人一起外出就餐时你要安排约会的时间和地点，可以用 **Dove...?** (*Where...?* 哪里……?) 和 **A che ora...?** (*What time...?* 几点……?) 来开始提问。

哪里……?

Dove andiamo a mangiare?	**Where** shall we go to eat?	我们去哪里吃饭呢?
Dove ci troviamo?	**Where** shall we meet?	我们在哪里见面呢?
Dove volete che vi venga a prendere?	**Where** do you want me to pick you up?	你们想我在哪里接你们呢?

几点……?

A che ora ci troviamo?	**What time** shall we meet?	我们几点见面?
A che ora arriva Giulia?	**What time** is Giulia going to get here?	朱丽亚几点到这里?
Per che ora hai prenotato il tavolo?	**What time** did you book the table for?	你订了几点的桌位?

如果你想询问一下朋友或者同事你做出的安排是否合适，可以用 **Va bene se...?** (*Does it suit you if...?* 如果……你认为好吗？)。

你觉得……好吗？

Va bene se andiamo fuori a cena domani sera?	*Does it suit you if* we go out for a meal tomorrow night?	如果明晚我们一起出去吃饭你觉得好吗？
Va bene se ci troviamo alle sette?	*Does it suit you if* we meet up at seven?	如果我们7点碰面你觉得可以吗？
Va bene se ci incontriamo là?	*Does it suit you if* we meet there?	如果我们在那里会合你觉得可以吗？
Vi andrebbe meglio sabato sera?	*Would* Saturday evening *suit you* better?	对你来说星期六晚上会不会更好？

如果……对我来说是最好的

Per me andrebbe meglio incontrarci là.	*It would suit me best to* meet there.	如果在那里碰面对我来说是最好的。
Per me andrebbe meglio andarci per le otto.	*It'd suit me best to* be there for eight.	如果8点在那里见面我觉得比较好。
Per me andrebbe meglio andarci in macchina.	*It'd suit us better to* go there by car.	如果我们坐车去那里会比较好。

核实对于对方来说最好的事情，用 **È meglio...?** (*Had we better...?* ……是不是更好？)。

……是不是更好？

È meglio prenotare?	*Had we better* book?	我们是否最好要先预定呢？
È meglio arrivare presto?	*Had we better* arrive early?	我们是否要早一点到达？
Sarebbe meglio cambiare la prenotazione?	*Had we better* change our reservation?	我们是否要更改我们的预定？

询问信息

当你准备要外出吃饭的时候，需要询问很多信息，比如在哪里，多少钱。**Dove...?** (*Where...?* 在哪里？)，**A che ora...?** (*What time...?* 几点？)，**Quanto viene...?** (*How much...?* 多少钱？) 是很有用的短语。

……在哪里？

Dov'è il ristorante?	***Where is*** the restaurant?	饭店在哪里呢？
Scusi, **dov'è** la cassa?	*Excuse me,* ***where is*** *the till?*	劳驾请问一下，哪里是钱柜？
Scusi, **dov'è** il bagno?	*Excuse me,* ***where is*** *the toilet?*	劳驾请问一下，哪里是洗手间？

几点……？

A che ora aprite?	***What time*** *do you open?*	你们几点开门？
A che ora chiudete?	***What time*** *do you close?*	你们几点关门？
Fino a che ora si può mangiare?	***What time*** *do you serve till?*	你们营业到几点？

……多少钱？

Quanto viene una bottiglia di vino locale?	***How much is*** *a bottle of local wine?*	一瓶本地酒多少钱？
Quanto viene un'insalata?	***How much is*** *a side salad?*	一份配菜沙拉多少钱？
Quant'è il menù turistico?	***How much is*** *the set menu?*	一份套餐多少钱？

……是什么？

Cosa c'è nella "ribollita"?	***What's*** *a "ribollita" made of?*	菜豆白菜羹里面都有什么呢？
Con cosa è servito?	***What does*** *it come with?*	这里有什么配菜？
Che c'è come dessert?	***What is*** *there for dessert?*	甜品是什么？

很多需要询问的问题都可以用是或者否来回答。如果要询问这样的问题，你可以把 è 放在你想询问的东西的前面或者可以在句子的结尾用升调来表示询问。

这是……吗？

È caro come ristorante?	Is it an expensive restaurant?	这家餐厅贵吗？
È un piatto tipico regionale?	Is it a traditional local dish?	这是当地传统的菜吗？
È un piatto vegetariano?	Is it a vegetarian dish?	这是素菜吗？
È compreso nel menù da 15 euro?	Is it included in the €15 set menu?	这个包括含在 15 欧元套餐里吗？
È aperto di domenica questo ristorante?	Is this restaurant open on Sundays?	这家餐厅周日开门吗？

询问事情

当你去餐厅的时候要知道如何询问你所要的东西。在意大利语中，你可以用 **vorrei**（*I'd like* 我想要）或者 **vorremmo**（*we'd like* 我们想要）。**vorrei** 和 **vorremmo** 是动词 **volere**（*to want* 想要）变位而来。想了解更多关于动词 **volere** 的信息，请查阅第 283 页。

我想要……

Vorrei del pane, per favore.	*I'd like* some bread, please.	劳驾，我想要一些面包。
Vorrei una caraffa d'acqua, per favore.	*I'd like* a jug of water, please.	劳驾，请您给我一壶水。
Vorremmo ordinare, per favore.	*We'd like* to order, please.	我们想现在点菜，谢谢。
Ancora del pane, per favore.	*We'd like* some more bread, please.	我们想再要一些面包，谢谢。
Un tavolo per due, per favore.	A table for two, please.	我们想要两人的桌子，谢谢。
Il conto, per favore.	The bill, please.	请您把账单给我们，谢谢。

小贴士！

当服务员过来而你想说还没有准备好点餐的时候，可以用 **Ci/Mi da ancora un minuto, per favore?**（*Can we (or I) have another minute, please?* 请您再给我们一些时间可以吗？）。如果你已经下单了，你可以和服务员说 **abbiamo** 或者 **ho gia ordinato**, **grazie**（*someone's already taken our (or my) order, thanks* 我们（我）已经点过餐了，谢谢）。

如果要表达你想点什么，你可以用 **prendo** (*I'll have* 我想要)。**prendo** 由动词 **prendere** 变位而来。

我想点……

Come antipasto, **prendo** il prosciutto crudo.	*As a starter, **I'll have** the Parma ham, please.*	开胃菜我想点帕尔马火腿，谢谢。
Come dolce, **prendo** la mousse di cioccolato.	*For dessert, **I'll have** the chocolate mousse.*	甜品我想点巧克力慕斯。
Da bere **prendiamo** dell'acqua minerale frizzante.	*We'll have sparkling water to drink.*	我们想点苏打水。
Non so cosa **prendere**.	*I don't know what **to have**.*	我还没有想好点什么。
E per secondo, la cotoletta alla milanese.	*And for my main course, **I'll have** the cotoletta alla milanese.*	主菜我想点米兰炸肉排。
Per me lo stesso.	***I'll have** the same.*	我点同样的。

当你想了解现在有哪些食物时，可以用 **Avete...?** (*Have you got...?* 你们有……吗?)。**avete** 由动词 **avere** 变位而来。想了解更多关于动词 **avere** 的信息，请查阅 277 页。

你们是否有……？

Avete un menù per bambini?	*Have **you** got a children's menu?*	你们是否有儿童菜单？
Avete un seggiolone?	*Have **you** got a high chair?*	你们是否有高脚椅？
Avete un tavolo all'aperto?	*Do **you** have a table outside?*	你们是否有户外桌？
Avete la carta dei vini?	*Do **you** have a wine list?*	你们是否有酒单？

假如你要用意大利语向别人索要东西，比如向服务员，可以用 **Mi porta...?** (*Can I have...?* 您是否可以给我……？) 或者 **Mi porterebbe...?** (*Could I have...?* 我可以要……吗？)。**porta** 和 **porterebbe** 由动词 **portare** 变位而来。想了解更多关于 **portare** 一类以 **–are** 结尾的动词的信息，请查阅 265 页。

我能要……吗？你能给我……吗？

Mi porta un'altra forchetta, per cortesia?	*Can **I have** another fork, please?*	我能另要一副叉子吗？
Mi porta la lista dei dolci, per favore?	*Can **I have** the dessert menu, please?*	请问您能帮我拿甜品菜单吗？
Mi porterebbe dell'olio d'oliva, per favore?	*Could **I have** some olive oil, please?*	请问我能要一些橄榄油吗？
Ci porterebbe del pane, per favore?	*Could **we have** some bread, please?*	请问我们能要一些面包吗？
Mi fa il conto, per favore.	*Can **I have** the bill, please?*	请问您能给我账单吗？

假如你要服务员为你做什么事情，用 **Potrebbe…?** 如果你想要朋友或者熟悉的同事为你做一些事情，你可以用 **Potresti…?**（Could you …? 你能……吗？）。potrebbe 和 potresti 由动词 potere 变位而来。想了解更多关于动词 **potere** 的信息，请查阅第 282 页。

你能……吗？

Potrebbe portarmi del pane, per favore?	**Could You** bring me some bread, please?	您能递给我一些面包吗？谢谢。
Potrebbe portarci i caffè?	**Could You** bring us our coffee, please?	您能帮我们拿一下咖啡吗？谢谢。
Potrebbe magari tornare tra cinque minuti?	**Could You** possibly come back in five minutes?	您能5分钟后过来吗？谢谢。
Potresti passarmi il sale, per favore?	**Could you** pass me the salt, please?	你能递给我盐吗？
Le posate sono sporche. Ce le cambia, per favore?	The knives and forks are dirty. **Could You** change them, please?	刀叉脏了，您能帮忙更换一下吗？谢谢。

你是否介意……？

Le spiace chiudere la finestra?	**Would You mind** closing the window?	您介意关上窗户吗？
Le spiace se mi siedo qui?	**Would You mind** if I sit here?	您介意我坐在这里吗（我能够坐在这里吗）？
Ti dispiace se ci scambiamo di posto?	**Would you mind** swapping seats with me?	你介意和我换一下位置吗？
Le dispiace se le do i cappotti?	**Would You mind** taking our coats?	您介意帮我们拿一下大衣吗？

表达你想要什么

如果你在外出吃饭的时候想要说你想要做什么，可以用 **vorrei**（I'd like 我想要）加动词不定式。**vorrei** 由动词 **volere**（to want 想要）变位而来。想了解更多关于动词 **volere** 的信息，请查阅 283 页。

我想要……

Vorrei ordinare, per favore.	**I'd like** to order, please.	我想要点餐，谢谢。
Vorrei vedere la lista dei dolci.	**I'd like** to see the dessert menu.	我想要看一下甜品单。
Vorrei riservare un tavolo, per favore.	**I'd like** to book a table, please.	我想要订一张桌子，谢谢。
Vorremmo ordinare del vino, per favore.	**We'd like** to order some wine, please.	我们想点葡萄酒，谢谢。
Vorremmo pagare con la carta di credito.	**We'd like** to pay by credit card.	我们想用信用卡结账。

用 **ho voglia di**（*I fancy* 我想要）加 **prendere**（*to have* 拥有）或者 **mangiare**（*to eat* 吃）的动词不定式可以表达想要某物或做某事。

我想要……

Ho voglia di prendere la grigliata mista.	*I fancy* the mixed grill.	我想要烤杂排。
Ho voglia di mangiare chinese, per cambiare.	*I fancy* Chinese food for a change.	我想换口味，尝一下中餐。
Non ho voglia di prendere l'antipasto.	*I don't really feel like* a starter.	我不太想要开胃菜。

■ 表达你喜欢什么，不喜欢什么，偏爱什么 ■

当你外出吃饭或者喝酒的时候，可能会谈论你喜欢什么，不喜欢什么，尤其是当你上菜的时候。用 **mi piace**（*I like* 我喜欢），后面跟单数名词，**mi piacciono** 后面跟复数名词可以表达喜欢的东西。如果想说不喜欢什么，可以用 **non mi piace** 或者 **non mi piacciono**。

我喜欢……

Mi piace il formaggio.	*I like* cheese.	我喜欢芝士。
Mi piacciono gli asparagi.	*I like* asparagus.	我喜欢芦笋。
Mi piacciono tantissimo i frutti di mare.	*I love* seafood.	我喜欢吃海鲜。
Ti piacciono i carciofi?	*Do you like* artichokes?	你喜欢吃洋蓟吗？
Le piace la cucina cinese?	*Do You like* Chinese food?	你喜欢吃中餐吗？

我不喜欢……

Non mi piace il whisky.	**I don't like** whisky.	我不喜欢威士忌。
Non mi piacciono le olive.	**I don't like** olives.	我不喜欢吃橄榄。
Non mi piace tanto la cucina messicana.	**I'm not too keen on** Mexican food.	我不是太喜欢墨西哥菜。
Non le piacciono i funghi?	**Don't You like** mushrooms?	你不喜欢蘑菇吗？
Odio la trippa.	**I can't stand** tripe.	我不喜欢吃牛肚。

小贴士！

当你想用意大利语表达一向喜欢什么时，要在名词前面要加冠词，如**mi piace il formaggio** (*I like the cheese* 我喜欢芝士)，**non mi piacciono le olive** (*I don't like the olives* 我不喜欢橄榄)。

如果你想表达更偏爱，可以用 **preferisco** (*I prefer* 我更喜欢)。它由动词 **preferire** 变位而来。想了解更多关于 **preferire** 一类以 **-ire** 结尾的动词的信息，请查阅 268 页。

我更喜欢……

Preferisco assaggiare una specialità locale.	**I'd rather** try a local dish.	我更喜欢尝一下当地菜。
Preferisco se facciamo alla romana.	**I'd rather** we split the bill.	我更希望我们平分账单。
Preferisco prendere un antipasto **piuttosto che** il dolce.	**I'd rather** have a starter than a dessert.	我更喜欢要开胃菜而不是甜品。
Preferiresti andare da un'altra parte?	**Would you rather** go somewhere else?	你是不是更想到别的地方？

如果你对饮食上有特殊的需求，你可以用 **sono** (*I'm* 我是……) 向别人提及。

我是……

Sono allergico alle uova.	**I'm** allergic to eggs.	我对鸡蛋过敏。
Sono vegetariana.	**I'm** a vegetarian.	我是素食者。

询问建议

如果你想要询问服务员建议吃什么，你可以用 **Cosa mi consiglia?** (*What do You recommend?* 您给我推荐点什么呢？)。询问朋友或者同事时可以说 **Cosa mi consigli?**

你推荐什么？

Cosa mi consiglia come antipasto?	*What do You recommend* as a starter?	您推荐什么开胃菜？
Cosa mi consigli di prendere?	*What would you recommend me* to have?	你推荐我点什么呢？
Che vino **ci consiglia**?	*Which* wine *do You recommend*?	您推荐我点哪一款酒？
Ci consiglia una specialità del posto?	*Can You recommend* a local dish?	您能推荐一下当地菜吗？

如果想询问你是否应该做什么，可以用 **Crede che dovrei...?** 或者非正式一些用 **Credi che dovrei...?** (*Do you think I should...?* 你觉得我是否应该……？)

你觉得我是否应该……？

Credi che dovrei prendere la torta?	*Do you think I should* have the cake?	你觉得我是否应该吃这块蛋糕？
Credi che dovrei assaggiare l'anguilla?	*Do you think I should* try the eel?	你觉得我要不要试一下鳝鱼？
Crede che dovrei prendere del vino rosso con questo piatto?	*Do you think I should* have red wine with this dish?	您认为我是否应该点红酒配这道菜呢？
Credi che dovrei lasciare la mancia?	*Do you think I should* leave a tip?	你觉得我是否要留一点小费？

提出建议

当你想用意大利语给你的朋友或者同事提出建议时,一种方法是用 **potremmo** (*we could* 我们能够)。这是由动词 **potere** 变位而来。想了解更多关于动词 **potere** 的信息,请查阅第 282 页。

我们能够……

Potremmo sederci qui.	***We could*** *sit here.*	我们能够坐在这里。
Potremmo prendere solo un'insalata.	***We could*** *just have a salad.*	我们就点一份沙拉吧。
Potremmo sederci fuori, **se preferite**.	***We could*** *sit outside,* ***if you*** *prefer.*	如果你们愿意的话,我们可以坐在外面。

如果你想提出建议,也可以用 let's 让我们做什么。在意大利语中你可以用 **noi** 的命令式。想了解更多信息,请查阅 273 页。

让我们……吧

Sediamoci fuori.	***Let's sit*** *outside.*	我们坐在外面吧。
Prendiamo le tagliatelle.	***Let's have*** *the tagliatelle.*	我们吃面条吧。
Saltiamo gli antipasti.	***Let's not bother with*** *a starter.*	我们不要吃开胃菜了。

如果你想询问别人他们是否想要拥有或者做什么事情,可以用 **Che ne dici di…**?如果你和他们不是太熟,可以用 **Che ne dice di…**? (*Do You fancy…?* 您喜欢……?)。如果你是和不只一个人对话,可以用 **Che ne dite di…**? 也可以用 **Ti va…?, Le va…?** 或者 **Vi va…?**

你喜欢……吗?

Che ne dice di un caffè?	***Do You fancy*** *a coffee?*	您想要一杯咖啡吗?
Che ne dice di ordinare ancora una bottiglia?	***Do You fancy*** *ordering another bottle?*	您想要再点一瓶吗?
Che ne dite di prendere due porzioni in quattro?	***Do you fancy*** *sharing two portions between the four of us?*	你们觉得我们四个点两份可以吗?
Ti va di provare la minestra?	***Do you fancy*** *trying the soup?*	你想尝一下这份汤吗?
Vi va di prendere un docle?	***Do you fancy*** *a dessert?*	你们想点甜品吗?

你可以点……

Può prendere un antipasto, **se vuole**.	**You can have** a starter, **if you like**.	如果你喜欢的话，可以点一份开胃菜。
Può prendere un digestivo, **se vuole**.	**You can have** a liqueur, **if you like**.	如果你喜欢的话，可以点利口酒。
Può prendere il menù a 20 euro, **se vuole**.	**You can have** the €20 set menu, **if you like**.	如果你愿意的话，可以点这种20欧元的套餐。

另一种提出建议的简单方式是用现在时动词后面跟着疑问语气。想了解更多关于现在时的信息，请查阅268页。

我们要不要……？

Prendiamo prima un aperitivo?	**Shall we have** a drink first?	我们要不要先喝点什么？
Ordiniamo ancore una bottiglia?	**Shall we order** another bottle?	我们要不要再点一瓶？
Chiediamo il conto?	**Shall we ask** for the bill?	我们要不要结账？

投诉

当服务和餐饮无法达到你的要求的时候，你可能会想投诉，可以用 **Scusi, ma...** (Sorry but... 抱歉，不过……)。

抱歉，不过……

Scusi, ma la mia minestra è fredda.	**Sorry, but** my soup is cold.	抱歉，不过我的汤是凉的。
Scusi, ma c'è carne nel sugo. Io sono vegetariano.	**Sorry, but** there's meat in the sauce. I'm vegetarian.	不好意思，不过这菜的酱料有肉，我是素食者。
Scusi, ma non è quello che avevo ordinato.	**I'm afraid** that's not what I ordered.	很抱歉，这不是我点的餐。
Scusi, ma ce l'ha messo in conto due volte.	**I'm afraid** You've charged us twice for it.	很抱歉，您要我们付了双倍的钱。
Mi scusi, ma il vino sa di tappo.	**I'm sorry, but** the wine is corked.	不好意思，但是这酒有木塞味。

听力

以下是一些在外面用餐的时候有可能会听到的常用短语。

Sei libera sabato?	Are you free on Saturday?	你周六有空吗?
Passo a prenderti?	Do you want me to pick you up?	你想我去接你吗?
Avete prenotato?	Have you got a reservation?	你们是否有预定?
Mi dispiace, siamo al completo.	Sorry, we're full.	很抱歉,我们已经满座了。
Di qua, prego.	This way please.	请往这边走。
Se mi vuole seguire.	Follow me please.	请跟我来。
Ecco la lista dei vini.	Here's the wine list.	这是酒单。
Il piatto del giorno è sulla tabella.	Today's special is on the board.	公告板上写着我们今天的特餐。
Vi consiglio gli asparagi.	I'd recommend the asparagus.	我推荐尝一下芦笋。
È una specialità della zona.	It's a local speciality.	这是本地特色菜。
Volete ordinare?	Are you ready to order?	你们准备好点菜了吗?
Volete prima un aperitivo?	Would you like a drink first?	你们想先点饮料吗?
Cosa bevete?	What will you have to drink?	你们想喝点什么?
Vi porto una messa porzione?	Shall I bring you a half portion?	我能带给你们半份吗?
Il pesce è appena pescato.	The fish is really fresh.	这鱼真的很新鲜。
Desidera del formaggio o un dolce?	Would You like the cheese board or a dessert?	您想点奶酪拼盘还是甜品呢?
Purtroppo l'abbiamo finito.	I'm afraid there's none left.	我很抱歉已经卖完了。
È il dolce della casa.	This dessert is our speciality.	这个甜品是我们的特色菜。
Desidera qualcos'altro?	Would You like anything else?	您想点些其他的吗?
Arrivo subito.	I'll be right with you.	我很快过来。
Lo porto subito.	I'll bring it right away.	我很快把它拿过来。
Siete miei ospiti.	It's on me.	我请客。
Offre la casa.	This is on the house.	这是免费招待的。

生活小常识

- 如果你想引起服务员的注意，可以说**Scusi?, Cameriere!** (*Waiter!* 服务员！)或者**Cameriera!** (*Waitress!* 女服务员！)。

- 除非你是去吃比萨，在一般的餐厅，上菜前都会给一份**del pane** (*bread* 面包)，这份面包一般是额外收费的。很多意大利人想象不到如果一顿饭没有面包会怎么样（意大利人习惯餐前吃面包）。

- 一般像意大利面，千层面和米饭属于**Primi** (*First courses* 第一道菜)，肉和鱼是**Secondi** (*Mains* 主菜)。这些菜不会有太多的蔬菜，蔬菜需要分开点。蔬菜属于**Contorni** (*Side dishes* 配菜)。

- 虽然现在很多餐厅都会收取服务费，不过留**una mancia** (*a tip* 小费)还是很常见的，一般是餐费的5-10%，尤其是服务非常好的话。在酒吧里面，人们经常会留下**centesimi** (*cents* 几分钱)作为小费。

- 意大利餐厅也很欢迎小朋友，即使是晚餐的时候。假如你需要一张高椅，你可以问**Avete un seggiolone**？。

服务员提供完服务后，一般会说**Buon appetite!** (*Enjoy your meal!* 祝您用餐愉快！)，回答是**Grazie**。如果同伴或其他顾客和你说这句话，正确的回答是**Grazie, altrettanto!** (*The same to you!* 谢谢，也祝你用餐愉快！)。

到城里

Hitting the town

Buon divertimento! 祝你玩得开心!

这个单元里面的语句能帮助你自信地用意大利语应对各种社交场合。不管你是要去一场演唱会，去剧院，看电影，去看体育比赛，去酒吧，抑或请人或受邀参加派对，这些短语会让你的意大利语更正宗。

提出建议

当你准备要和意大利朋友或者同事外出时，可能会提出一些建议。一个提建议的好方式是用 **possiamo** (*we can* 我们能) 或者 **potremmo** (*we could* 我们可以) 加 **se vuoi** 或者更正式一些，加 **se vuole** (*if You like* 如果您喜欢)。这些是由动词 **potere** (*to be able* 能) 变位而来。想了解更多关于动词 **potere** 的信息，请查阅 282 页。

我们可以……

Possiamo andare a bere qualcosa, **se vuoi**.	*We can* go and have a drink, *if you like*.	如果你愿意的话，我们现在就去喝一杯。
Possiamo andare a teatro, **se vuole**.	*We can* go to the theatre, *if You like*.	如果您愿意的话，我们去剧院吧。
Possiamo andare a un concerto, **se vuoi**.	*We could* go to a concert, *if you like*.	如果你愿意的话，我们去听演唱会吧。

另一种用意大利语提出建议的方法是用命令式。如果想了解更多关于命令式的信息，请查阅 270 页。

让我们……吧

Andiamo a bere qualcosa.	**Let's go out** for a drink.	让我们出去喝一杯吧。
Vediamo se riusciamo a trovare biglietti per la partita di sabato.	**Let's see if** we can get tickets for the match on Saturday.	我们看看能否拿到周六比赛的票。
Sediamoci qui.	**Let's sit** here.	我们坐在这里吧。
Ordiniamo ancora una bottiglia di vino?	**Shall we order** another bottle of wine?	我们能再点一瓶酒吗？

当你询问别人他们想做什么的时候，可以用 **Vuoi…?** 或者更正式一些用 **Vuole…?** (*Do You want to…?* 您想……吗？)。

你想……吗？

Vuoi andare a prendere un caffè sabato pomeriggio?	**Do you want to** go for a coffee on Saturday afternoon?	周日下午你想去喝杯咖啡吗？
Vuoi andare al bar dopo il cinema?	**Do you want to** go to a bar after the firm?	看完电影后你想去酒吧坐坐吗？
Faccio una festa. **Vuoi** venire?	I'm having a party. **Do you want to** come?	我要开个派对，你愿意来吗？
Volete che ci vediamo al bar domani sera?	**Do you want to** meet in the bar tomorrow night?	你们想明晚在酒吧见面吗？
Vuole cenare da noi domani sera?	**Would You like to** come for dinner tomorrow night?	您想明晚过来吃晚饭吗？
Volete passare la notte da noi?	**Do you want to** stay the night with us?	你们想和我们一起过夜吗？

小贴士！

当谈及今晚或者明天晚上时，可以用 **questa sera** 或者 **stasera**，**domani sera**。**Notte** (*night* 晚上) 仅仅用来表示深夜。

你喜欢……吗？

Ti va di venire al concerto?	**Do you fancy** coming to the concert?	你想去看演唱会吗？
Ti va di prendere un caffè da qualche parte?	**Do you fancy** going for a coffee somewhere?	你想找个地方喝点咖啡吗？
Hai voglia di andare a bere qualcosa stasera?	**Do you fancy** going for a drink tonight?	今晚你想出去喝点东西吗？
Avete voglia di andare al cinema?	**Do you fancy** going to the cinema?	你们想去看电影吗？

谈论你的计划

如果你想谈论已经做好的社交活动计划,可以用将来时或者现在时。想了解更多关于这些时态的信息,请查阅 268 页。

我准备要去……

Inviterò degli amici per il mio compleanno.	***I'm going to invite** some friends over for my birthday.*	我准备要邀请一些朋友来庆祝我的生日。
Vado alla festa di Lorenzo sabato prossimo.	***I'm going to** Lorenzo's party next Saturday.*	我下周六准备去劳伦佐的生日派对。
Ceniamo dai nostri amici stasera.	***We're going to have dinner** at our friends' house tonight.*	我们准备去朋友家吃晚饭。

你准备要去……吗?

Inviterai tanta gente?	***Are you going to invite** many people?*	你准备邀请很多人吗?
Va alla festa di Susie?	***Are You going to go** to Susie's party?*	您准备去苏西的派对吗?
Quando **riuscite a** venire?	*When **will you** be able to come?*	你们什么时候能来呢?

如果你的计划还没有完全确定,你可以用 **forse** (*perhaps* 有可能)。

有可能……

Forse ci andrò.	***Perhaps** I'll go.*	我可能会去。
Forse bevo ancora qualcosa.	***Perhaps** I'll have another drink.*	可能我会喝点别的。
Forse faccio una festa.	*I **may** have a party.*	我可能会举办一场派对。

询问信息

当你准备外出活动的时候,可能需要询问一些信息。可以用 **C'è...?** (*Is there...?* 这里有……吗?) 或者 **Ci sono...?** (*Are there...?* 这里有……吗?)。

这里有……吗?

C'è un cinema qui?	*Is there* a cinema here?	这里有电影院吗?
C'è una partita di calcio oggi pomeriggio?	*Is there* a football match on this afternoon?	今天下午有足球赛吗?
Ci sono concerti gratuiti questo fine settimana?	*Are there* any free concerts on this weekend?	这个周末有免费的演唱会吗?

如果要询问别人他们有没有什么东西,比如说,在酒吧或者在剧院里面,你可以说 **Avete...?** (*Do you have...?* 你们有……吗)。

你有……吗?

Avete due posti in platea?	*Do you have* two seats in the stalls?	你们有两个前排位置吗?
Avete un programma?	*Do you have* any programmes?	你们有什么计划吗?
Avete birra alla spina?	*Do you have* draught beer?	你们有生啤吗?

要获得特定的信息,比如说什么时间开始或者什么时间结束,或者多少钱,你可以用 **A che ora...?** (*What time...?* 几点……?), **Quanto costa...?** (*How much...?* ……多少钱?) 和 **Quanto...?** (*How long...?* ……多长时间?) 这几个短语。

几点……?

A che ora comincia il film?	*What time* does the film start?	电影几点开始?
A che ora finisce il concerto?	*What time* does the concert finish?	演唱会几点结束?
Per che ora è prenotato il taxi?	*What time* is the taxi ordered *for*?	预订的出租车是几点的?

……多少钱?

Quanto costa un biglietto per lo spettacolo di stasera?	*How much is* a ticket for this evening's performance?	今晚的演出门票多少钱?
Quanto costa il programma?	*How much is it* for a programme?	这个节目单多少钱?
Quanto costa l'ingresso?	*How much does it cost* to get in?	门票多少钱?

······多长时间？

Quanto dura l'opera?	How long is the opera?	这场歌剧多长时间？
Quanto restate in questo bar?	How long are you going to be in this bar?	你们准备在酒吧待多长时间？
Quanto ci si mette per arrivare allo stadio?	How long does it take to get to the stadium?	去体育馆要多长时间？

······是什么？

Che genere di musica fanno?	What kind of music do they play?	他们演奏什么类型的音乐？
In che bar andate?	What bar are you going to?	你们准备去哪种类型的酒吧。
Per quale spettacolo avete biglietti?	Which showing have you got tickets for?	你们有哪一场表演的票？
Cosa danno al cinema?	What's on at the cinema at the moment?	现在电影院上演什么电影？

要东西

当你要东西的时候，最简单的方法是说 **vorrei** (*I'd like* 我想要) 或者 **vorremmo** (*we'd like* 我们想要)。**vorrei** 和 **vorremmo** 是由动词 **volere** (*to want* 想要) 变位而来。想了解更多关于动词 **volere** 的信息，请查阅 283 页。

我喜欢······

Vorrei un Campari, per favore.	I'd like a Campari, please.	麻烦给我一杯金巴利。
Vorrei due biglietti per lo spettacolo di stasera.	I'd like two tickets for tonight's show.	我想要两张今晚表演的票。
Vorrei un biglietto per la partita del Milan.	I'd like a ticket for the Milan match.	我想要一张米兰比赛的票。
Vorrei un posto in galleria.	I'd like a seat in the upper circle.	我想要一张楼厅的票。
Vorremmo il conto, per favore.	We'd like the bill, please.	麻烦您，我们想结账。

我想要······

Prendo un tè al latte, senza limone.	I'll have a cup of tea.	我想要一杯茶。
Prendo un gin tonic.	I'll have a G&T.	我想要一杯金汤力。
Prendiamo un'altra bottiglia di vino bianco della casa.	We'll have another bottle of house white.	我们想再要一瓶自制白葡萄酒。

向别人要东西，可以用 **Mi dà...?** (*Can I have...?* 你能给我……吗？) 或者 **Ci dà...?** (*Can we have...?* 你能给我们……吗？)。

我能要……吗？

Mi dà una caraffa d'acqua?	***Can I have*** a jug of water?	我能要一壶水吗？
Mi dà un biglietto per lo spettacolo?	***Can I have*** a ticket for the show?	我能要一张今晚表演的票吗？
Ci dà quattro posti in platea, per favore?	***Can we have*** four seats in the stalls, please?	我们能要四张前排位置的票吗？

■ 表达你喜欢什么，不喜欢什么，更喜欢什么 ■

当你外出活动的时候，你可能会想表达你喜欢或者不喜欢什么。要表达你喜欢什么，你可以用 **mi piace** (*I like* 我喜欢) 加单数名词，**mi piacciono** 加复数名词。如果想说不喜欢什么，可以用 **non mi piace** 或 **non mi piacciono** (*I don't like* 我不喜欢)。

我喜欢……

Mi piace la musica techno.	***I like*** techno music.	我喜欢电子音乐。
Mi piace andare al cinema.	***I like*** going to the cinema.	我喜欢看电影。
Mi piacciono i film dell'orrore.	***I like*** horror films.	我喜欢恐怖片。
Adoro l'opera.	***I love*** opera.	我喜欢歌剧。

我不喜欢……

Non mi piace la birra alla spina.	***I don't like*** draught beer.	我不喜欢生啤酒。
Non mi piace andare a teatro.	***I don't like*** going to the theatre.	我不喜欢去剧院。
Non mi piacciono le commedie musicali.	***I don't like*** musicals.	我不喜欢音乐剧。
Odio l'operetta.	***I can't stand*** operetta.	我无法忍受轻歌剧。

想表达更喜欢什么，可以用 **preferisco**（*I prefer* 我更喜欢）。**preferisco** 由动词 **preferire** 变位而来。想了解更多关于 **preferire** 一类以 **-ire** 结尾的动词的信息，请查阅 266 页。

我更喜欢……

Preferisco il cinema d'essai.	*I prefer* arthouse films.	我更喜欢看艺术片。
Preferisco andarci un altro giorno.	*I'd prefer* to go another day.	我更想改天再去。
Preferisco il vino **alla** birra.	*I prefer* wine <u>to</u> beer.	比起啤酒，我更喜欢葡萄酒。
Preferisco vedere un film **piuttosto** che un concerto.	*I'd rather* see a film **than** go to a concert.	比起听演唱会，我更想看一部电影。
Preferisci il cinema italiano o quello americano?	*Which do you prefer*, Italian or American films?	你更喜欢看意大利电影还是美国电影？

如果你要问别人他们喜欢什么，可以用 **Ti piace…?** 或者 **Ti piacciono…?**（*Do you like…?* 你喜欢……吗？）向熟悉的朋友或年轻人提问。如果是和不太熟悉的人谈话，可以用 **Le piace…?** 或者 **Le piacciono…?**。如果是和不止一个人说，那么你可以说 **Vi piace…?** 或者 **Vi piacciono…?**。

你喜欢……吗？

Ti piace il calcio?	*Do you like* football?	你喜欢足球吗？
Le piacciono le commedie musicali?	*Do You like* musicals?	您喜欢音乐剧吗？
Vi piace andare al cinema?	*Do you like* going to the cinema?	你们喜欢看电影吗？

如果你想表达喜欢一部剧，一部电影等，可以说 **mi è piaciuto**（*I enjoyed* 我很喜欢）。

我很喜欢……

Mi è piaciuto film.	*I enjoyed* the film.	我很喜欢这部电影。
Mi è piaciuto molto.	*I really enjoyed* it.	我真的非常喜欢它。
Non ci è piaciuto per niente.	*We didn't enjoy* it at all.	我们一点也不喜欢。
Ti è piaciuto?	*Did you enjoy* it?	你喜欢它吗？
Le è piaciuta l'opera?	*Did You enjoy* the opera?	您喜欢这部歌剧吗？

表达自己的观点

如果对看过的或者去过的地方表达一些观点，你可以用 **penso che**，**credo che** (*I think* 我认为) 来表达你所想的。后面跟着虚拟语气或者将来时。想了解更多关于虚拟式以及将来时的信息，请查阅 270 以及 268 页。

我认为……

Penso che ti piacerà.	***I think*** you'll like it.	我认为你会喜欢的。
Penso che sia una splendida attrice.	***I think*** she is a fantastic actress.	我认为她是一个非常棒的演员。
Credo che vinceranno.	***I think*** they'll win.	我认为他们会赢的。
Credo sia un buon film.	***I think*** it's a good film.	我认为这是部好电影。
Non pensa che la commedia fosse un po'troppo lunga?	***Don't You think*** the play was a bit long?	你不认为这部剧有点长吗？

在我看来……

Secondo me Spielberg è un regista formidabile.	***In my opinion***, Spielberg is a wonderful director.	在我看来，斯皮尔伯格是位非常棒的导演。
Secondo me questa sala concerti non ha uguali.	***In my opinion***, this concert hall is second to none.	在我看来，这个音乐厅首屈一指。
Secondo me la fine lasciava molto a desiderare.	***In my view***, the ending was very weak.	在我看来，这个结局有点弱。（留下很多想象空间）。

你认为……怎么样？

Cosa pensa dei suoi film?	***What do You think of*** his films?	您觉得这部电影如何？
Cosa pensi del rap?	***What do you think of*** rap music?	你觉得说唱音乐如何？
Che te ne pare di questo bar?	***What do you make of*** this bar?	你觉得这个酒吧怎么样？

如果想表达同意或者不同意其他人的观点，可以说 **sono d'accordo** (*I agree* 我同意) 或者 **non sono d'accordo** (*I don't agree* 我不同意)。

我同意……

Sono d'accordo con te.	*I agree* with you.	我同意你的观点。
Sono d'accordo con lei.	*I agree* with You.	我同意您的观点。
Sono completamente **d'accordo** con quello che dice.	*I totally agree* with what You say.	我完全同意你所说的。
No, **non sono d'accordo**.	No, *I don't agree*.	不，我不同意。
Non sono affatto d'accordo.	*I don't agree* at all.	我完全不同意。

询问是否许可

当你外出的时候，可能想询问别人你是否可以做某事。一个常用来获得许可的问法是 **Posso…?** (*Can I…?* 我可以……吗？) 或者 **Possiamo…?** (*Can we…?* 我们可以……吗？)。**posso** 和 **possiamo** 由动词 **potere** (*to be able* 能) 变位而来。想了解更多关于动词 **potere** 的信息，请查阅 282 页。

我可以……吗？

Posso sedermi dove voglio?	*Can I* sit where I like?	我可以坐我喜欢的位置吗？
Posso pagare con la carta?	*Can I* pay by card?	我能用信用卡支付吗？
Posso prendere questa sedia?	*Can I* take this chair?	我能坐这把椅子吗？
Possiamo sederci fuori?	*Can we* sit outside?	我们能坐在外面吗？
Possiamo fumare qui?	*Can we* smoke here?	我们能在这里吸烟吗？

你是否介意……？

Le dispiace se ci sediamo qua?	*Do You mind if* we sit here?	您介意我们坐在这里吗？
Vi dispiace se mi metto qui con voi?	*Do you mind if* I join you?	你们介意我加入吗？
Le dà fastidio se fumo?	*Do You mind if* I smoke?	您介意我吸烟吗？

听力

以下是一些外出的时候有可能会听到的常用短语。

Dove vuole sedersi?	Where would You like to sit?	您想坐哪里?
Per quante persone?	How many people?	几位?
Biglietto, per favore.	Can I see your ticket, please?	我能看一下你的票吗?谢谢。
Vuole comprare un programma?	Would You like to buy a programme?	您想买一个节目单吗?
Le dispiace se ci scambiamo di posto?	Would You mind swapping places?	您介意换地方吗?
Sei libera domani?	Are you free tomorrow?	明天你有空吗?
La settimana prossima ho da fare.	I'm busy next week.	下周我会很忙。
Quando ti andrebbe bene?	When would be a good time for you?	什么时间你比较方便呢?
Cosa prende?	What can I get You?	您想点什么呢?
Ti offro da bere.	Let me get you a drink.	我来给你上一杯饮料吧。
Offro io.	This is on me.	我请客。
Ti sei divertito stasera?	Did you have a good time tonight?	今晚你玩得开心吗?
Grazie dell'invito.	Thank you for inviting me.	谢谢你的邀请。
Grazie, non c'era bisogno.	Thank you, you shouldn't have.	谢谢,其实没有必要。

生活小常识

在咖啡馆或者酒吧
- 如果你喝咖啡时间很短,你可以直接站在酒吧里面,这样会比坐在桌子边喝便宜。意大利人在上班途中喝咖啡的时候,一般会配上 **una pasta** (*a cake* 一块蛋糕)或者 **un cornetto** (*a croissant* 一个牛角面包)。
- 有时候你必须先 **alla cassa** (*at the cashdesk* 在柜台)付款,然后拿着 **scontrino** (*receipt* 小票)去吧台。付款前可以先看看别人是如何做的,否则你有可能在吧台等待了半天,却发现必须回到 **la cassa** 付款。
- 如果你准备坐下,服务员会过来。在一些小镇,服务员会把 **lo scontrino** (*the bill* 账单)放在桌子上,而你在准备好的时候付款。
- 如果你点 **un caffè**,服务员会直接给你一杯浓缩咖啡。值得注意的是,在意大利你点的咖啡的量并不总是和在家里的一样。比如,**un cappuccino** 在意大利就比其他地方的容量要小得多。
- 想要奶茶需要特别指出,否则点茶可能就只能得到一杯红茶或者柠檬茶。奶茶是 **un tè al latte**。
- 如果你要点 **un aperitivo** (*an aperitif* 一杯开胃酒),服务员会同时配上一些小吃佐酒。
- 意大利人聚会的时候,如果是两个人或者人数不多,通常会有人付全款。人比较多的时候,大家会共同出钱付款。
- 在意大利你想说干杯,可以用 **Salute!** 和 **Cin cin!**。和你比较熟悉的人说 **Alla tua!** 如果想发起祝酒语,可以说 **Facciamo un brindisi!**
- 离开餐厅的时候,不要忘记拿你的 **ricevuta fiscale** (*receipt* 小票)。这是法律规定的。

在别人家作客
- 你可能会受邀 **a cena** (*to dinner* 参加晚宴),**a pranzo** (*to lunch* 吃午饭)或者只是 **per l'aperitivo** (*for a pre-dinner drink* 饭前小酒会)。这是一个比较简单的邀请方式,而且不留宿。
- 当受邀去某人家参加晚宴的时候,意大利人一般会带一些法式糕点、巧克力,或者鲜花而不是酒。如果一个意大利人带给你礼物,你可以说 **Grazie, non c'era bisogno**。(*thank you, you shouldn't have* 谢谢,这是不必要的)。

在电影院
- 在意大利,新电影一般在周五(**venerdi**)上映。新影片先在 **cinema di prima visione** 放映,然后才会在 **cinema di seconda visione** 放映。

博物馆、古建筑和其他

Museums, monuments and much more

Buona giornata! 祝你一天好心情！

如果你准备去意大利旅游观光，这个单元所学的短语会帮助你自信地使用正宗的意大利语去询问你可以去哪里，你在那里可以做什么，多少钱。

■ 告诉别人你想要做什么 ■

你需要用意大利语告诉别人你要做什么，可以用 **vorrei** (*I'd like* 我想要)。**vorrei** 由动词 **volere** (*to want* 想要) 变位而来。想了解更多关于动词 **volere** 的信息，请查阅 283 页。

我想要……

Vorrei salire sul campanile.	**I'd like to** go up the tower.	我想要登塔。
Vorrei fare delle foto di questo quadro, se si può.	**I'd like to** take some pictures of this painting, if that's ok.	如果可以的话，我想给这张画拍照。
Vorremmo andare alla cattedrale con l'autobus.	**We'd like to** take the bus to the cathedral.	我们想要坐这辆公交车去教堂。
Vorremmo visitare la mostra d'arte.	**We'd like to** see the art exhibition.	我们想看艺术展。

你可能想要表达你对干某事的热情，可以用 **mi piacerebbe tantissimo** 加动词不定式形式表达非常想做某事。

我非常喜欢……

Mi piacerebbe tantissimo visitare le grotte.	**I'd love to** see the caves.	我特别想看着这个洞穴。
Mi piacerebbe tantissimo portare i bambini a Gardaland.	**I'd love to** take the kids to Gardaland.	我特别想带孩子们去加达云霄乐园。
Mi piacerebbe tantissimo passare una serata al Lido.	**I'd love to** spend an evening at the Lido.	我特别想在丽都待上一晚。
Le piacerebbe tantissimo visitare Gubbio.	**She'd love to** see Gubbio.	她特别想去看古比奥。

谈论你的计划

你很有可能会谈论到旅行中准备要做的事情。在英语中我们经常用 *I'm going to* 来讨论未来发生的事情。意大利语可以用将来时表达你将要做什么,现在时也常用来表示将来。想要了解更多关于将来时和现在时的信息,请查阅268页。

我将要……

Andrò a visitare il Castello Sforzesco.	**I'm going to visit** the Sforza Castle.	我准备去参观斯福尔扎古堡。
Telefonerò per informarmi se è aperto la domenica.	**I'm going to phone** to find out if it's open on Sunday.	我准备打电话去确认周日是否开门。
Portiamo i bambini con noi.	**We're going to take** the kids with us.	我们准备带孩子去。
Farai l'intera visita guidata?	**Are you going to do** the whole guided tour?	你是否准备全程带导游。

你也可以用 **ho intenzione di** 或者 **penso di**(*I intend to* 我打算)来谈论你想要做的事情。

我打算要……

Ho intenzione di andarci con una guida alpina.	**I intend to** go with a mountain guide.	我打算和一个登山导游一起。
Ho intenzione di ritornare ai Musei Vaticani la prossima volta.	**I intend to** go back to the Vatican Museums next time.	我打算下次再来梵蒂冈博物馆参观。
Penso di fare l'escursione sul vulcano la settimana prossima.	**I intend to** go on the excursion to the volcano next week.	我下周打算去火山短途旅行。
Pensate di passarci molto tempo?	**Do you intend to** spend much time there?	你们打算在那里待上一段时间吗?
Cosa **pensate di** visitare prima di tutto?	What **do you** plan to visit first?	你们打算先参观哪里?

如果你想谈论你已经做好的计划，可以用 **dovrei**（*I'm planning to* 我打算）加动词不定式形式。**dovrei** 由动词 **dovere** 变位而来。想要了解更多关于动词 **dovere** 的信息，请查阅 279 页。

我打算要……

Dovrei visitare i giardini botanici nel pomeriggio.	**I'm planning to** visit the botanic gardens in the afternoon.	我打算下午去参观植物园。
Dovrei raggiungere la comitiva alle quattro.	**I'm planning to** meet up with the group at four.	我打算4点和团队碰面。
Dovremmo passare la notte in una baita e raggiungere la cima il giorno dopo.	**We're planning to** spend the night in a mountain hut and reach the summit the following day.	我们打算晚上住在山顶小屋，第二天到达顶峰。
A che ora **dovremmo** arrivare?	What time **are we supposed to** get there?	我们大概几点到那里？

小贴士！
用 **dovrei** 除了可以表示你将要做什么以外，还可以表示你应该做什么，如 **dovrei andarmene**（*I should go* 我该走了）。

提出建议

你可能希望用意大利语建议你的朋友或者同事应该去哪里或者应该参观什么。其中一种方法是 **propongo di**（*I suggest* 我建议）加动词不定式形式。**propongo** 由动词 **proporre**（*to suggest* 建议）变位而来。想了解更多关于 **proporre** 一类动词的信息，请查阅 265 页。

我建议……

Propongo di visitare il Museo del Mare.	**I suggest** we visit the Maritime Museum.	我建议我们去参观海洋博物馆。
Propongo di rimandare la visita allo zoo a lunedì.	**I suggest** we postpone the trip to the zoo until Monday.	我建议我们推迟到周一再去参观动物园。
Propongo un picnic al parco.	**I suggest** we have a picnic in the park.	我建议我们在公园野餐。
Cosa ci **propone di** fare?	What **do You suggest** we do?	您建议我们做什么呢？

你也可以用 **Perché non...?**（*Why don't...?* 为什么不……呢?）加现在时来提建议。

为什么不……呢?

Perché non facciamo una passeggiata nella città vecchia?	**Why don't** we walk round the old town?	为什么我们不逛一下这座老城?
Perché non fai delle foto dalla torre?	**Why don't** you take some pictures from the tower?	为什么你不从塔上照几张照片呢?
Perché non facciamo un giro della città in carrozza?	**Why don't** we go round the town in a horse-drawn carriage?	为什么我们不坐马车游览这个城市呢?
Perché non prendi la metropolitana per andare in Plazza Duomo?	**Why don't** you take the underground to Pizza Duomo?	为什么你不坐地铁去比萨教堂?

另外一种表达建议的方法是说 **dovremmo**（*we should* 我们应该）。**dovremmo** 由动词 **dovere** 变位而来。想了解更多关于动词 **dovere** 的信息，请查阅 279 页。

我们应该……

Dovremmo salire con la funivia.	**We should** take the cable car to the top.	我们应该坐缆车到山顶。
Dovremmo tornare domani per vedere tutto il resto.	**We should** come back tomorrow to see all the rest.	我们应该明天回去看看所有其他的。
Stasera **dovreste** andare a vedere lo spettacolo di luci e suoni.	**You should** go to the laser show tonight.	你们今晚应该去看激光表演。
Dovrebbe noleggiare una bicicletta per fare il giro dell'isola.	**You should** hire a bike to cycle round the island.	您应该租辆自行车环岛参观。

询问信息

如果你需要关于你准备要参观的地方或者要做的事情方面的信息，可以用 **È...?** 来问"是……什么吗?"。

是……吗?

È una visita guidata?	**Is it** a guided tour?	这是带导游的旅行吗?
È una camminata impegnativa?	**Is it** a difficult walk?	走起来会十分辛苦吗?
È accessibile ai disabili?	**Is it** accessible to disabled people?	对残疾人来说是适用的吗?

要询问的事物（比如，城堡或者博物馆）经常要放在句子结尾。

……吗？

È interessante il castello?	*Is* the castle interesting?	这个城堡有趣吗？
È gratuita l'entrata?	*Is* admission free?	是免费入场吗？
È aperto il museo?	*Is* the museum open?	博物馆开门吗？

你也可能会问及你要参观的地方是否有什么，可以用 **C'è…?** 加单数名词，或者 **Ci sono…?** 加复数名词。表示是否有什么。

有……吗？

C'è un ufficio turistico qui in città?	*Is there* a tourist information office in this town?	镇上有旅游咨询中心吗？
Ci sono cose da vedere nel paesino?	*Is there* anything to see in the village?	这个村庄有什么可以参观的吗？
C'è uno sconto per pensionati?	*Is there* a reduced price for pensioners?	退休人员能享受特价优惠吗？
Ci sono mummie nel museo?	*Are there* any mummies in the museum?	博物馆里面有木乃伊吗？
Cosa **c'è** da vedere a Bergamo? Vale la pena visitarla?	What *is there* to see in Bergamo? Is it worth a visit?	贝加莫有什么景点呢？值得游览吗？

如果要得到更详细具体的信息，可以用 **Che…?** 或者 **Quale…?** (*What…?*……是什么？)，**A che ora…?** (*What time…?* 几点……？) 或者 **Quanto costa…?** (*How much is…?* 多少钱？)。

……是什么？

Che genere di dipinto è?	**What** type of painting is it?	这是什么类型的画？
In **che** lingua è scritto il depliant?	**What** language is the leaflet written in?	传单里面是什么语言？
Quale è la stazione più vicina al Campidoglio?	**What** is the nearest station to the Campidoglio?	到坎皮多利奥山丘最近的车站是哪个？
Qual è l'orario di apertura?	**What** are the opening hours?	开放时间是从几点到几点呢？

几点……？

A che ora ci si ritrova al pullman?	**What time** do we meet at the bus?	我们几点在公交车见面？
A che ora chiude il parco?	**What time** does the park close?	停车场几点关门？
A che ora c'è la prossima visita guidata?	**What time** is the next guided tour?	下一次导游几点？
A che ora è meglio andarci?	**What's** the best time to go?	什么时间去最好呢？

……多少钱？

Quanto costa questa cartolina, per favore?	**How much is** this postcard, please?	请问这张明信片多少钱？
Quanto costa un biglietto per studenti?	**How much is** a student ticket?	学生票多少钱？
Quanto costa la traversata in traghetto?	**How much is** the ferry crossing?	渡轮多少钱？
Quanto costa fare una gita a Capri?	**How much is it** to take a trip to Capri?	去卡普里岛多少钱？

询问一件事情持续多长时间，或者到达某个地方需要多长时间，可以用 **Quanto…?** (*How long…?* ……多长时间？)。

……多长时间？

Quanto dura la visita?	**How long** does the tour last?	这段旅程持续多长时间？
Quanto dura la gita in barca?	**How long** is the boat trip?	坐船需要多长时间？
Quanto ci si mette per arrivarci?	**How long** does it take to get there?	去那里需要多长时间？

如果要询问你要怎么做什么事情，你可以说 **Come si…?** (*How do you…?* 你怎么样做？) 加动词第三人称单数变位形式，或者 **come si fa a…?** 加动词不定式形式。

你怎样……？

Come si arriva alla città vecchia?	**How do you** get to the old town?	你怎样去老城？
Come si accede al secondo piano?	**How do you** get to the second floor?	你怎样到达第二层？
Come si fa a scegliere la lingua per la visita registrata?	**How do you** select the language of the audio tour?	你选择哪种语言作导游语言呢？
Come si fa a compare I biglietti?	**How do you** get tickets?	你怎样买票？

要东西

当你在意大利城市外出的时候,需要用意大利语询问一些东西,可以用 **Mi dà...?** (*Can I have...?* 你能给我……吗?)。它由动词 **dare** 变位而来。想了解更多关于动词 **dare** 的信息,请查阅 278 页。

我能要……吗?你能给我……吗?

Mi dà due biglietti d'ingresso per il museo, per favore?	*Can I have* two tickets for the museum, please?	请问我能要两张博物馆的门票吗?
Mi dà il programma per il concerto di strasera?	*Can I have* the programme for this evening's concert?	请问我能要一张今晚演唱会的节目单吗?
Mi dà le cuffie per la visita registrata?	*Could I have* headphones for the audio tour?	请问你能给我语音导游机的耳机吗?
Mi dà una piantina del museo?	*Could I have* a map of the museum?	请问你能给我一张博物馆的地图吗?

你经常会想表达需要一些特定的东西,可以用 **ho bisogno di** 或者 **avrei bisogno di** (*I need* 我需要)。请记住,**avrei bisogno di** 听起来会比 **ho bisogno di** 要礼貌一些。

我需要……

Ho bisogno di altri due biglietti.	*I need* two more tickets.	我还需要两张票。
Ho bisogno di una guida che parli inglese.	*I need* a guide who can speak English.	我需要一位会说英语的导游。
Ha bisogno delle cuffie.	*She needs* a pair of headphones.	她需要一对耳机。
Avrei bisogno di una piantina della città	*I need* a street map of the city.	我需要一份城市地图。
Avrei bisogno dell'informazioni su escursioni in questa zona?	*I need the* address of the museum.	我需要博物馆的地址。

如果你想要询问是否有什么东西，可以用 **Ha...?** (*Do You have...?* 您有……吗?) 或者 **Avrebbe...?** (*Would You have...?* 请问您有……吗?)。**ha** 和 **avrebbe** 由动词 **avere** 变位而来。想了解更多关于动词 **avere** 的信息，请查阅 277 页。

你有……吗？

Ha degli opuscoli in inglese?	***Do You have** any brochures in English?*	请问您有英语的小册子吗？
Ha guide registrate in altre lingue?	***Do You have** audio guides in other languages?*	请问您有其他语言的语音导游机吗？
Ha un giornale locale, per favore?	***Have You got** a local newspaper, please?*	请问您有当地报纸吗？
Avrebbe informazioni su escursioni in questa zona?	***Would You have** any information on trips in this area?*	请问您有这个地区的旅游资讯吗？

向他人求助，可以用 **Può...?** (*Can you...?* 您能……吗?) 或 **Potrebbe...?** (*Could you...?* 请问您能……吗?)。如果对方是年轻人，还可以用 **Puoi...?** 或 **Potresti...?**。它们由动词 **potere** (*to be able* 能) 变位而来。想了解更多关于动词 **potere** 的信息，请查阅 282 页。

你能……吗？

Può farci una foto?	***Can You** take picture of us?*	您能帮我们拍张照片吗？
Mi **può** dire l'orario di apertura?	***Can You** tell me what the opening hours are?*	您能告诉我开放时间吗？
Potrebbe farmi passare per la città vecchia?	***Could You** take me through the old town?*	您能带我穿过老城吗？
Mi **potresti** aiutare, per favore?	***Could you** help me, please?*	请问你能帮我一下吗？

询问是否许可

你会遇到需要征得许可的情况，这个时候可以用 **Posso…?** (*Can I…?* 我能……吗？) 或者 **potrei…?** (*Could I…?* 请问我能……吗？)。**posso** 和 **potrei** 由动词 **potere** 变位而来。想了解更多关于动词 **potere** 的用法，请查阅 282 页。

我能……吗？

Posso fare foto?	***Can I*** take pictures?	我能拍照片吗？
Posso entrare con la borsa?	***Can I*** take my bag in?	我能拿包进来吗？
Possiamo parcheggiare qui?	***Can we*** park our car here?	我们能把车停在这里吗？
Potrei prendere in prestito la sua guida per un minuto?	***Could I*** borrow Your guidebook for a moment?	我能借一下儿您的导游书吗？

另外一种征得许可的方法是用 **Le dispiace se…?** (*Do You mind if…?* 你介意我……吗？)。

你介意我……吗？

Le dispiace se entro con la borsa?	***Do You mind if*** I take my bag in with me?	您介意我带包进入吗？
Le dispiace se ci sediamo sull'erba?	***Do You mind if*** we sit on the grass?	您介意我们坐在草地上吗？
Le dispiace se lascio il passeggino qui?	***Do You mind if*** I leave the pushchair here?	您介意我把婴儿车放在这里吗？

请问，我可以……吗？

È un problema se fumo?	***Is it a problem if*** I smoke?	请问，我可以抽烟吗？
Mi scusi, **è un problema se** faccio delle foto?	Excuse me, ***is it a problem if*** I take pictures?	请问，我能拍照吗？
È un problema per lei **se** pago con la carta?	***Is it a problem*** for You ***if*** I pay by card?	请问，我可以用卡结账吗？

表达你喜欢什么、不喜欢什么、偏向什么

如果你想讨论你喜欢什么，可以用 **mi piace** (*I like* 我喜欢) 加单数名词，或者用 **mi piacciono** 加复数名词。如果想表达不喜欢什么，可以用 **non mi piace** 或者 **non mi piacciono** (*I don't like* 我不喜欢)。

我喜欢……

Mi piace visitare le gallerie d'arte moderna.	***I like*** *visiting modern art galleries.*	我喜欢参观时尚艺术画廊。
Mi piacciono i fuochi d'artificio.	***I like*** *fireworks.*	我喜欢烟花。
Questa scultura **mi piace molto**.	***I like*** *this sculpture* ***a lot****.*	我非常喜欢雕刻。
Mi piacciono tantissimo i paesini dell'Umbria.	***I love*** *the small villages in Umbria.*	我非常喜欢翁布里亚的小镇。
Ti piace questo genere di architettura?	***Do you like*** *this type of architecture?*	你喜欢这种类型的建筑吗？

我不喜欢……

Non mi piace l'arte greca.	***I don't like*** *Greek art.*	我不喜欢希腊艺术。
Non mi piacciono le gite in pullman.	***I don't like*** *bus tours.*	我不喜欢公交车游览。
Non mi piacciono le montagne russe.	***I don't like*** *roller-coasters.*	我不喜欢过山车。
Non mi piace affatto dover fare la fila.	***I really don't like*** *having to queue.*	我真的不喜欢排队。

如果你想要表达更喜欢什么，可以用 **preferisco** (*I prefer* 我更喜欢)。如果你想表达什么事情更合你意，你可以用 **preferirei** (*I'd rather* 我宁愿……)。

我更喜欢……

Preferisco evitare quella zona.	***I prefer to*** *avoid that area.*	我更想避开那个区域。
Preferisco andare a piedi.	***I prefer to*** *walk.*	我更喜欢走路。
Preferisco i musei **agli** edifici di interesse religioso.	***I prefer*** *museums* ***to*** *religious buildings.*	我更喜欢参观博物馆而不是宗教建筑。

我宁愿……

Preferirei passare tutta la settimana a Napoli.	*I'd rather* spend the whole week in Naples.	我更愿意在那不勒斯待上一整周。
Preferirei prendere la funicolare.	*I'd rather* take the funicular railway.	我更愿意搭缆车。
Preferiremmo raggiungere la comitiva più tardi.	*We'd rather* meet up with the group later.	我们更愿意稍后去和团队会合。
Preferiremmo andarci a piedi **piuttosto che** con l'autobus.	*We'd rather* walk than take the bus.	我们宁愿步行也不坐公交车去。

表达意见

如果要表达你的看法，可以用 **penso che** 或者 **trovo che** (*I think that* 我认为) 加虚拟语气。想了解更多关于虚拟语气的用法，请查阅 270 页。

我认为……

Penso che sia organizzato molto bene.	*I think* it's very well organized.	我认为组织的非常好。
Penso che la guida non sia abbastanza chiara nello spiegare le cose.	*I don't think that* the guide explains things clearly enough.	我认为这个导游讲解得不是非常清楚。
Trovo che sia un po' caro per quello che è.	*I think* it's a bit expensive for what it is.	我认为这个有点贵。
Non ho trovato il museo molto interessante.	*I didn't find* the museum very interesting.	我认为这个博物馆不是很有趣。

如果你要表达失望，可以用 **peccato che** (*it's a shame that* 很遗憾) 加虚拟语气。

很遗憾……

Peccato che non ci sia niente per i bambini.	*It's a shame that* there's nothing for children.	很遗憾这里没有的适合儿童的东西。
Peccato che il depliant sia solo in italiano.	*It's a shame that* the leaflet is only in italian.	很遗憾这个说明只有意大利语。
Peccato che sia chiuso l'edificio principale.	*It's a shame* the main building isn't open.	很遗憾这个主体建筑没有开放参观。

投诉

即使在意大利，你也可能会对失望或者感到不开心的地方进行投诉。

我对……很失望

Sono deluso del modo in cui ci hanno trattati.	I'm disappointed with the way we were treated.	我对他们对待我们的方式很失望。
La gita mi ha proprio deluso.	I was really disappointed with the trip.	我真的对这趟旅程很失望。
I bambaini erano delusi di non aver visto i pagliacci.	The children were disappointed that they didn't see the clowns.	孩子们很失望因为他们没能见到小丑。

我对……很不满意

Non siamo rimasti soddisfatti della guida.	We weren't happy with our guide.	我们对我们的导游不太满意。
Il servizio qui lascia proprio a desiderare.	I'm not happy with the service here.	我不满意这里的服务。
Non abbiamo mai visto un tale caos.	We have never seen such chaos.	我们从来没有见过那么混乱的场面。
Non solo era in ritardo, ma è stata anche sgarbata.	Not only was she late, she was also rude.	她不仅迟到，而且还很粗鲁。

如果你想描述一种状况，你可以说 c'è (there is 这里有)，或者 ci sono (there are 这里有)。

这里有……

C'è un sacco di rumore nel museo.	There's a lot of noise in the museum.	博物馆里面很吵。
Ci sono pochissime informazioni sulla storia di questo posto.	There's very little information about the history of this place.	有关这个地方的历史资料非常少。
Non ci sono strutture per i disabili.	There are no facilities for the disabled.	这里没有适合残疾人的设备。

听力

以下是一些观光时可能会听到的常用短语。

In quale lingua volete le informazioni?	*What language would you like the information in?*	你们想要什么语言的信息介绍?
Ecco un depliant in inglese.	*Here's a leaflet in English.*	这是一份英文的宣传页。
Ha la tessera studentesca?	*Do You have a student card?*	您有学生证吗?
Il museo è aperto dalle nove alle tre.	*The museum's open from nine to three.*	博物馆开放时间是早上九点到下午三点。
La galleria è chiusa la domenica.	*The gallery's closed on Sundays.*	这家画廊周日不开。
La prossima visita guidata è alle dieci.	*The next guided tour's at ten.*	下一趟导游是十点。
Quanti biglietti vuole?	*How many tickets would You like?*	您想要几张票呢?
Sono otto euro a testa.	*It's eight euros each.*	每张八欧元。
È vietato fotografare.	*You're not allowed to take pictures.*	这里不允许拍照。
Posso guardare nella sua borsa?	*Can I search Your bag?*	我能检查一下您的包吗?
Per cortesia lasci borsa e cappotto nel guardaroba.	*Please leave Your bag and coat in the cloakroom.*	请您把包和大衣存在衣帽间。
Le è piaciuto?	*Did You enjoy it?*	您喜欢吗?

生活小常识

● **Giornate Europee del Patrimanio** 是开放日活动。你可以免费参观很多景点和博物馆，以及一些平时不对外开放的地方。

● 在旅游旺季的时候有很多值得去的地方，当地报纸能够提供各种最新的社交文化活动信息和举办地点。记得看**giornalai**（*newsagents'* 一份报纸），你可以在这份报纸找到英文的信息！

● 很多城市都有重现的历史节日和活动，比如锡耶纳的**Palio**（赛马节，阿雷佐的**Saraceno**（马上长枪比武节）和佛罗伦萨的**Calcio in Costume**（中世纪服装足球节）。这些节日不是专门为游客而举办的，当地参加者数以百计，观众数以千计。

● **Il carnevale**是另一个富含音乐和服装的传统节日，一般是在二月举办。虽然整个意大利都会庆祝**carnevale**，但是最著名的要数威尼斯。

意大利最著名的博物馆和艺术画廊是非常热门的旅游景点，因此需要提前预订。你可以在网上预定。通常要等两个小时才能拿到票。请记住，很多博物馆周一是闭馆的。

购物指南

Retail therary

Prego, desidera? 请问您要什么？

不管你想购买衣服还是家庭用品，购买杂货还是只买一张明信片，本单元的语句都能帮助你非常自信地用正宗的意大利语去谈到最好的价格并买到你想买到的东西。

■ 询问物品

当你在意大利购物的时候，你可能会被问到 **È servito?** 或者 **È servita?** (*Are You being attended to?* 您是否需要帮助？) 如果你只是看一看，可以说 **do solo un'occiata** (*I'm just browsing* 我就是随便看看)，或者如果已经有人为你服务，可以说 **già servito, grazie** 或者 **già servita, grazie** (*I'm already being served, thanks* 已经有服务员帮我拿了，谢谢)。如果你已经确定想要什么，可以用 **vorrei** (*I'd like* 我想要)。**vorrei** 由动词 **volere** (*to want* 想要) 变位而来。想了解更多关于动词 **volere** 的信息，请查阅 283 页。

我想要……

Vorrei due chili di patate, per favore.	**I'd like** two kilos of potatoes, please.	麻烦您，我想要两斤土豆。
Vorrei una scheda memoria per la macchina fotografica digitale.	**I'd like** a memory card for my digital camera.	我想要数码相机的储存卡。
Vorrei un melone ben maturo, per favore.	**I'd like** a melon that's nice and ripe, please.	劳驾，我想要一个又甜又熟的蜜瓜。
Vorrei provare il numero 38 di queste scarpe.	**I'd like** to try a 38 in these shoes.	我想要试穿 38 码的鞋。
Ne **voglio** ancora due, per favore.	**I want** two more of these, please.	劳驾，我想再要两个，谢谢。

在市场或者商店里可以用 **Mi dà...?** (*Could I have...?* 您能给我……吗？) 加你想要的东西以及 **per favore** 向服务员询问物品。这是由动词 **dare** (*to give* 给) 变位而来。想了解更多关于 **dare** 的信息，请查阅 278 页。

您能给我……吗？

Mi dà un chilo di arance, per favore?	**Could I have** a kilo of oranges, please?	请问您能给我一斤橙子吗？
Mi dà 10 francobolli?	**Could I have** 10 stamps?	您能给我 10 张邮票吗？
Mi dà una borsa, per favore?	**Could I have** a carrier bag, please?	请问您能给我一个袋子吗？
Mi dà due etti di prosciutto crudo, per favore?	**Could I have** 200 grams of Parma ham, please?	请问您能给我 200 克帕尔马火腿吗？

你也可以用 **cerco** (*I'm looking for* 我在找) 说你正在找什么。**cerco** 由动词 **cercare** (*to look for* 寻找) 变位而来。

我正在寻找……

Cerco del coriandolo fresco.	**I'm looking for** fresh coriander.	我正在寻找新鲜香菜。
Cerco del tofu.	**I'm looking for** tofu.	我正在寻找豆腐。
Cerco un paio di calzoncini per mio figlio di dieci anni.	**I'm looking for** shorts for my ten-year-old son.	我正在寻找适合 10 岁儿子的短裤。
Cerco un regalo per bebè.	**I'm looking for** a present for a baby.	我正在寻找送给婴幼儿的礼物。

当你已经选好要买的东西时，可以说 **prendo** (*I'll take* 我要买)。如果你还没有做好决定，你可以说 **non ho ancora deciso** (*I haven't decided yet* 我还没有决定)。

我要……

Prendo queste due cartoline.	**I'll take** these two postcards.	我要这两张明信片。
Prendo quelli blu invece di quelli marroni.	**I'll take** the blue ones instead of the brown ones.	我要蓝色的，不要棕色的。
Prendo la prima borsa che mi ha fatto vedere.	**I'll take** the first bag You showed me.	我要您给我看的第一个包。
Non prendo i jeans, sono piccoli.	**I won't take** the jeans, they're too small.	我不想要这条牛仔裤，太小了。

谈论你必须要做什么

购物并不是你必须做的事,不是吗?如果你要说你必须去买什么或者做什么,可以用 **devo** (*I have to* 我必须)加动词不定式形式。**devo** 由动词 **dovere** (*to have to* 必须)变位而来。想了解更多关于 **dovere** 的信息,请查阅 279 页。

我必须……

Devo comprarmi delle scarpe nuove.	**I have to** buy some new shoes.	我必须买新鞋。
Devo passare in panetteria.	**I have to** stop at the baker's.	我必须去一下面包店。
Se vuoi provare qualcosa **devi** chiedere alla commessa.	**You have to** ask the assistant if you want to try something on.	如果你想要试穿的话必须问一下服务员。
Dobbiamo comprare un nuovo aspirapolvere.	**We have to** buy a new vacuum cleaner.	我们必须要买一个新的吸尘器。

我必须……

Devo trovare un vestito per la festa di sabato.	**I must** find a dress for the party on Saturday.	我必须找一条裙子参加周六的派对。
Devo trovare un regalo di compleanno per mia sorella.	**I must** find a birthday present for my sister.	我必须买一个生日礼物给我的妹妹。
Devo comprare un completo per il colloquio.	**I must** buy a suit for the interview.	我必须买一套西装去面试。

如果你想要谈论你需要什么,可以用 **ho bisogno di** (*I need* 我需要)。

我需要……

Ho bisogno di occhiali da sci.	**I need** some ski goggles.	我需要一副滑雪镜。
Ho bisogno di due etti di funghi porcini. Ne avete ancora?	**I need** 200 grams of porcini mushrooms. Do you have any left?	你还有牛肝菌吗?我需要 200 克。
Ho bisogno di pile per la sveglia.	**I need** some batteries for my alarm clock.	我需要闹钟的电池。
Di cosa **hai bisogno** per le vacanze?	What **do you need** for your holidays?	你的假期需要什么呢?

谈论你的计划

你可能想要谈论打算购买什么或者想去哪里购买。意大利语中用 **penso di** (*I'm thinking of* 我正在考虑)加动词不定式形式。

我正在考虑……

Penso di andare al mercato domani.	**I'm thinking of** going to the market tomorrow.	我正在考虑明天去市场。
Penso di andare a fare shopping a Milano.	**I'm thinking of** going shopping in Milano.	我正在考虑去米兰购物。
Non pensiamo di andare in centro questo fine settimana.	**We don't think** we'll go into town this weekend.	我们不考虑这周末去城里。
Pensi di passare al supermercato al rientro?	**Do you think you**'ll stop at the supermarket on your way home?	你会在回家的路上去超市吗?

我希望……

Spero di trovare qualcosa per meno di venti euro.	**I hope to** find something for under 20 euros.	我希望找到 20 欧元以下的。
Spero di trovare un divano in svendita a metà prezzo.	**I hope to** get a half-price sofa in the sales.	我希望在促销中买到半价的沙发。
Speriamo di trovare un regalo per Carlo e Mariella.	**We hope to** find a present for Carlo and Mariella.	我们希望买到送给卡罗和玛丽埃拉的礼物。

当谈论你想做什么时,可以用 **ho intenzione di** (*I intend to* 我打算)加动词不定式形式。

我打算……

Ho intenzione di andare a vedere le svendite questo fine settimana.	**I intend to** go the sales this weekend.	我打算这周末去特价场。
Ho intenzione di comprarmi un nuovo costume da bagno.	**I'm going to** buy a new swimming costume.	我打算买一件新的游泳衣。
Abbiamo intenzione di compare un nuovo letto.	**We're going to** buy a new bed.	我们打算买一张新床。

表达观点

当你购物的时候,可能会想对意大利朋友或者售货员表达一下你的意见。可以用 **penso** (*I think* 我认为) 或者 **trovo**。这些由动词 **pensare** 和 **trovare** 变位而来。想了解更多关于以 **-are** 结尾的动词的信息,请查阅 265 页。当 **pensare** 和 **trovare** 后面跟 **che** 的时候,动词要用虚拟语气。你可以在 270 页找到更多关于虚拟语气的用法。

我认为……

Penso che questo negozio sia esageratamente caro.	**I think** this shop is far too expensive.	我觉得这家店太贵了。
Trovo questo tappeto veramente bello.	**I think** this rug is really lovely.	我觉得这块地毯很可爱。
Non penso che questo maglione sia abbastanza caldo.	**I don't think** this jumper is warm enough.	我觉得这件毛线衣不够暖。
Che ne pensi di questa camicia?	**What do you think of** this shirt?	你觉得这件衬衣如何?

在我看来……

Secondo me questo vestito è troppo lungo.	**In my opinion**, this dress is too long.	在我看来,这条裙子太长了。
Secondo me questo rossetto è un po' troppo scuro.	**In my opinion**, this lipstick is slightly too dark.	在我看来,这个唇膏颜色太深了。
Secondo lei, tra questi cappelli, quale mi sta meglio?	**In your opinion**, which of these hats looks best on me?	在您看来,哪一顶帽子适合我?
Ho bisogno della **tua opinione** su questa macchina fotografica digitale.	I need **your opinion** on this digital camera.	关于这个数码相机我想听听你的意见。

你也可以用 **direi che** (*I'd say that* 我想说) 来表达意见。**direi** 由动词 **dire** (*to say* 说) 变位而来。这里用的是条件式形式,它可以表达不是太明确的事情。想了解更多关于条件式的信息,请查阅 271 页。

我想说……

Direi che mi è un po' stretto.	**I'd say** it's a bit tight for me.	我想说这对我来说有点紧。
Direi che è un affare.	**I'd say** that it's a bargain.	我想说这真是一个很便宜的价钱。
Che ne dici di questa lampada?	**What do you think of** this lamp?	你觉得这个灯如何?

如果你想要询问别人的意见或者建议，你可以说 **Mi consiglia di...?** (*Do You think I should...?* 您觉得我应该……吗？)。这是由动词 consigliare 变位而来。

你觉得我应该……?

Mi consiglia di prendere quello blu o quello rosso?	*Do You think I should* get the blue one or the red one?	您觉得我应该拿蓝色的还是红色的呢？
Quale **mi consiglia di** prendere?	Which *do You think I should* get?	您觉得我应该要哪一个？
Cosa **mi consiglia**?	What *do You recommend*?	您推荐什么呢？

询问信息

如果你在一个陌生的城市，你可能会询问信息，比如，这里是否有商店。最简单的表达方式是用 **C'è...?** 加单数名词，用 **Ci sono...?** 加复数名词。

这里有……吗?

C'è un supermercato qui vicino?	*Is there* a supermarket near here?	这附近有超市吗？
C'è un parcheggio vicino al mercato?	*Is there* a car park near the market?	市场附近有停车场吗？
C'è un reparto di prodotti biologici?	*Is there* an organic food section?	这里是有机食物吗？
C'è una garanzia?	*Does it have* a guarantee?	它是保证吗？
Ci sono carrelli?	*Are there* any trolleys?	这里有手推车吗？

这是……吗?

È questo l'unico modello che avete in negozio?	*Is this* the only model <u>you</u> stock?	这是你们库存中唯一的样式吗？
È questo la taglia più grande che avete?	*Is this* the biggest size <u>you</u> have?	这是你们最大尺寸吗？
Sono gli unici colori che avete?	*Are these* the only colours <u>you</u> have?	你们只有这些颜色吗？
Questo è il prezzo al pezzo o al chilo?	*Is this* the price for one or per kilo?	这是一斤还是一公斤的价格？

要确认是否有什么东西，需要用 **Avete…?**（*Do you have…?* 你们有……吗？）或者 **Avreste…?**（*Would you have…?* 请问你们有……吗？）来提问。**avete** 和 **avreste** 由动词 **avere**（*to have* 有）变位而来。想了解更多关于 **avere** 的信息，请查阅 277 页。

你们有……吗？

Avete prodotti del commercio equo e solidale?	*Do you have* Fairtrade products?	你们是否有公平贸易商品？
Ce l'**avete** in una taglia più piccola?	*Do you have* it in a smaller size?	你们有小一号的吗？
Avete abbigliamento per bambini?	*Do you do* children's clothes?	你们做童装吗？
Lo **avreste** in un altro colore?	*Would you have* it in another colour?	你们有其他颜色的吗？

想要得到具体的信息，比如东西在哪里，你想买哪一个，或者某事什么时间发生，可以用 **Dove…?**（*Where…?* 哪里……？），**Che…?** 或者 **Quale…?**（*Which…?* 哪个……？），或者 **Quando…?**（*When…?* 什么时候……？）来提问。

哪里……？

Dov'è il Bancomat più vicino, per favore?	*Where's* the nearest cash point, please?	请问最近哪里可以取钱？
Dov'è la cassa, per favore?	*Where's* the cash desk, please?	请问哪里是收银台？
Mi può dire **dov**'è il servizio clienti, per favore?	Can You tell me *where* customer services are, please?	请问您能告诉我哪里是服务台？
Dove trovo gli occhiali da sole?	*Where* can I find sunglasses?	我在哪里可以买到太阳镜？

哪个……？

Che marca mi consiglia?	*Which* make do You recommend?	您推荐哪一个？
Che batterie devo comprare per la mia macchina fotografica?	*Which* batteries do I need to buy for my camera?	我该给我的数码相机买哪一种电池呢？
A che piano si trova l'abbigliamento per uomo?	*Which* floor is the menswear department on?	哪一层卖男装？
Che giorno c'è il mercato?	*What* day is market day?	哪一天是集市日？
Quali prendi?	*Which ones* are you going to get?	你想要哪几个呢？
Quale di queste due è la meno cara?	*Which* of these two is the cheaper?	这两个哪个便宜？

什么时候……？

Quando chiudete per pranzo?	When do you close for lunch?	你们午餐供应到几点？
Quando cominciano le svendite?	When do the sales start?	几点开始销售呢？

几点……？

A che ora aprite al mattino?	What time do you open in the morning?	你们早上几点开门？
A che ora arriva al mercato?	What time di You get to the market?	您几点到市场呢？

询问物品价格，可以用 **Quanto costa…?**，**Quant'è…?** 或者 **Quanto viene…?** (*How much is…?* ……多少钱？)。如果想询问一个以上物品的价格，可以用 **Quanto costano…?**，**Quanto sono…?** 或者 **Quanto vengono…?** (*How much are…?* 这些……多少钱？)。

……多少钱？

Quanto costa questa lampada?	How much is this lamp?	这盏灯多少钱？
Quant'è una bottiglia di aranciata?	How much is a bottle of fizzy orange?	一瓶橙汁汽水多少钱？
Quanto viene quel braccialetto?	How much is that bracelet?	这条手链多少钱？
Quanto vengono i fichi, per favore?	How much are the flags, please?	请问这些无花果多少钱？
Quanto costano al chilo le ciliegie?	How much are the cherries a kilo?	一公斤的樱桃多少钱？
Quanto sono le scarpe?	How much are the shoes?	这双鞋多少钱？
Quanto le devo?	How much do I owe You?	我要付您多少钱？

外出购物的时候，如果你想要询问是否可以做什么，可以用 **Posso…?** (*Can I…?* 我能够……吗？)。

我能够……吗？

Posso pagare con la carta di credito?	Can I pay by credit card?	我能够用信用卡支付吗？
Posso avere la ricevuta, per favore?	Can I have a receipt, please?	请问我能要收据吗？
Mi può fare un pacchetto regalo?	Can I have it giftwrapped?	我能请您把礼品包装一下吗？
Mi può fare uno sconto?	Can You give me a discount?	您能给我折扣吗？

小贴士！

如果要用意大利语表达不用找零钱了，可以用 **tenga il resto**。如果你是和以 *tu* 相称的年轻人说，可以用 **tieni il resto** 询问。

表达你喜欢什么，不喜欢什么，或者更喜欢，宁愿什么

如果要表达你喜欢什么，可以用 **mi piace** (*this pleases me* 这个东西让我喜欢)。**mi piace** 加单数名词，**mi piacciono** 加复数名词。表达你不喜欢什么，可以用 **non mi piace** 或者 **no mi piacciono**。

我喜欢……

Mi piace questo negozio.	*I like* this shop.	我喜欢这家店。
Mi piacciono molto queste scarpe.	*I like* these shoes very much.	我非常喜欢这些鞋子。
Mi piacciono i negozi di antiquariato.	*I like* antique shops.	我喜欢古董店。
Compralo, se **ti piace**.	Buy it if *you like it*.	如果你喜欢就买吧。
Mi piace un sacco andare per svendite con un'amica.	*I love* going to the sales with a friend.	我喜欢和朋友一起购物。

我不喜欢……

Non mi piace questo stile.	*I don't like* this style.	我不喜欢这种风格。
Non mi piacciono i grandi magazzini.	*I don't like* big stores.	我不喜欢大商店。
Questi guanti **mi piacciono meno**.	*I don't like* these gloves *as much*.	我不是太喜欢这双手套。
Non ci piace fare la fila.	*We don't like* queuing.	我们不喜欢排队。

当然，你在购物的时候，可能不只想表达你喜欢什么或者不喜欢什么，可能还想表达哪一个你更喜欢。如果你要表达和 B 相比你更喜欢 A，可以说 **preferrisco A a B**。想了解更多关于 **a** 后面加冠词 (**il**, **la** 等) 的信息，请查阅 255 页。

我更喜欢……

Preferisco quello verde.	*I prefer* the green one.	我更喜欢绿色那个。
Preferisco i negozi piccoli **ai** supermercati.	*I prefer* small shops *to* supermarkets.	比起卖场，我更喜欢小超市。
Preferiamo i prodotti freschi **a** quelli surgelati.	*We prefer* fresh produce *to* frozen.	比起冷冻食品我们更喜欢新鲜的食品。
Preferisco comprare su Internet **piuttosto che** andare per negozi.	*I prefer* to buy online *rather than* go to the shops.	比起去商店购物我更喜欢在网上购物。

我更喜欢……

Preferirei qualcosa di più classico.	**I'd rather** go for something more classic.	我更喜欢古典的东西。
Preferirei dei prodotti biologici.	**I'd rather** have organic products.	我更喜欢有机食物。
Preferirei provarlo prima di comprarlo.	**I'd rather** try it before buying it.	我更愿意在买之前试一下。
Preferiremmo comprare solo prodotti locali.	**We'd rather** buy only local produce.	我们更愿意买当地的产品。

提出建议

购物的时候你可能想提出建议选择哪一个或者下一步要做什么。可以用 **E se…?** (How about…? ……怎么样?) 放在句子开头，后面加动词未完成虚拟时态。你可以在 270 页找到更多关于虚拟用法的信息。

……怎么样？

E se andassimo a fare shopping un'altra volta?	**How about** we go shopping another time?	下次我们再去购物怎么样？
E se provassimo quella nuova libreria?	**How about** trying that new bookshop?	我们去看看那个新的书店怎么样？
E se lo comprassimo su Internet?	**How about** we buy it online?	我们在网上买如何？

如果要提出建议你或者你的朋友能做什么，你可以用 **potremmo** (we could 我们可以)。

我们可以……

Potremmo andare a vedere in un altro negozio.	**We could** go and look in another shop.	我们可以去看另一家商店。
Potremmo chiedere se ce lo ordinano.	**We could** ask them to order it for us.	我们可以让他们帮我们预定。
Potresti chiedergli di farti uno sconto.	**You could** ask him to knock something off the price.	你可以要他降价。

另外一种提出建议的简单方法是在陈述句子结尾用升调。

我可以……吗?

Prendo del pane?	*Shall I get some bread?*	我可以要一些面包吗?
Compro un dolce per stasera?	*Shall I get a cake for tonight?*	今晚我可以要一块蛋糕吗?
Compriamo del gelato?	*Shall we buy some ice cream?*	我们可以买一些雪糕吗?
Andiamo al supermercato?	*Shall we go to the supermarket?*	我们可以去超市吗?

为别人做事时,如果对方是年轻人可以用 **lasci che**,正式一些的说法是 **lascia che** (*let me* 让我)。这些由动词 **lasciare** 变位而来。后面的动词要用虚拟语气。你可以在 270 页找到更多关于虚拟语气用法的信息。

让我……

Lascia che paghi io.	*Let me pay for this.*	让我来为这个东西付款。
Lasci che l'aiuti.	*Let me help You.*	让我来帮助您。
Lasciami portare la spesa.	*Let me carry the shopping.*	让我来购物。

■ 获取许可 ■

要询问你是否可以做什么,比如说试一下衣服,可以用 **Posso…?** (*Can I…?* 我能……吗?) 或者 **Potrei…?** (*Could I…?* 请问我可以……吗?)。这些由动词 **potere** (*to be able* 能) 变位而来。想了解更多关于动词 **potere** 的信息,请查阅 282 页。

我能……吗?

Posso provarmi questa gonna?	*Can I try on this skirt?*	我能试一下这条裙子吗?
Posso tenere l'appendino?	*Can I keep the hanger?*	我能留着这个衣架吗?
Me li **posso** provare?	*Can I try them on?*	我能试一下这些衣服吗?
Ci **potrei** pensare ancora per qualche minuto?	*Could I think about it for another few minutes?*	我能考虑一下吗?

如果你不介意,我想……

Se non le dispiace mi provo di nuovo gli altri pantaloni. **Se non le dispiace do** un'occhiata in giro. **Se non le dispiace ripasso** sabato.	***I'll try*** the other trousers on again, ***if You don't mind***. ***I'll have a look round, if You don't mind***. ***I'll come back*** on Saturday, ***if You don't mind***.	如果您不介意,我想再试一下这条裤子。 如果您不介意,我想去周围逛逛。 如果您不介意,我周六回来。

要礼貌,稍微正式地询问是否能够做什么,可以用 **Permette che…**(*May I…?* 我可以……吗?)加动词虚拟式形式。你可以在 270 页找到更多关于虚拟式的信息。

我可以……吗?

Permette che lo guardi più da vicino? **Permette che** assaggi l'uva? **Permette che** tiriamo la sveglia fuori dalla scatola? **Permette** che mia figlia si provi la giacca che è in vetrina?	***May I*** have a closer look? ***May I*** try one of the grapes? ***May we*** take the alarm clock out of its box? ***Could my daughter*** try on the jacket that's in the window?	我可以靠近一点看看吗? 我可以尝一下葡萄吗? 我们可以把闹钟从盒子里拿出来吗? 我可以给女儿试一下橱窗里的那件夹克吗?

听力

以下是购物的时候可能会听到的常用短语。

È servito?	Are You being served?	有人为您服务吗?
Prego?	Can I help you?	请问您要什么?
Che taglia porta?	What size are You?	您穿多大码?
Ha bisogno di una taglia più piccola?	Do you need a smaller size?	您需要小号的吗?
Le cerco una taglia più grande?	Shall I look for a larger size for You?	我能够帮您拿大号的吗?
In che colore le piacerebbe?	What colour would You like it in?	您喜欢什么颜色的?
Quanto pensava di spendere?	How much were You thinking of spending?	您期望的价格是多少?
Al momento non l'abbiamo in magazzino.	We don't have any in stock at the moment.	我们现在没有货。
Altro?	Anything else?	还需要其他的吗?
È un regalo?	Is it a present for someone?	这是要送给其他人的礼物吗?
Le faccio un pacchetto regalo?	Shall I giftwrap it for You?	要我帮您包装吗?
Purtroppo accettiamo solo contranti.	It's cash only, I'm afraid.	很抱歉我们只收现金。
Carta o Bancomat?	Credit or debit card?	用信用卡还是借记卡结账呢?
Mi spiace, ma non accettiamo carte di credito.	I'm afraid we don't take credit cards.	很抱歉我们不能使用信用卡。
Una firma, per favore.	Your signature, please.	请在这里签名。
Deve digitare il codice.	You have to key in your PIN.	您必须输入 PIN 码才能打开。

生活小常识

- 在意大利，当你进入商店的时候，你一般会问候一下店长或者店员。根据时间的不同，你可以说**buongiorno**或者**buonasera**。离开的时候，可以说**arriverderci**（*goodbye* 再见）。一些小镇或者小村庄里更加友善的人尤其会这样。在超市人们也习惯问候收银员。
- 需要注意的是在小商店，尤其是蔬菜店，店主不太愿意你乱碰他们的东西或者弄乱他们的陈列。
- 在超市买肉或者奶酪的时候，你可能要先拿号排队，如果你看不到哪里可以拿号，可以询问**Dove prendo il numero?**（*Where do I get a ticket?* 哪里可以拿号？）
- 一些食物的价格，尤其是奶酪和熟食，一般标注的价格是**etto**（*one hundred grams* 一百克）的价格，但你需要买这些食物的时候，你可以询问**un etto**或者**due etti**等的价格。
- 服务员或者摊主对顾客所说的第一句通常是**Dica!**（*What can I do for you?* 您要什么？）字面意思是说！摊贩可能会让你品尝他们的商品并说**Vuole assaggiare?**然后给你**uno sconto**——一个折扣价。

lo sconto折扣是购物一个重要的环节，意大利人不会不好意思向店主要折扣。如果你觉得你自己负担不起通常值得问一下**Mi può fare uno sconto?**

微笑服务

Service with a smile

Un servizio impeccabile 优质服务

这个单元里面学习到的句子能让你在意大利用正宗的意大利语表达你的需要,比如在银行,兑换点,理发店,查找保险或者寻找任何其他服务的建议。

问候

正确地说用意大利语表达问候是十分重要的,第一次遇见某人的时候说 **buongiorno** 早上好,或者晚一点用 **buonasera** 下午好,晚上好。非正式的,当你遇到年轻人或者你可以用 **tu** 你来称呼的人,你可以直接说 **salve** 或者 **ciao**。

……好

Buongiorno!	*Good morning!*	早上好!
Buonasera!	*Good afternoon!*	下午好!
Buonasera!	*Good evening!*	晚上好!
Salve, Luigi!	*Hello*, Luigi!	你好,路易吉。
Ciao bella!	*Hello* darling!	你好亲爱的!

小贴士!

进入公共的场所或者商店时,尤其是在小镇或者小村庄里,人们常和店员或者其他顾客用 **buongiorno** 或者 **buonasera** 问候,并在离开的时说 **arrivederci** (*goodbye* 再见)。

想说再见的时候，可以用 **arrivederci**。如果要说回头见，可以说 **Ci vediamo!**。

……见！

OK, ti chiamo la settimana prossima. **Ci vediamo!**	OK, *I'll give you a ring next week. **See you!***	好的，我下周会给你打电话，回头见！
Ci vediamo tra due settimane!	***See you** in two weeks!*	两周后见啊！
A domani!	***See you** tomorrow!*	明天见！
A questa sera!	***See you** tonight!*	今晚见！
A lunedì!	***See you** on Monday!*	周一见！
Ci vediamo alle cinque, allora. **A più tardi!**	*5 o'clock then. **See you** later!*	那么就 5 点吧。回头见！

小贴士！

在意大利语中，如果用 **a più tardi** 来表示回头见，表示在之后在当天还会再见到这个人，而不是未来某一个时间再见面。如果你要表示未来某个时间再见面，应该说 **ci vediamo**。

祝你……！

Buona giornata!	*Have a good day!*	祝你一天好心情！
Buon fine settimana!	*Have a good weekend!*	祝你周末愉快！
Buon divertimento!	*Have a good time!*	祝你有个愉快的时刻！

谈谈自己

你经常需要给别人介绍一下自己的情况，比如你待在哪里等信息。自报姓名可以用 **mi chiamo** (*my name is* 我的名字是) 加你的名字。

我的名字是……

Mi chiamo Richard Davidson.	***My name is** Richard Davidson.*	我的名字是理查德·达维森。
Mi chiamo Mary Rogers.	***My name is** Mary Rogers.*	我叫玛丽·罗杰斯。
Mio marito si chiama Peter Brown.	***My husband's name is** Peter Brown.*	我丈夫的名字是彼特·布朗。

我在……

Sto in un albergo.	*I'm staying* at a hotel.	我在酒店。
Sto in un appartamento qui vicino.	*I'm staying* at an apartment nearby.	我在附近的一所公寓里。
Sono ospite di una famiglia.	*I'm staying* with a host family.	我在一个家庭旅馆中。
Abbiamo affittato una casa.	*We're staying* in a rented house.	我们租住在公寓里。

我的地址是……

Abito in italia. **Il mio indirizzo è** via Mazzini 3, 34100 Trieste.	*I live in Italy.* **My address is** *via Mazzini 3, 34100 Trieste.*	我住在意大利。我的地址是马志尼大街3号，34100，的里雅思特。
Il mio indirizzo permanente è 29 Kelvin Close, L3 0QT Liverpool.	**My** permanent **address is** 29 Kelvin Close, L3 0QT Liverpool.	我的长期居住地址是凯尔文克鲁斯29号，L3 0QT，利物浦。
L'indirizzo dell'albergo **è** Hotel Milano, via Segantini 4.	**The address of** my hotel is Hotel Milano, via Segantini 4.	我酒店的地址是米兰酒店，塞甘提尼大街4号。

如果要表达你从哪里来，要待多长时间，可以用 **sono** 来表示。**sono** 由动词 **essere** 变位而来。想了解更多关于动词 **essere** 的信息，请查阅 280 页。

我……

Sono in vacanza.	*I'm* on holiday.	我在度假。
Sono inglese.	*I'm* English.	我是英国人。
Sono di Aberdeen, in Scozia.	*I'm from* Aberdeen in Scotland.	我来自苏格兰阿伯丁。
Siamo qui per tre settimane.	*We're* here for three weeks.	我们在这里待三个星期。

表达你必须要做什么

当面对别人提供的某种服务时,你可能需要用意大利语说你必须要做些什么。可以用 **devo** (*I have to* 我应该) 加动词不定式形式。**devo** 由动词 **dovere** (*to have to* 应该) 变位而来。想了解更多关于动词 **dovere** 的信息,请查阅 279 页。

我得……

Devo prima passare in lavanderia.	***I have to*** call in at the dry-cleaner's first.	我得先打电话询问一下干洗店。
Devo prendere nota dei particolari del prodotto.	***I have to*** take down the details of this product.	我得记下产品详情。
Dovrò ordinare un altro libertto degli assegni.	***I'm going to have to*** order a new cheque book.	我得预定一本新的支票簿。

devo 也可以表示我必须。

我必须……

Devo portare a far sviluppare il rullino.	***I must*** get the film developed.	我必须去洗照片。
Devo portare a riparare la macchina fotografica.	***I must*** get my camera repaired.	我必须去修理我的相机。
Dobbiamo passare all'agenzia immobiliare per restituire le chiavi.	***We must*** call at the estate agent's to return the keys.	我们必须打电话给地产中介还钥匙。
Non devo dimenticarmi di prendere appuntamento dell'estetista.	***I mustn't forget to*** make an appointment at the beautician's.	我不应该忘记去找美容师预约。

我需要……

Ho bisogno di un consiglio.	***I need*** some advice.	我需要一些建议。
Ho bisogno di ritirare del contante prima di martedì.	***I need to*** take out some cash before Tuesday.	我需要在周二前取一些钱。
Ho bisogno di fare delle fotocopie a colori.	***I need*** to make some colour photocopies.	我需要彩色影印。
Abbiamo bisogno di parlargli.	***We need*** to speak to him.	我们需要和他说一下。

如果要表示我不须，可以用 **non occorre che** 加动词虚拟式形式，或者 **non sono obbligato a** 加动词不定式形式。想了解更多关于虚拟式以及不定式用法的信息，请查阅 270 和 264 页。

我不须……

Non occorre che vada in banca oggi.	*I don't have to* go to the bank today.	我不须今天去银行。
Non occorre che vada in libreria oggi.	*I don't have to* go to the bookshop today.	我不须今天去书店。
Non sono obbligato ad aprire un altro conto immediatamente.	*I don't have to* open another account straightaway.	我不须马上另开一个账户。

表达你想要做什么

在意大利语中，如果你要表达想要做什么，可以用 **vorrei** (*I'd like* 我想要)。**vorrei** 由动词 **volere** (*to want* 想要) 变位而来。想了解更多关于动词 **volere** 的信息，请查阅 283 页。

我想要……

Vorrei comprare una macchina fotografica digitale.	*I'd like* to buy a digital camera.	我想要买台数码相机。
Vorrei segnalare un problema.	*I'd like* to report a problem.	我想要报告一个问题。
Vorrei fissare un appuntamento per tagliarmi capelli.	*I'd like* to make an appointment to get my hair cut.	我想要预约理发。
Vorrei sapere il tasso di cambio.	*I'd like* to know what the exchange rate is.	我想要了解一下兑换率。

desidero 或者 **desidererei** (*I wish* 我希望) 是表示你想要做什么比较礼貌的用法。它由动词 **desiderare** (*to wish* 希望) 变位而来。想了解更多 **desidera** 一类以 **-are** 结尾的动词的信息，请查阅 265 页。

我希望……

Desidero fare un versamento.	*I wish* to make a payment.	我希望进行支付。
Desidero cambiare delle sterline in euro.	*I wish* to change pounds into euros.	我希望把英镑换成欧元。
Desidererei parlare al direttore della banca.	*I wish* to speak to the bank manager.	我想要找一下银行经理。

如果想要别人为你做事，可以用 **voglio far** 加动词不定式形式。想了解更多关于不定式的用法，请查阅 264 页。

我想要……

Voglio far trasferire questa somma sul mio conto inglese.	*I want to have* this amount transferred to my British account.	我想要转这笔钱到我的英国账户中。
Voglio far riparare la macchina fotografica.	*I want to have* my camera repaired.	我想要修一下我的数码相机。
Voglio far sviluppare questo rullino.	*I want to have* this film developed.	我想要冲印照片。
Devo far autenticare la firma da un notaio.	*I need to have* the signature authenticated by a notary.	我需要公证认证这个签名。

询问信息

当你要询问服务信息的时候，你可以询问某人是否知道某事，用 **Sa…?** (*Do You know…?* 您知道……吗？) 或者 **Saprebbe…?** (*Would You know…?* 请问您知道……吗？) 加 **dove** (*where* 哪里)，**quando** (*when* 什么时候)，**come** (*how* 如何) 等。**sa** 和 **saprebbe** 由动词 **sapere** (*to know* 知道) 变位而来。

你知道……吗？

Sa dove posso farmi fare un doppione della chiave?	*Do You know* where I can have a second key cut?	您知道哪里可以制作备用钥匙吗？
Sa a nome di chi devo emettere l'assegno?	*Do You know* who I should make the cheque payable to?	您知道我应该开支票给谁吗？
Sa quando le arriverà il pezzo di ricambio?	*Do You know* when you'll get the spare part?	您知道什么时候能拿到备用的部分吗？
Saprebbe dove posso prendere una ricarica per il cellulare?	*Would You happen to know* where I can top up my phone?	您知道哪里可以充值我的手机？

你也可以用 **C'è...?** 加单数名词或者 **Ci sono...?** 加复数名词来询问是否有什么。

这里有……吗？

C'è un Internet point in questa zona?	***Is there*** *an internet café in this area?*	这个区域有网吧吗？
C'è un buon parrucchiere in città?	***Is there*** *a good hairdresser in town?*	镇上有好的理发店吗？
Ci sono lettini solari in questo salone?	***Are there*** *any sunbeds in this salon?*	这个沙龙里面有太阳灯浴吗？

当你想要知道服务价格或者多长时间，可以用 **quanto** 来询问。

……多少钱？

Quanto costa un taglio e colpi di sole?	***How much is it*** *for a cut and highlights?*	剪头发以及挑染多少钱呢？
Quanto costa far sbloccare il mio cellulare?	***How much is it*** *to have my phone unclocked?*	解锁我的电话要多少钱呢？
Quanto verrebbe far pulire questa giacca?	***How much would it be*** *to have this jacket dry-cleaned?*	干洗这件夹克要多少钱呢？

……多长时间？

Quanto ci mettono ad arrivare i soldi?	***How long does it take*** *for the money to come through?*	多长时间钱才会进账呢？
Quanto ci mettete a rifare la stanza?	***How long will it take*** <u>*you*</u> *to get the room ready?*	你们需要多长时间才能准备好房间？
Quanto tempo ci vuole per aprire un conto in banca?	***How long does it take*** *to open a bank account?*	开一个银行账户需要多长时间呢？

当你询问 **Come si...?** (*How do you...?* 你觉得……怎么样？) 加动词现在时形式来询问你如何做什么事情。也可以用 **Come si fa a...?** 加动词不定式形式。想了解更多关于动词不定式的信息，请查阅 264 页。

怎样……？

Come si scrive?	**How do you** spell that?	那个怎样拼写？
Come si accende?	**How do you** switch this on?	这个怎么打开？
Come si fa a ingrandire un documento?	**How do you** enlarge a document?	怎样放大一份文件？
Come si fa ad aprire un conto in banca?	**How do you** open a bank account?	怎么样开银行账户？
Come si fa a mandare dei soldi in Gran Bretagna?	**How do you** send money to the UK?	怎样往英国寄钱？

如果你想询问什么时间能准备好，你可以用 **Quando...?** (*When...?* ……什么时候)。

……什么时候？

Quando saranno pronti i documenti?	**When** will the documents be ready?	这个文件什么时候能完成？
Quando posso ritirare i biglietti?	**When** can I pick up the tickets?	我什么时候能拿到票？
Quando chiudete?	**When** do <u>you</u> close?	你们几点关门？
Quando ci può ricevere?	**When** are You free to see us?	您什么时候有空来看我们？

询问事情

想让事情如愿进展，就需要表达你喜欢什么以及想让事情如何进行。可以用 **vorrei** (*I'd like* 我想要) 来表示喜欢。**vorrei** 由动词 **volere** (*to want* 想要) 变位而来。想了解更多关于动词 **volere** 的信息，请查阅 283 页。

我想要……

Vorrei un modulo per la domanda, per favore.	**I'd like** an application form, please.	劳驾我想要一张申请表。
Vorrei trasferire dei soldi.	**I'd like to** transfer some money.	我想要转账。
Vorrei fissare un appuntamento per lunedì pomeriggio, per favore.	**I'd like to** make an appointment for Monday afternoon, please.	劳驾我想预约周一下午。
Vorrei dei colpi di sole.	**I'd like** highlights, please.	劳驾我想要强光。

当要让别人为你做事时，可以用 **Può…?** (*Can You…?* 您能……吗？)。也许你会更喜欢用 **Potrebbe…?** 提问，这样要比 **Può…?** 更有礼貌。这两种用法后面都加动词不定式形式。**potrebbe** 和 **può** 由动词 **potere** 变位而来。想了解更多关于动词 **potere** 的信息，请查阅 282 页。

你能……吗？

Può darmi una ricevuta, per favore?	**Can You** give me a receipt, please?	请问您能给我收据吗？
Mi **può** telefonare quando è riparato?	**Can You** phone me when it's fixed?	当您修好的时候，能打电话通知我吗？
Mi **può** fare un preventivo?	**Can You** give me an estimate?	您能给我一个估算值吗？
Potrebbe dare un'occhiata alla mia macchina fotografica?	**Could You** have a look at my camera?	您能帮忙看一下这个数码相机吗？
Mi **potrebbe** dire se si può riparare, per favore?	**Could You** tell me if it can be repaired, please?	请问您能告诉我这是否还能维修吗？

你介意……吗？

Le dispiacerebbe aspettare prima di incassare l'assegno?	**Would You mind** waiting before cashing the cheque?	您介意在兑现支票前稍微等一下吗？
Le dispiacerebbe darmi una fotocopia del contratto?	**Would You mind** giving me a photocopy of the contract?	您介意给我一份合同的复印件吗？
Le dispiacerebbe spedirmelo via fax?	**Would You mind** sending it to me by fax?	您能发给我传真吗？

请问你可以……吗？

Le sarebbe forse possibile ricevermi oggi pomeriggio?	***Could You possibly*** *see me this afternoon?*	请问您可以下午来看我吗？
Le sarebbe forse possibile trasferire queste foto su un CD?	***Could You possibly*** *put these photos onto a CD?*	请问您可以把照片存入这张光盘中吗？
Potrebbe forse estendere la garanzia?	***Could You possibly*** *extend the guarantee?*	请问您可以延长担保期吗？

当你想要知道是否有某物时，可以用 **Ha…?** 或者 **Avrebbe…?**（*Have You got…?* 您有……吗？）来询问某人是否有某物。**ha** 和 **avrebbe** 由动词 **avere**（*to have* 有）变位而来。想了解更多关于动词 **avere** 的信息，请查阅第 277 页。

你有……吗？

Ha della documentazione riguardo le vostre polizze di assicurazione?	***Have You got*** *any documentation about your insurance policies?*	您有关于保险条款的文件吗？
Ha un fax?	***Have You got*** *a fax machine?*	您有传真机吗？
Ha qualcosa per togliere questa macchia?	***Do You have*** *something to remove this stain?*	您有什么东西可以除掉这个污点吗？
Avrebbe delle pile AA?	***Do You have*** *any AA batteries?*	您有 AA 电池吗？

你们卖……吗？

Vendete pellicole in bianco e nero?	***Do you sell*** *black and white film?*	你们卖黑白胶卷吗？
Vendete prodotti biologici?	***Do you sell*** *organic products?*	你们卖有机食品吗？
Avete lenti a contatto usa a getta?	***Do you have*** *disposable contact lenses?*	你们有一次性隐形眼镜吗？

询问建议

你可能需要向别人咨询或者寻求建议。询问建议可以用 **Mi consiglia di...?** (*Do You think I should...?* 您认为我应该……吗?)。**consiglia** 由动词 **consigliare** (*to advise* 建议) 变位而来。

您认为我应该……吗?

Mi **consiglia di** cambiare i soldi in banca o in un cambiavalute?	**Do You think I should** change money at a bank or a bureau de change?	您认为我应该在兑换点还是银行兑换钱?
Mi **consiglia di** aprire un conto di risparmio?	**Do You think I should** open a savings account?	您认为我应该开一个储蓄账户吗?
Ci **consiglia di** cambiare le serrature?	**Do You think we should** change the locks?	您认为我们应该换锁吗?
Cosa **mi consiglia di** fare?	What **do You think I should** do?	您认为我应该怎么做?

你建议……吗?

Ci **consiglia** questo modello?	**Would You recommend** we get this model?	您推荐我们这个模型吗?
Ci **consiglia** questo prodotto?	**Would You recommend** this product?	您推荐这个产品吗?
Ci **consiglierebbe di** farci una assicurazione kasko?	**Would You recommend that** we take out comprehensive insurance?	您推荐我们上全程保险吗?

可以用 **Dovrei...?** (*Should I...?* 我应该……吗?) 加动词不定式形式来询问你是否应该做什么事情。想了解更多关于动词不定式的信息,请查阅 264 页。

我应该……吗?

Dovrei chiamare l'idraulico?	**Should I** call the plumber?	我应该打电话给水管工吗?
Dovrei informare la mia banca?	**Should I** inform my bank?	我应该通知我的银行吗?
Dovrei chiedere un preventivo?	**Had I better** ask for an estimate?	我是不是应该最好问一下评估价?
Cosa **dovrei** fare?	What **should I** do?	我应该做什么呢?

提出建议

有时候你可能想在一些服务中提出建议，可以用 **potrei** (*I could* 我可以)。**potrei** 由动词 **potere** (*to be able* 可以) 变位而来。想了解更多关于动词 **potere** 的信息，请查阅 282 页。

我可以……

Potrei contattare la mia banca in Gran Bretagna.	*I could* contact contact my bank in the UK.	我可以联络我英国的银行。
Potrei spostare l'appuntamento a venerdì.	*I could* change the appointment to Friday.	我可以把约会改到周五。
Potremmo tornare più tardi.	*We could* come back later.	我们可以晚些时候回来。

我们能就……达成一致吗？

Possiamo accordarci su un prezzo?	*Can we agree on* a price?	我们能就价格达成一致吗？
Possiamo accordarci su una data?	*Can we agree on* a date?	我们能对日期达成一致吗？
Ci mettiamo d'accordo su che ora incontrarci?	*Can we agree on* a time to meet up?	我们能确认见面的时间吗？

安排约会

为获取服务，你需要和别人安排约会。询问别人是否同意最简单的方法，是用 **Le va bene se…?** (*Is it okay with You if…?* 对你来说……是否可以？)。**va** 由动词 **andare** 变位而来。想了解更多关于动词 **andare** 的信息，请查阅 276 页。

你觉得……可以吗？

Le va bene se torno alle cinque?	*Is it okay with You if* I come back ar five?	如果我五点来，您觉得可以吗？
Le va bene se passo nel suo ufficio domani?	*Is it okay with You if* I call in at Your office tomorrow?	如果我明天打给您办公室电话，您觉得方便吗？
Le va bene de spedisco l'assegno per posta?	*Is it okay with You if* I send the cheque by post?	如果我邮寄支票过来，您觉得方便吗？

要讨论什么是最好的安排，你可以说 **È meglio se...?** (Would it be best if...? 如果……是不是最好？) 或者 **Sarebbe meglio per lei se...?** (Would it be better for You if...? 如果……是不是对您更好？) 加动词虚拟式形式。想了解更多关于虚拟式的用法，请查阅 270 页。

如果……是不是最好？

È meglio se vengo di mattina?	*Would it be best if I came in the morning?*	我是不是最好早上来？
È meglio se consulto un avvocato?	*Would it be best if I checked with a laywer?*	是不是最好咨询律师？

如果……对你来说是不是更好？

Sarebbe meglio per lei se aspettassimo un po'?	*Would it be better for You if we waited a little?*	如果我们等一会，您觉得是不是更好？
Sarebbe meglio per lei se avessimo un accordo scritto?	*Would it be better for You if we had a written agreement?*	如果我们有一个书面的协议书，您觉得是不是更好？
Sarebbe meglio per lei se le dessimo un acconto?	*Would it be better for You if we gave You a deposit?*	如果我们给您一些存款，您是不是觉得更好？
Sarebbe meglio telefonare nel pomeriggio?	*Would it be better to phone in the afternoon?*	下午打电话是不是更好？

……对我来说最好

Per me sarebbe meglio di tutto vederci alle dieci nel suo ufficio.	*Ten o'clock in Your office would be best for me.*	10 点在您的办公室见面对我来说再好不过了。
La consegna a domicilio **sarebbe meglio di tutto per me**.	*Home delivery would be best for me.*	对我来说最好送货上门。
Per me andrebbe meglio di tutto un appuntamento nel pomeriggio.	*An afternoon appointment would be best for me.*	对我来说，最好下午约见。

谈论你的计划

在英语中,我们经常说 *I'm going to* 来表示将来。在意大利语中,我们可以用将来时态或者现在时态表示将来。想了解关于这些时态的信息,请查阅 268 页。

我要去……

Comprerò una nuova SIM card.	**I'm going to buy** a new SIM card.	我要去买一张新的 SIM 卡。
Mi informerò presso la mia banca in Gran Bretagna.	**I'm going to ask** my bank in Britain.	我要去询问英国的银行。
La pagheremo con un assegno.	**We're going to pay** You by cheque.	我们要去支付给您支票。
Vedo il direttore della mia banca oggi pomeriggio.	**I'm going to see** my bank manager this afternoon.	我下午要去见我的银行经理。
Vediamo un appartamento questa settimana.	**We're looking at** a flat this week.	我们这周要去看公寓。

意大利人经常用 **ho intenzione di** 来表示我打算做什么。**ho** 由动词 **avere** (*to have* 有) 变位而来。想了解更多关于动词 **avere** 的用法,请查阅 277 页。

我打算要……

Ho intenzione di trasferirmi qui in modo definitivo.	**I intend to** move here permanently.	我打算要搬到这里定居。
Ho intenzione di aprire un nuovo conto.	**I intend to** open a new account.	我打算要开一个新账户。
Ho intenzione di comprare una macchina fotografica più sofisticata.	**I intend to** buy a more sophisticated camera.	我打算要买高性能相机。

我希望……

Spero di ricevere i documenti la settimana prossima.	**I'm hoping to** receive the documents next week.	我希望下周能收到文件。
Spero di finire i lavori entro dicembre.	**I'm hoping to** get the work finished by December.	我希望 12 月能把工作完成。
Speriamo di poter traslocare prima possibile.	**We're hoping to** move in as soon as possible.	我们希望尽快离开这里。

你可以用 **Ha intenzione di...?** (*Do You intend to...?* 你打算……吗？) 来问别人是否要做什么事情。**ha** 由动词 **avere** (*to have* 有) 变位而来。想了解更多关于动词 **avere** 的用法，请查阅 277 页。

你打算……吗？

Ha intenzione di cambiare la lente?	***Do You intend to*** *change the lens?*	您打算换这个镜头吗？
Ha intenzione di mettere in conto la manodopera?	***Do You intend to*** *charge for labour?*	您打算索要劳动费吗？
Ha intenzione di lasciare gli attrezzi qua?	***Are You planning to*** *leave your tools here?*	您打算把工具留在这里吗？

询问别人准备要干什么，可以用 **Cosa ha intenzione di...?** 或者 **Cosa intende...?** (*What are You going to...?* 您准备要……？) 加动词不定式形式。如果要询问别人打算什么时间做或者怎么做，只要把句中的 **cosa** 换成 **quando** (*when* 什么时候) 或者 **come** (*how* 怎样) 等即可。

你打算要……？

Cosa ha intenzione di dire all'assicurazione?	***What are You going to*** *tell the insurance company?*	您打算告诉保险公司什么事情？
Cosa intende fare?	***What are You going to*** *do?*	您打算做什么？
Quando ha intenzione di finire i lavori?	***When are You going to*** *finish the work?*	您打算什么时候完工？
Come intende risarcirmi?	***How are You going to*** *compensate me?*	您打算如何赔偿我？

谈论你喜欢什么，不喜欢什么，更喜欢什么

要表达你喜欢什么，可以用 **mi piace**（*I like* 我喜欢）加单数名词，**mi piacciono** 加复数名词。表达不喜欢什么，可以用 **non mi piace** 或者 **non mi piacciono**（*I don't like* 我不喜欢）。

我喜欢……

Mi piace avere le foto su un CD.	*I like* my photos on CD.	我喜欢 CD 里的照片。
Mi piace tenere i capelli corti.	*I like* to keep my hair short.	我喜欢留短发。
Mi piace molto andare dalla manicure.	*I really like* getting my nails done.	我真的喜欢去做美甲。
Mi piacciono i colpi di sole.	*I like* highlights.	我喜欢挑染。

我不喜欢……

Non mi piace avere addosso troppi contanti.	*I don't like* having too much cash on me.	我不喜欢带太多现金。
Veramente **non mi piace** lasciare la macchina in officina.	*I don't really like* leaving my car at the garage.	我真的不喜欢把车停在车库。
Non mi piacciono i lettini solari.	*I don't like* sunbeds.	我不喜欢日光灯浴。
Non sopporto questa suoneria.	*I can't stand* this ringtone.	我无法忍受这个铃声。

如果你想要表达更喜欢什么，可以用 **preferisco**（*I prefer* 我更喜欢）。如果要表示更喜欢 A 而不是 B，可以用 **preferisco A a B** 或者 **preferisco A piuttosto che B**。**preferisco** 由动词 **preferire** 变位而来。想了解更多 **preferire** 一类以 **-ire** 结尾的动词的信息，请查阅 266 页。

我更喜欢……

Preferisco un contratto scritto.	*I prefer* a written contract.	我更喜欢书面合同。
Preferisco pagare a rate.	*I prefer* to pay in instalments.	我更喜欢分期付款。
Preferiamo non firmare nulla per ora.	*We prefer not* to sign anything for now.	我们更喜欢现在不签任何协议。
Preferisco le foto in bianco e nero **a** quelle a colori.	*I prefer* black and white photos **to** colour ones.	我更喜欢黑白照而不是彩色照。
Preferisco avere un contratto **piuttosto che** usare una scheda.	*I prefer* to have a contract **rather than** using top-up cards.	我更喜欢有合同而不是使用充值卡。

用 **preferirei che**（*I'd rather* 我更喜欢）加动词虚拟式形式可以表达你更希望某人做某事。想了解更多关于虚拟式的信息，请查阅 270 页。

我更想……

Preferirei che mi rimborsasse.	*I'd rather* You gave me my money back.	我更想您把钱还给我。
Preferirei che spedisse la pratica per posta.	*I'd rather* You sent me the file by post.	我更想您给我邮寄这份文件。
Preferirei che ci telefonasse prima di venire.	*I'd rather* You phoned before dropping in.	我更想您在进来前给我打电话。

听力

以下是一些在接受服务的时候可能会听到的常用短语。

Prego, desidera?	*Can I help You?*	请问您想要什么？
Sarà pronto domani.	*It'll be ready tomorrow.*	明天就能准备好。
Non è ancora pronto.	*It's not ready yet.*	还没有准备好。
Ha lo scontrino?	*Have You got your receipt?*	您拿到您的收据了吗？
Ha bisogno di una ricevuta?	*Do You need a receipt?*	您需要收据吗？
Ha un documento d'identità?	*Have You got some identification?*	您有身份证件吗？
A che ora le andrebbe meglio?	*What time would suit You best?*	您觉得什么时间最合适？
Ha un appuntamento?	*Have You got an appointment?*	您有约会吗？
Richiami domani, per favore.	*Please ring back tomorrow.*	请明天回电话。
Come vuole pagare?	*How would You like to pay?*	您想如何支付呢？
A chi tocca?	*Who's next?*	下一位是谁？
Mi dispiace, siamo chiusi il lunedì.	*Sorry, we are closed on Mondays.*	抱歉，我们周一不营业。
Deve andare all'altro sportello.	*You need to go to the other counter.*	您需要去其他柜台。
Magari telefoni prima di venire di persona.	*It may be best to phone before coming in person.*	您在找人之前最好先打个电话。

生活小常识

- 当你想干某件事的时候，你需要知道**l'orario di apertura**（*opening times* 营业时间）。在意大利，一般的商店、理发店、干洗店等等，一般早上9点左右开始营业，晚上7点关门。有一些商店可能会在午饭时间关门。公众服务的场所一般下午会很早关门。

- 过去，午休时间一般较长（当然也要相应工作到比较晚一点）。但是现在越来越多的人工作时间是**l'orario continuato**（*nonstop hours* 不间断工时），只在午饭时间休息一小会儿。

- 除大城市之外，很多商业场所周日不营业，也有很多周一也不营业。所以职员有两天的休息时间。

- 当你8月在街上购物的时候，你可以看到很多商店或者餐厅有一个指示牌**chiuso per ferie**（*closed for the holidays* 节日不营业）。8月中旬是大家出外旅游的高峰期，很多商店都会关闭2周时间左右。

- 意大利人用一种被称为**la carta Bancomat**的卡而不常用信用卡，但是信用卡现在比过去用得多了很多。当你把信用卡递给服务员时，你可能会被问到**Carta o Bancomat?**这时要回答**Carta**（*credit card* 信用卡）。接下来别人可能会对你说**Può digitare il codice?**（*Type in your PIN!* 请输入密码！）。

- 在意大利的银行有保护门。如果要进入，你需要按一下**Premere per entrare**（*Press to enter* 点击进入下一步）按钮，外面的门会打开，让你进入到一个玻璃橱窗里面，并在那里等待里面的门打开。

- 如果想要预约理发或者其他，预约的意大利语是**appuntamento**。比如，你可以说**vorrei fissure un appuntamento per giovedì mattina**（*I'd like to make an appointment for Thursday morning* 我想要预约周四早上）。

- 在意大利，法律上要求服务员必须给顾客**lo scontrino**（*a receipt* 收据）。所以，如果你落下收据在柜台上，会被提醒回来拿。

哎哟！

Ouch!

Tanti auguri di pronta guarigione! 祝你早日康复!

如果你生病，遭遇事故，牙疼或是在意大利期间需要看医生，本章节所介绍的短语可以让你自信地和医生、牙医和药剂师交谈并获得你所需的帮助。

描述问题

有时你必须要描述出面临的问题。这时一般可以用 **ho**。它由动词 **avere** (to have 有) 变位而来。想了解更多关于动词 **avere** 的信息，请查阅第 277 页。

我得了……

Ho febbre.	*I've got* a temperature.	我发烧了。
Ho il raffreddore.	*I've got* a cold.	我感冒了。
Ho la pressione alta.	*I have* high blood pressure.	我血压高。
Ho tachicardia.	*I've been having* palpitations.	我心悸。
Non so **cos'ho**.	*I don't know* **what's wrong with me**.	我不清楚自己出了什么问题。
Mio figlio **soffre di** mal di cuore.	My son **has** a heart condition.	我儿子得了心脏病。

我……疼

Ho mal di testa.	*I've got a* head*ache*.	我头疼。
Ho mal di stomaco.	*I've got* stomach*ache*.	我胃疼。
Ha mal di denti.	*She's got* tooth*ache*.	她牙疼。
Ho mal di schiena.	*My* back *is sore*.	我背疼。
Mi fa male qui.	*It hurts* here.	这里疼。

我感觉……

Mi sento sempre stanco.	I feel tired all the time.	我总是觉得累。
Mi sento malissimo.	I feel awful.	我感觉不舒服。
Adesso mi sento meglio.	I'm feeling better now.	我现在感觉好多了。
Ieri mi sentivo bene.	I felt fine yesterday.	我昨天感觉不错。

描述事情经过

如果你遭遇了某种事故，可能需要描述事件的经过。可以用 **ho** 或 **sono** 加动词过去分词形式。**ho** 和 **sono** 由动词 **avere** 和 **essere** 变化而来。想了解更多关于这些动词和过去时的信息，请查阅第 277、280 和 268 页。

我……了

Ho avuto un incidente.	I've had an accident.	我遭遇了车祸。
Ho sbattuto la testa.	I've bumped my head.	我磕到了头。
Sono caduto dalle scale.	I fell down the stairs.	我从楼梯上摔下来了。
Mi è saltata un'otturazione.	I've lost a filling.	我补的那颗牙掉了。
Si è scottata sulla stufa.	She burnt herself on the heater.	她被暖气烫伤了。

我从来没有……过

Non ho mai avuto un mal di testa così forte.	I've never had such a bad headache.	我的头从来没有这么疼过。
Non ha mai avuto un attacco.	He's never had a fit before.	他以前从来没有痉挛过。
Non sono mai stata così male.	I've never felt so ill.	我从来没有这么难受过。
Non mi era mai successo.	It's never happened to me before.	这种事从来没有在我身上发生过。

也许你非常不幸地遭遇了更严重的事故。如果你摔坏了什么,要用 **mi sono rotto...**,女性则用 **mi sono rotta...** (*I've broken* 我摔断了……) 来表达。

我摔断了……

Mi sono rotto la clavicola l'anno scorso.	*I broke* my collarbone last year.	我去年我摔断了锁骨。
Si è rotto una gamba.	*He's broken* his leg.	他摔断了腿。
Si è rotta un dente.	*She's broken* a tooth.	她摔断了牙。
Credo di **essermi rotta** il braccio.	*I think I've broken* my arm.	我觉得我的胳膊骨折了。
Mi sono slogato la caviglia.	*I've sprained* my ankle.	我扭伤了脚踝。

小贴士!
意大利人不会说我摔坏了我的腿或者我的关节,而是会说我摔坏了一条腿或者一个关节等。

询问信息

如果想获取信息,你需要首先引起对方注意以便提问。这时可以用 **scusi** 或 **mi scusi**。**C'è...?** 或 **Ci sono...?** 可以用来问"有……吗?"。

有……吗?

Scusi, **c'è** un ospedale qui vicino?	Excuse me, *is there* a hospital near here?	请问,附近有医院吗?
Ci sono farmacie di turno qui vicino?	*Are there* any pharmacies open near here?	附近有营业的药店吗?
Sa se **c'è** un dentista in questa zona?	*Do You know if there's* a dentist in this area?	你知道这附近有牙医吗?
Scusi, **dove posso trovare** un medico?	Excuse me, *where can I find* a doctor?	请问,在哪里可以找到医生?
Mi scusi, **dove posso trovare** un pronto soccorso?	Excuse me please, *where can I find* an A&E department?	请问,急诊部门在哪里?

当你想要别人具体解释某事物及其用途时，用 **Cos'è...?** (*What is...?* 这是……？) 或者 **Cosa sono...?** (*What are...?* 这是……？)。问其他信息，可以用 **Che...?** (*What...?* 什么……？) 或 **Quale...?** (*Which...?* 哪个……？)。

……是什么？

Cos'è questa medicina?	**What is** this medicine?	这是什么药？
Cosa sono queste compresse?	**What are** these tablets?	这些药片是什么？
Per cosa sono queste compresse?	**What are** these tablets **for**?	这些药治什么？
Che numero si fa per chiamare un'ambulanza?	**What's** the number to call for an ambulance?	叫救护车的号码是什么？
Qual è l'indirizzo dell'ospedale?	**What's** the address of the hospital?	医院的地址是什么？

……是哪个？

In **quale** via si trova la clinica?	**Which** street is the clinic in?	诊所在哪条街上？
Mi può dire in **quale** reparto è?	Can you tell me **which** ward she's in?	可以告诉我她在哪个病房吗？
Con **quale** dottore posso prendere appuntamento?	**Which** doctor can I get an appointment with?	我可以预约哪个医生？
Quale è meglio per le punture d'insetti?	**Which** is best for insect bites?	哪个药治蚊虫叮咬最好？

为了获取更详细的信息，你可能还需要问 **Come...?** (*How...?* 怎么……？) 或 **Quando...?** (*When...?* 什么时候……？)

怎么……？

Come si fa a prendere appuntamento con il dentista?	**How** do you make an appointment with the dentist?	怎么和牙医预约？
Come va presa questa medicina?	**How** do you take this medicine?	这个要怎么吃？
Come si fa per iscriversi al Servizio Sanitario nazionale?	**How** do we register with Social Security?	我们怎么注册社保？

什么时候……？

Quando devo fare l'iniezione?	**When** do I have to have the injection?	我什么时候需要打针？
Quando viene il medico?	**When** is the doctor coming?	医生什么时候来？
Quando comincia l'orario delle visite?	**When** does visiting time start?	什么时候开始探视时间？
Quando devo prendere le pasticche?	**When** do I have to take the tablets?	我要什么时候吃这些药片？
A che ora apre l'ambulatorio?	**What time** does the doctor's surgery open?	医生什么时候开始出诊？

如果你要问这是……吗？可以用 È…? (Is it…? 这是……吗？) 开始提问。

这是……吗？

È grave?	**Is it** serious?	这个严重吗？
È contagioso?	**Is it** infectious?	这个传染吗？

……吗？

È lontano l'ospedale?	**Is the** hospital far?	医院远吗？
È aperto di pomeriggio il poliambulatorio?	**Is the** health centre open in the afternoon?	保健中心下午开门吗？

小贴士！
如果想用意大利语问"这个……吗"，你要把想问的东西（例如医院、保健中心）放在句末。

索要东西

当你要问是否可以获得某物的时候，例如，药物或者医疗帮助，要用 **Ha…?** (Hove You got…? 您有……吗？) 或 **Avete…?** (Have you got…? 你们有吗？)。这两个词都由动词 **avere** (to have 有) 变位而来。想了解更多关于动词 **avere** 的信息，请查阅第 277 页。

你有……吗？

Ha qualcosa per il mal di testa?	**Have You got** anything for a headache?	您有治头疼的药吗？
Ha qualcosa per la febbre da fieno?	**Have You got** anything for hay fever?	您有治花粉热的药吗？
Avete un numero di telefono per le emergenze?	**Do you have** an emergency telephone number?	你们有急救电话的号码吗？
Avete tachipirina per bambini?	**Do you have** infant paracetamol?	你们有婴儿用的扑热息痛吗？

如果你想用意大利语索要某物，要用 **Mi dà...?** (*Can I have...?* 我可以……吗？)。**dà** 由动词 dare (*to give* 给) 变位而来。想了解更多关于动词 **dare** 的信息，请查阅第 278 页。

我可以……吗？

Mi dà un appuntamento per domani, per favore?	***Can I have*** an appointment for tomorrow please?	请问我可以预约明天吗？
Mi dà una confezione di aspirina, per favore?	***Can I have*** a packet of aspirins, please?	请问我可以要一包阿司匹林吗？
Mi dà una fascia di ricambio?	***Can I have*** a spare bandage?	我可以要一包绷带吗？

我可以……吗？

Posso vedere il dentista stamattina?	***Can I*** see the dentist this morning?	我可以今天早上看牙医吗？
Posso parlare con un pediatra adesso?	***Can I*** talk to a paediatrician right away?	我可以马上和一位儿科医生谈谈吗？
Posso bere alcolici con questa medicina?	***Can I*** drink alcohol with this medicine?	吃这个药可以喝酒吗？
Quando **possiamo** passare a prendere i risultati?	When ***can we*** get the results?	什么时候可以拿到检查结果？

如果你在询问他人是否可以帮你做些事，你需要用 **Può...?** (*Can You...?* 你能……吗？) 或 **Potrebbe...?** (*Could You...?* 您能……吗？) **può** 和 **potrebbe** 由动词 potere 变位而来。想了解更多关于动词 **potere** 的信息，请查阅第 282 页。

你能……吗？

Mi **può** prescrivere qualcosa per il mal d'orecchi, per favore?	***Can You*** prescribe something for earache, please?	您能开点儿治耳朵疼的药吗？
Può mandare un'ambulanza immediatamente?	***Can You*** send an ambulance immediately?	您能马上派辆救护车过来吗？
Può chiamare un medico, per favore?	***Can You*** call a doctor, please?	您能给医生打个电话吗？
Può darmi qualche cosa per il bambino che sta mettendo i denti?	***Can You*** give me something for my baby as he's teething?	我的孩子在长牙，您能给他开点药吗？

请问你能……吗？

Ci **potrebbe** portare all'ospedale più vicino?	**Could You** take us to the nearest hospital?	请问您能带我到最近的医院吗？
Potrebbe controllarmi la pressione?	**Could You** check my blood pressure?	请问您能查一下我的血压吗？
Mi **potrebbe** dare un appuntamento per una visita di controllo?	**Would You mind** giving me an appointment for a checkup?	请问您介意帮我预约检查吗？
Le **dispiacerebbe** trovarmi un'infermiera che parli inglese?	**Would You mind** finding me an English-speaking nurse?	请问您介意帮我找个说英语的护士吗？

说你想要做的事

如果你想用意大利语说你想要做某件事的时候，用 **vorrei**（*I'd like* 我想要）。**vorrei** 由动词 **volere**（*to want* 想要）变位而来。想了解更多关于动词 **volere** 的信息，请查阅第 283 页。

我想要……

Vorrei prendere appuntamento con il medico.	**I'd like** to make an appointment with the doctor.	我想跟医生预约。
Vorrei vedere un dentista subito.	**I'd like** to see a dentist straightway.	我想马上见牙医。
Vorrei compare qualcosa per la tosse.	**I'd like** to buy something for a cough.	我想买点咳嗽药。
Vorrei farmi fare un'otturazione.	**I'd like** to have a tooth filled.	我想补牙。

我更愿意……

Preferirei andare in una clinica privata.	**I'd rather** go to a private hospital.	我更愿意去私立医院。
Preferirei vedere una dottoressa **piuttosto che** un dottire.	**I'd rather** see a female doctor **than** a male one.	比起男医生，我更愿意看女医生。
Preferirei prendere delle pasticche **piuttosto che** fare un'iniezione.	**I'd rather** take tablets **than** have an injection.	比起打针，我更愿意吃药。
Preferiamo i rimedi naturali.	**We prefer** natural remedies.	我更喜欢自然疗法。

在意大利语中你可以用 **ho bisogno di**（*I need* 我需要）来向别人表达你的需求。

我需要……

Ho bisogno della pillola del giorno dopo.	*I need the morning-after pill.*	我需要事后避孕药。
Ho bisogno della ricetta?	*Do I need a prescription?*	我需要处方吗？
Abbiamo bisogno di un medico che possa venire qui.	*We need a doctor who can come here.*	我们需要一个医生过来。
Dobbiamo chiamare urgentemente un'ambulanza.	*We urgently need to call an ambulance.*	我们急需叫一辆救护车。

提建议

也许你想要用意大利语提出一些建议，其中一种方式是用 **potremmo**（*we could* 我们可以）。它由动词 **potere**（*to be able* 可以）变位而来。想了解更多关于动词 **potere** 的信息，请查阅第 282 页。

我们可以……

Potremmo chiedere in farmacia.	*We could ask in the chemist's.*	我们可以去药店问问。
Potremmo prendere degli antidolorifici in farmacia.	*We could get some painkiller at the chemist's.*	我们可以从药店买到止疼药。
Potremmo telefonare alla famiglia.	*We could phone his family.*	我们可以给他的家人打电话。

另一个用意大利语提建议的方法是 **Perché non…?**（*Why don't…?* 为什么不……呢？）。

为什么不……呢？

Perché non chiamiamo un medico?	*Why don't we call a doctor?*	我们为什么不给医生打电话呢？
Perché non chiediamo un appuntamento col cardiologo?	*Why don't we ask for an appointment with the heart specialist?*	我们为什么不和心脏方面的专家预约一下呢？
Perché non chiediamo come vanno presi gli antibiotici?	*Why don't we ask how the antibiotics should be taken?*	我们为什么不问一下抗生素怎么服用呢？
Perché non spiega il problema al medico?	*Why don't You explain the problem to the doctor?*	为什么您不和医生说明一下你的病？

听力

以下是一些你在医生那里或在医院可能听到的常用短语。

Come sta?	How are You?	您感觉如何?
Cosa succede?	What seems to be the problem?	您觉得有什么问题?
Ha febbre?	Have You got a temperature?	您发烧吗?
Da quanto si sente così?	How long have You been feeling like this?	您这种症状持续了多久?
Soffre di altre malattie?	Do You have any existing medical conditions?	您现在有任何症状吗?
Prende altri farmaci?	Are You on any other medication?	您现在有在做其他治疗吗?
Soffre di nausea?	Do You feel sick?	您觉得难受吗?
Le gira la testa?	Do You feel dizzy?	您觉得头晕吗?
Dove le fa male?	Where does it hurt?	哪里疼?
Se vuole togliersi la camicia.	Would You mind taking off your shirt?	您介意脱掉衬衣吗?
Può rivestirsi.	You can get dressed.	您可以穿上衣服了。
Non beva alcolici insieme a questo farmaco.	Don't drink alcohol while you're taking this medicine.	服用这个药的期间不要饮酒。
Riempia questo modulo, per favore.	Please fill in this form.	请填写这张表格。
Mi dà gli estremi della sua assicurazione medica?	Can I have your medical insurance details?	可以给我您的医保信息吗?
I risultati sono buoni.	The results are fine.	检查结果没问题。
Mi faccia sapere se i sintomi persistono.	Let me know if the symptoms don't go away.	如果症状没有消失,请联系我。

生活小常识

- 如果你觉得自己需要看医生，可以去**il Pronto Soccorso**——医院的急诊科。
- 如果去看医生或牙医，他们可能会给你开**una ricotta** (*a prescription* 处方)，可以拿着它到**la farmacia** (*the chemist's* 药房)。处方的费用称为**il ticket**。领取养老人金的人群、低收入人群、失业者等并不用为此付费。
- 在意大利，看专业医师需要提供**carta europea d'assicurazione malattia**——你的欧洲健康保险卡——这张卡现在替代了E111表格。但是和那张表格一样，持有这张卡的欧盟成员国公民可以在任何欧盟国家享受医疗服务，并且可以报销医疗费用。
- 在意大利，你很容易找到**le farmacie** (*chemist's* 药店)，因为每个药店外都有醒目的**croce verde** (*green cross* 绿色十字)标示。小的健康问题可以向药剂师咨询——他们有提供医疗建议的资质，并且可以在没有医生处方的情况下开一些药。他们也可以向你推荐当地医生。
- 当其他药店关门之后，总是会有一家**farmacia di turno** (*duty chemist's* 值班药店)营业。在所有其他当地药店门口和当地报纸上都能很容易地找到这家药店的地址。
- 拨打紧急号码118可以呼叫**ospedale**或者**ambulanza**。
- 在意大利，直到不久之前在包括医院在内的公共场所吸烟还都很常见。现在，严格的禁烟法规禁止在工作场所、酒吧、餐馆等处吸烟，很多人都在戒烟。
- 在意大利，如果有人打喷嚏，你可以说**Salute!** (*Bless you! To your healthe!* 保佑你！/ 祝你健康）。
- 发烧的时候，意大利人会描述得很准确，比如，**Ho 39 di febbre** (*My temperature is 39 degrees* 我发烧39度）。

救命！
Help!

Niente paura! 别着急!

如果你在意大利需要帮助,比如车坏了,遭遇事故或被抢,或者仅仅是打不开暖气开关,这一章节的短语将帮你自信表达。

描述问题

如果你希望别人帮你忙,你需要先描述遇到的问题是什么。用 **c'è** 和 **ci sono** 表示这里有,**non c'è** 和 **non ci sono** 表示没有。

有……

C'è odore di gas nella mia stanza.	**There's** a smell of gas in my room.	我的房间有煤气味。
Ci sono scarafaggi nell'appartamento.	**There are** cockroaches in the apartment.	公寓里有蟑螂。
Non c'è sapone in bagno.	**There isn't any** soap in the bathroom.	浴室里没有肥皂。
Non ci sono asciugamani nella stanza.	**There aren't any** towels in my room.	我的房间里没有毛巾。
C'è stato un incidente.	**There's been** an accident.	这里发生了事故。

需要准确描述问题的时候,常用 **ho**(*I've got* 我有)或 **non ho**(*I haven't got* 我没有)。**ho** 由动词 **avere**(*to have* 有)变位而来。想了解更多关于动词 **avere** 的信息,请查阅第 277 页。

我有……

Ho un problema.	*I've got a problem.*	我遇到一个问题。
Ho una ruota a terra.	*I've got a flat tyre.*	我的车胎瘪了。
Non ho una pompa.	*I haven't got a pump.*	我没有大气筒。
Siamo stati derubati e **non abbiamo** abbastanza soldi per tornare a casa.	*We've been robbed and we haven't got enough money to get back home.*	我们被抢了,没有足够的钱回家。

我们遇到问题可能是因为没有能力做某些事情,意大利语中 **non riesco a** 可以表示做不到的事。

我不能……

Non riesco a far partire la macchina.	*I can't get the cat to start.*	我无法发动汽车。
Non riesco ad accendere il boiler - è rotto.	*I can't light the boiler - it's broken.*	我点不着水壶,它坏了。
Non riusciamo ad aprire la porta della camera da letto.	*We can't open the door to the bedroom.*	我打不开卧室的门。

也许你不知某件事怎么做,意大利语中你会用到 **non so** 来表示不知怎么做的事。

我不会……

Non so cambiare una gomma.	*I can't change a tyre.*	我不会换车胎。
Non so guidare.	*I can't drive.*	我不会开车。
Non so parlare italiano molto bene.	*I can't speak Italian very well.*	我意大利语说的不是很好。

如果你想表达不明白某事，可以用 **non capisco**。

我不明白……

Non capisco cosa intende.	*I don't understand* what You mean.	我不明白您的意思。
Mi dispiace, ma **non capisco** le istruzioni.	*I'm sorry but I don't understand* the instructions.	对不起，我不明白这个说明。
Non capiamo perché non fuziona.	*We can't understand* why it's not working.	我们不懂为什么它不工作了。

描述事情经过

也许你需要向他人解释事情经过，可以用 **ho** 加动词过去分词形式。**ho** 和 **sono** 由动词 **avere** (*to have* 有) 和 **essere** (*to be* 是) 变化而来。想了解更多关于过去式的信息，请查阅第 268 页。

我……了

Ho perso il passaporto.	*I've* lost my passport.	我丢了护照。
Ho avuto un incidente.	*I've* had an accident.	我发生了意外。
La mia valigia **non è** arrivata.	My case *hasn't* arrived.	我的箱子没有到。
Ci **siamo** chiusi fuori dall'appartamento.	*We've* locked ourselves out of the apartment.	我们把自己锁在了屋外。
Siamo in panne.	*We've* broken down.	我们的车抛锚了。
Abbiamo finito la benzina.	*We've* run out of petrol.	我们没汽油了。

我被……了

Mi hanno aggredita.	*I've been* mugged.	我被抢了。
Mi hanno svaligiato la casa.	*I've been* burgled.	我被偷了。
Hanno forzato la serratura della mia macchina.	My car*'s been* broken into.	我的车被撬了。
Mi **hanno** scippato.	My bag*'s been* snatched.	我的包被抢了。
Ci hanno fatto pagare troppo.	*We've been* overcharged.	我们被要了高价。

描述人或事物

如果你在意大利遇到问题,可能需要能够描述人或者事物。可以简单地用 è (*it is* 这是) 或 sono (*they are* 这些是) 加形容词。è 和 sono 由动词 essere (*to be* 是) 变位而来。想了解更多关于动词 essere 的内容,请查阅第 280 页。

这是……

È una macchina nera sportiva.	*It's a black sports car.*	这是辆黑色跑车。
È un telefono cellulare con fotocamera.	*It's a camera phone.*	这是个照相手机。
Sono documenti molto importanti.	*They're very important documents.*	这些是非常重要的文件。
La borsa è rosa.	*The bag's red.*	这个包是红色的。
La valigia è verde ed ha le ruote.	*The suitcase is green and has wheels.*	这个旅行箱是绿色的,而且有轮子。
Il mio portafoglio è di pelle.	*My wallet's made of leather.*	我的钱包是皮质的。

也许别人要求你更详细地介绍自己或其他人,比如,年龄、发色等等。这时,可以用 avere (*to have* 有),有时也可以用 essere (*to be* 是)。想了解更多关于动词 avere 和 essere 的信息,请查阅第 277 和 280 页。

他有……

Ha i capelli biondi corti.	*He's got short blond hair.*	他有一头金色短发。
Ha i capelli castani.	*She's got brown hair.*	她有棕色头发。
Ha gli occhi verdi.	*She's got green eyes.*	她有绿色的双眼。
Entrambi hanno gli occhi marroni.	*They both have brown eyes.*	他俩都有棕色的眼睛。

小贴士!

要记住,在意大利语中,冠词要放在你所描述的身体部位前面,比如,**Ho i capelli corti** (*I have short hair* 我留短发),**Ha le gambe lunghe** (*She has long legs* 她的腿很长)。

他是……

Ha cinque anni.	***He's*** five.	他五岁。
Ha otto anni.	***She's*** eight.	她八岁。
Ho trent'anni.	***I'm*** thirty.	我三十岁。
È alto e di aspetto piuttosto giovanile.	***He's*** tall and quite young-looking.	他很高,而且看起来很年轻。
È piuttosto magra.	***She's*** rather thin.	她挺瘦的。

她穿着……

Indossa jeans a una maglietta verde.	***She's wearing*** jeans and green T-shirt.	她穿着牛仔裤和绿色T恤。
Ha un vestito arancione.	***She's wearing*** an orange dress.	她穿着橘色裙子。
Indossava pantaloni neri.	***He was wearing*** black trousers.	他穿黑色裤子。

询问信息

如果你想要向别人询问信息,你需要先引起他们的注意。可以用 **scusi** 或 **mi scusi**。如果对方比你年纪小,可以用 **scusa** 或 **scusami**。

请问……?

Scusi, c'è un'officina nei paraggi?	***Excuse me***, is there a garage around here?	请问,这附近有车库吗?
Mi scusi, ci sono alberghi qui vicino?	***Excuse me***, are there any hotels near here?	请问,这附近有酒店吗?
Scusa, c'è un elettricista in questa zona?	***Excuse me***, is there an electrician in this area?	请问,这附近有电工吗?
Scusami, hai l'ora?	***Excuse me***, do you have the time?	请问,现在几点?

为了获得详细信息，比如选哪一样东西，怎么做某事，某事什么时候发生或某物多少钱，你可能会问 **Quale...?** 或者 **Che...?** (*Which...?* 哪一个……?)，**Come...?** (*How...?* 怎样……?)，**Quando...?** (*When...?* 什么时候……?) 或 **Quanto...?** (*How much...?* ……多少钱?)。

哪一个……?

Quale idraulico mi consiglia?	**Which** plumber do You recommend?	您推荐哪一个水管工?
Quali documenti devo presentare?	**Which** documents do I need to show?	我需要出示哪一个文件?
Scusi, **che** numero si fa per chiamare la polizia?	Excuse me, **what** number do I dial for the police?	请问，找警察局要拨哪个号码?

怎样……?

Come facciamo a denunciare un furto?	**How** do we report a theft?	我们怎样汇报被盗案件?
Come si fa a prendere la linea esterna?	**How** do I get an outside line?	我怎么拨打外线?
Scusi, **come** si arriva all'officina?	Excuse me, **how** do we get to the garage?	请问，我们怎么去存车场?
Mi può dire **come** facciamo a recuperare la valigia?	Can You tell me **how** we can get the suitcase back?	你能告诉我怎样把箱子找回来吗?

什么时候……?

Quando viene a riparare il condizionatore d'aria?	**When** will You come to fix the air conditioning?	您什么时候来修空调?
Quando recapitate la valigia?	**When** will <u>you</u> deliver the suitcase?	你们什么时候送行李箱?
Quando posso portare la macchina in officina?	**When** can I bring the car in?	我什么时候能把车送来?
Sa **quando** potremo vedere l'avvocato?	Do You know **when** we'll be able to see the lawyer?	您知道我们什么时候能见律师吗?

……多少钱?

Quanto costerà far riparare la macchina?	**How much** will it cost to repair the car?	修车要多少钱?
Mi può dire **quanto** mi costa ripararlo?	Can You tell me **how much** You will charge to fix this?	您能告诉我修理这个要多少钱吗?
Quanto costa l'iscrizione?	**How much** are the registration fees?	注册费要多少钱?

索要东西

如果你要用意大利语索要某物，用 **Mi dà...?** 或 **Mi può dare...?** (*Can I have...?* 我可以要……吗？)。对以 tu 相称的对象用 **mi dai** 或者 **mi puoi dare**。**dà** 和 **dai** 由动词 **dare** (*to give* 给) 变位而来。想了解更多关于动词 **dare** 的信息，请查阅第 277 页。

我可以要……吗？

Mi dà un'altra coperta, per favore?	***Can I have*** another blanket, please?	我可以再要一张毯子吗？
Mi può dare un altro modulo?	***Can I have*** another form?	我能再要一张表格吗？
Mi dai il tuo numero di telefono?	***Can I have*** your phone number?	可以给我你的电话号码吗？
Mi puoi dare il cellulare per una chiamata urgente?	***Can I borrow*** your mobile to make an urgent call?	我能借你的手机打个紧急电话吗？

想要知道是否有某物，可以用 **Ha...?** 或 **Hai...?** (*Do you have...?* 你有……吗？)，这样更随意一些。它们都由动词 **avere** (*to have* 有) 变位而来。想了解更多关于动词 **avere** 的信息，请查阅第 277 页。

你有……吗？

Mi scusi, **ha** questo documento in inglese?	*Excuse me,* ***do You have*** *this document in English?*	请问，这份文件有英文的吗？
Scusi, **ha** un opuscolo con informazioni su questa zona?	*Excuse me,* ***do You have*** *a brochure about this area?*	请问，您有关于这片区域的手册吗？
Hai dei cavi per la batteria?	***Do you have*** *jump leads?*	你有跨接电缆线吗？

如果你在询问他人是否可以帮助你做些事情，你需要用 **Può...?** (Can You...? 你能……吗？) 或 **Potrebbe...?** (Could You...? 您能……吗？)。对以 **tu** 相称的对象用 **puoi** 或者 **potresti**。它们都由动词 **potere** (to be able 能够) 变位而来。想了解更多关于动词 **potere** 的信息，请查阅第 282 页。

你能……吗？

Può chiamare la polizia?	**Can You** call the police?	你能打电话给警察吗？
Potrebbe mostrarmi come funziona la doccia?	**Could You** show me how the shower works?	请问您能告诉我淋浴怎么用吗？
Mi **potrebbe** fare un preventivo, per favore?	**Could You** give me an estimate, please?	请问您能给我个估算吗？
Mi **puoi** aiutare, per favore?	**Can you** help me, please?	请问您能帮我一下吗？
Potresti consigliarmi un elettricista?	**Could you** recommend an electrician?	你能推荐一个电工吗？

表达想要做什么

你可能需要会用意大利语表达你想要做什么事情。这时，你需要使用 **voglio** (I want 我想)，或 **vorrei** (I'd like 我想要)。它们都由动词 **volere** (to want 想) 变位而来。想了解更多关于动词 **volere** 的信息，请查阅第 283 页。

我想……

Voglio denunciare un furto.	**I want to** report a theft.	我想报告盗窃案件。
Voglio parlare con un avvocato.	**I want to** speak to a lawyer.	我想和律师谈谈。
Vorrei telefonare.	**I'd like to** make a call.	我想打个电话。

我不想……

Non voglio restare in questa stanza.	**I don't want to** stay in this room.	我不想待在这间屋里。
Non voglio lasciare qua la macchina.	**I don't want to** leave my car here.	我不想把我的车留在这里。
Non vogliamo andare in albergo senza i bagagli.	**We don't want to** go to the hotel without our lunggage.	没有行李，我们不想去酒店。

如果你想表达自己的偏好，要用 **preferirei** (*I'd rather* 我更愿意……)。**preferirei** 由动词 **preferire** 变位而来。想了解更多关于 **preferire** 一类以 **-ire** 结尾的动词的信息，请查看第 266 页。

我更愿意……

Preferirei prendere un avvocato che parli l'inglese.	***I'd rather*** *use a lawyer who can speak English.*	我更愿意选用一个讲英语的律师。
Preferirei stare al piano terra **piuttosto che** al primo piano.	***I'd rather*** *be on the ground floor than on the first floor.*	我更愿意住在一楼，而不是二楼。
Preferiremmo leggere i documenti in inglese, se possibile.	***We'd rather*** *read the documents in English, if possible.*	如果可能的话，我们更希望阅读英文版的文件。

表达必须要做的事情

你也许想用意大利语表达必须要做的事情，可以用 **devo** (*I have to* 我必须) 后接动词不定式。**devo** 由动词 **dovere** (*to have to* 必须) 变位而来。想了解更多关于动词 **dovere** 和不定式的信息，请查阅第 279 和 264 页。

我必须……

Devo andare all'ambasciata britannica.	***I have to*** *go to the British embassy.*	我必须去英国大使馆。
Devo ricaricare il cellulare.	***I have to*** *charge my phone.*	我必须给手机充电。
Devo parlare con un avvocato.	***I must*** *speak to a lawyer.*	我必须和律师谈谈。

你也可以用 **ho bisogno di** (*I need* 我需要) 加动词不定式来表示。

我需要……

Ho bisogno di un nuovo pneumatico.	***I need*** *a new tyre.*	我需要一个新轮胎。
Ho bisogno di fare una telefonata.	***I need*** *to make a call.*	我需要打个电话。
Ho bisogno di chiamare un elettricista.	***I need*** *to call an electrician.*	我需要给电工打个电话。

提出建议

也许你希望向意大利朋友提建议,其中一种方式是使用 **potremmo** (*we could* 我们可以)。**potremmo** 由动词 **potere** (*to be able* 可以) 变位而来。想了解更多关于动词 **potere** 的信息,请查阅第 282 页。

我们可以……

Potremmo chiamare un fabbro.	**We could** call a locksmith.	我们可以给开锁匠打电话。
Potremmo chiedere a qualcuno il numero di un elettricista.	**We could** ask someone for the number of an electrician.	我们可以向别人要电工的电话。
Potremmo sempre andare all'ufficio oggetti smarriti.	**We could** always go to the lost property office.	我们随时可以去失物招领处。

提建议也可以用 **E se...?** (*How about...?* ……怎么样?) 加动词未完成虚拟式形式。想了解更多关于虚拟语气的信息,请查阅第 270 页。

……怎么样?

E se parlassimo con un avvocato?	**How about** talking to lawyer?	和律师谈谈怎么样?
E se chiamassimo il suo consolato?	**How about** calling Your consulate?	给您的领事馆打电话怎么样?
E se segnalassimo il guasto alla portineria?	**How about** reporting the fault to reception?	把这个故障报告给前台怎么样?

另一个提建议的方式是 **Perché non...?** (*Why don't...?* 为什么不……?)。

为什么不……呢?

Perché non chiediamo aiuto ai vicini?	**Why don't** we ask the neighbours for help?	为什么我们不请邻居帮忙呢?
Perché non chiediamo la portineria?	**Why don't** we call reception?	我们为什么不给前台打电话呢?
Perché non va in commissariato a denunciare il furto?	**Why don't** You go to the police station to report the theft?	你为什么不去警察局报告盗窃案件呢?

谈论你的计划

英语当中常用 *I'm going to* 来表达未来。在意大利语中谈论未来将要做某件事时则可以用将来时，也可以只用现在时。

我将要……

Chiamerò l'officina.	***I'm going to phone*** the garage.	我要给汽车修理厂打电话。
Chiamo soccorso col cellulare.	***I'm going to call*** for help on my mobile.	我要打个电话求助关于手机的事情。
Chiameremo un elettricista per riparare l'impianto elettrico.	***We're going to phone*** an electrician to fix the wiring.	我们要给电工打电话来修一下线路。
Ci chiamate quando è pronta?	***Will you call*** us when it's ready?	这个准备好了的话你会给我们打电话吗？

用 **Ho intenzions di...**?（*I intend to...* 我打算……）加动词不定式形式也可以表示意图。

我打算……

Ho intenzione di denunciare il furto alla polizia.	***I intend to*** report the theft to the police.	我打算把盗窃案件报告给警察。
Ho intenzione di parlare con un avvocato.	***I intend to*** talk to a lawyer.	我打算和律师谈谈。
Ho intenzione di rimorchiare la nostra macchina?	***Are You going to*** tow our car away?	您要把我们的车拖走吗？
Avete intenzione di venire oggi?	***Are you going to*** come out today?	你们今天要出门吗？

听力

以下是你在遇到问题时可能会听到的一些常用短语。

Qual è il problema?	*What's the problem?*	出什么事了？
Che è successo?	*What happened?*	发生什么了？
Mi dà gli estremi dell'assicurazione?	*Can I have Your insurance details?*	能告诉我您的保险信息吗？
Cosa hanno rubato?	*What's been taken?*	什么东西被偷了？
Mi date il vostro indirizzo, per favore?	*Can I have your address, please?*	能告诉我你们的地址吗？
Di dove siete?	*Where are you from?*	你们从哪里来？
Dove alloggia?	*Where are You staying?*	您住在哪？
Favorisca la patente, prego.	*Can I have Your driving licence?*	能给我看您的驾照吗？
C'erano testimoni?	*Were there any Witnesses?*	有目击者吗？
Compili questo modulo, per cortesia.	*Please fill in this form.*	请填写这张表格。
È previsto un addebito per l'intervento.	*There'll be a call-out change.*	我们收取上门服务费。

生活小常识

● 如果你要向意大利警方报告汽车失窃或抢劫等案件，你需要去**commissariato di polizia**或者**questura**（*police station* 警察局），在那里**fare una denuncia**（*file a report* 填写报告）。

● 意大利有两种警察：**polizia di**和**stato carabinieri**，他们是穿军服的士兵。两种警察在功能上互补，你可以向任何一方寻求帮助。如果丢失了护照，你需要去**questura**。

● **vigili urbani**类似交警，指挥交通，负责开罚单，类似交通管理员。交通警察是polizia stradale。

● 拨打意大利紧急号码113将接通**polizia**，其他服务紧急号码是：**carabinieri** 112，**vigili del fuoco**（*fire brigade* 火警）115，**soccorso stradale**（*roadside assistance* 道路救援）116，**ambulanza**（*ambulance* 救护车）118。在公路上每两公里都设有紧急电话，有绿色扳手符号的电话用于汽车故障，另外一个有红十字标志的电话用于医疗救援。

● 在意大利停车时要格外小心，以免被开**una contravvenzione**或**multa**（*a fine* 罚单），车子被锁或是被**catto attrezzi**（*tow truck* 拖车）拖走，你需要花一大笔钱才能从**depositeria**（*pound* 汽车收押处）把车要回来。务必要看清各种标示，如果遇到不明白的地方，一定要问清楚**Cosa vuol dire quel cartelo?**（*What does this sign mean?* 这个标志是什么意思？）。

取得联系

Getting in touch

Pronto, chi parla? 请问，是谁打来的电话？

用外语打电话恐怕是最困难的事情之一，因为你无法看到对方，就不能依靠肢体语言和面部表情来帮助你理解和交流。本章节所学短语将帮你攻克难关，使你自信地用纯正的意大利语打电话。此外本章节还涉及了电子邮件、短信、信件等其他通讯方式。

打电话

意大利语中打电话的表达方式是 **telefonare a qualcuno** (*to phone somebody* 打电话给某人) 和 **dare un colpo di telefono a qualcuno** (*to give somebody a ring* 给某人去个电话)，前者比后者更加正式。如果要表达需要打个电话，用 **devo** (*I need to* 我需要)。**devo** 由动词 **dovere** 变位而来。想了解更多关于动词 **dovere** 的信息，请查阅第 279 页。

我需要……

Devo fare una telefonata.	*I need to* make a call.	我需要打个电话。
Devo telefonare a mia moglie.	*I need to* phone my wife.	我需要给我妻子打个电话。
Devo dare un colpo di telefono al mio amico.	*I need to* give my friend a ring.	我需要给我朋友打个电话。
Non scordarti che **devi** richiamare la mamma stasera.	Don't forget **you need to** call your mum back tonight.	别忘了今晚要给你妈妈回电话。
Dobbiamo chiamare l'Inghilterra.	**We need** to call England.	我们需要往英格兰打个电话。

如果你要问某人是否有某物，例如电话号码，这时要用 **Ha...?** (*Do You have...?* 您有……吗？), **Hai...?** (*Do you have...?* 你有……吗？) 或 **Avete...?** (*Do you have...?* 你们有……吗？)。

你有……吗？

Ha il numero di casa della signora Kay, per favore?	**Do You have** Mrs Kay's home number, please?	请问您有凯夫人的电话吗？
Hai un numero di cellulare?	**Do you have** a mobile number?	你有手机号码吗？
Avete un numero di fax?	**Do <u>you</u> have** a fax number?	你们有传真号码吗？

用意大利语要电话号码一类东西时可以用 **Che...?**, **Quale...?** (*What...?* 什么……？) 或 **Qual è...?** (*What's...?* ……是什么？)。

什么……？

Quale linea posso usare per telefonare?	**What** line can I use to make a call?	打电话要用哪条线？
Che numero faccio per prendere la linea esterna?	**What** number do I dial to get an outside line?	打外线要拨哪个号码？

……是什么？

Qual è il suo numero di telefono?	**What's** her phone number?	你的电话号码是什么？
Qual è il numero del pronto soccorso?	**What's** the number for A&E?	急诊的号码是什么？
Qual è il prefisso per l'Irlanda?	**What's** the dialing code for Ireland?	爱尔兰的区号是什么？

电话接通后

在你所拨打的电话接通后,要打招呼并且报上自己的姓名。这时无论男女都需要用到 **Pronto**? (*ready* 字面上是准备好了的意思)。务必要记得用 **sono**... 或者 **parla**... (*this is*... 这是……) 向对方介绍自己。

你好,我是……

Pronto, sono la signora Bancroft.	*Hello, **this is** Mrs Bancroft.*	你好,我是班克罗夫特夫人。
Pronto, sono Giulia, ti disturbo?	*Hi, **this is** Giulia, is this a bad time?*	你好,我是朱丽亚,现在打电话方便吗?
Pronto signor Franceschini, **parla** Michelle.	*Hello Mr Franceschini, **this is** Michelle **speaking**.*	你好弗兰切斯基尼先生,我是米克雷。
Buonasera signora Paoletti, **sono** la signora Marsh.	*Good evening Mrs Paoletti, **this is** Mrs Marsh **speaking**.*	晚上好保莱蒂夫人,我是马什。
Buongiorno, c'è Stefania? **Sono** Marie.	*Hello, is Stefania in? **This is** Marie.*	你好,斯蒂凡尼亚在吗?我是马利亚。
Ciao Tarik, **sono** Julia.	*Hi Tarik, Julia **here**.*	你好塔里,我是朱丽亚。

我是……

Sono una collega di Nicola.	*I'm a colleague of Nicola's.*	我是尼古拉的同事。
Sono un amico di Stefano.	*I'm a friend of Stefano's.*	我是斯特凡诺的朋友。
Sono la figlia del signor Nichol.	*I'm Mr Nichol's daughter.*	我是尼古拉先生的女儿。
Pronto, sono l'inquilina di via Bramante 6.	*Hello, **I'm** the tenant in via Bramante 6.*	你好,我是布拉曼特6号的租客。

如果你想找特定的人,用 **C'è**...? (*Is... there?* ……在吗?) 或 **Ci sono**...? (*Are... there?* ……在吗?)。

……在吗?

C'è Martina, per favore?	*Is Martina **there**, please?*	请问马蒂娜在吗?
Mi può dire se **c'è** la signora Paoletti?	*Could you tell me if Mrs Paoletti **is in**?*	您能告诉我保莱蒂夫人在吗?
Ci sono Martina e Roberto, per favore?	*Are Martina and Roberto **there**, please?*	请问马蒂娜和罗贝尔托在吗?
Sono in casa i tuoi genitori?	*Are your parents **in**?*	你的父母在家吗?

小贴士！

如果你想找的人不在，你可能会听到 mi dispiace 或 non c'è 这样的回答，表示对不起，他 / 她不在。

是……吗？

Parlo con Mario?	**Is that** Mario?	是马里奥吗？
Parlo col commissariato di polizia?	**Is that** the police station?	是警察局吗？
Parlo con lo 08 13 76 89 98?	**Is this** 08 13 76 89 98?	这是 0813768998 吗？
Questo è il numero del municipio, **vero**?	**This is** the number for the town hall, **isn't it**?	这是市政厅的号码，不是吗？

小贴士！

在用意大利语说电话号码的时候不要忘记使用冠词，例如 **Mi passa il 374596?** 如果号码以 0 开头，要用 **lo** 而不是 **il**：**Mi passa lo 040397855?** 想了解更多关于意大利语数字读法的信息，请查阅第 180-181 页。

有很多种方法来提问是否可以做某事。你可以用 **posso** (Can I…? 我可以……吗？) 或 **potrei** (Could I…? 我可以……吗？) 开始提问。它们都由动词 **potere** (to be able 可以) 变位而来。想了解更多关于动词 **potere** 的信息，请查阅第 282 页。

我可以……吗？

Potrei parlare con il direttore, per favore?	**Could I** speak to the manager, please?	请问我可以和经理谈谈吗？
Posso parlare con Sabrina, per favore?	**Can I** speak to Sabrina, please?	请问我可以和萨布里娜通话吗？
Potrei avere il numero dell'Hotel Europa?	**Could I** have the number of the Europa hotel?	可以告诉我欧罗巴酒店的电话号码吗？

开始对话

询问近况大概通常是展开对话是首先要问的。这时你需要说 **Come sta?** (*How are You?* 你好吗?)，或者再随意一些，用 **Come stai?**。也可以用 **Come va?**。

你好吗?

Come sta, signora Prandi?	*How are you*, Mrs Prandi?	普布迪夫人，您好吗?
Come stai, Mario?	*How are you*, Mario?	你好吗，马里奥?
Buongiorno Signora, **come va**?	Good morning, *how are You*?	早上好，您好吗?
Ciao Silvia, **come va**?	Hello Silvia, *how's it going*?	西尔维亚你好，最近怎么样?
Come va la vita?	*How's life*?	最近如何?

小贴士!
使用 **Come va?** 的时候无需根据讲话对象而变化。

对询问近况进行回答可以有很多种方式。

我很好，谢谢。

Bene, grazie, e lei?	*I'm fine, thanks*, how about You?	我很好，谢谢，您呢?
Bene, grazie, e tu?	*Fine, thanks*, and you?	我很好，谢谢，你呢?
Non c'è male, e tu?	*Not bad*. And yourself?	不错。你呢?
Non tanto bene, ultimamente.	*I haven't been too good* lately.	我最近好得不得了。

陈述打电话缘由

在打电话过程中常常要向对方解释打电话的原因，或从哪里打过来。这时，你需要用动词 **chiamare** (*to call* 打电话)。想了解更多关于 **chiamare** 一类以 **-are** 结尾的动词，请查阅第 265 页。

我打电话来……

Chiamo per parlare con Maria.	*I'm phoning to* talk to Maria.	我打电话来找马丽亚。
Chiamo per avere ulteriori informazioni sulle vostre tariffe.	*I'm phoning to* get further details on your rates.	我打来进一步询价。
Chiamo a proposito di domani sera.	*I'm phoning about* tomorrow night.	我打来询问明晚的事情。
Chiamo a proposito del vostro annuncio sul giornale.	*I'm phoning about* your ad in the paper.	我打来咨询你们报纸上的广告。

我从……打来

Chiamo da una cabina.	*I'm calling from* a public phone.	我用公用电话打过来的。
Chiamo dal cellulare.	*I'm calling from* my mobile.	我用手机打过来的。
La **chiamo dall'**ufficio.	*I'm calling* you *from* work.	我在工作时间给你打过来。
Sono in treno.	*I'm on the train.*	我在火车上。

如果询问是否可以做某事，要用 **Posso…?** (*Can I…?* 我可以……吗？)。

我可以……吗？

Posso lasciare un messaggio?	*Can I* leave a message?	我可以留言吗？
Posso richiamare?	*Can I* call back later?	我可以一会儿再打过来吗？
Le **posso** lasciare il mio numero?	*Can I* leave my number with you, please?	我可以把我的号码留给您吗？

如果要询问他人是否可以帮忙做某事，应该用 **Può…?**(Can You…? 您能……吗？) 或 **Potrebbe…?**(Could you…? 您能……吗？)。它们都由动词 **potere** 变位而来。想了解更多关于动词 **potere** 的信息，请查阅第 282 页。

你能……吗？

Gli **può** dire che ha chiamato Paul, per favore?	**Can You** tell him Paul rang, please?	请问您能跟他说保尔来过电话吗？谢谢！
Mi **può** passare Giovanna, per favore?	**Can You** put me through to Giovanna, please?	请问您能帮我转接乔万娜吗？谢谢
Gli **può** dare un messaggio da parte mia, per favore?	**Can You** give him message from me, please?	请问您能帮我给他带个口信吗？谢谢！
Le **potrebbe** dare un messaggio?	**Could You** give her a message?	请问您能帮我给她带个口信吗？
Le **potrebbe** chiedere di richiamarmi, per favore?	**Could You** ask her to call me, please?	请问您能让她给我回电话吗？多谢！

■ 提供信息 ■

当你用意大利语打电话时，也许你也会需要提供一些信息。给对方你的电话号码或地址，要用 **il mio numero è** (*my number is* 我的号码是) 和 **il mio indirizzo è** (*my address is* 我的地址是)。

我的号码是……

Il mio numero di casa è…	**My** home **phone number is**…	我的家庭电话号码是……
…e **il mio numero di** cellulare **è**…	…and **my** mobile **number is**…	……还有我的手机号码是……
Il **numero di telefono** dell'albergo è…	**My** hotel **phone number is**…	我酒店的电话号码是……
Il **mio numero di telefono** fisso è…	**My** landline **is**…	我的座机号码是……

我的地址是……

Il mio indirizzo a Genova è…	**My address** in Genoa is…	我再热内亚的地址是……
Il mio indirizzo in Inghilterra è…	**My address** in England is…	我再英格兰的地址是……
Abito al numero 6 di Maryhill Drive a Cork.	**My home address is** 6, Maryhill Drive, Cork.	我家的地址是科克市玛利山路 6 号。
Alloggio all'Hotel Mediterraneo.	**I'm staying** at the Mediterraneo Hotel.	我住在地中海酒店。

给出具体联系方式时可以用 **mi può contattare** (*You can contact me*... 你可以通过……联系我)。

您可以通过……联系我

Mi può contattare al numero di casa.	***You can contact me*** on my home number.	您可以打我家里电话找我。
Mi può contattare allo 09 98 02 46 23.	***You can contact me*** on 09 98 02 46 23.	您可以打 0998024623 找我。
Mi può contattare sul mio cellulare.	***You can contact me*** on my mobile.	你可以打我手机号码。
La può trovare tra mezzogiorno e le due.	***You can get her*** between twelve and two.	您在 12 点到 2 点之间可以联系到她。
Mi puoi lasciare un messaggio sulla segreteria.	***You can*** leave me a message on my answer phone.	你可以在我的答录机上留言。

接电话

用意大利语接电话的时候，要用 **Pronto?**。拨电话和接电话时也可以用 **Pronto**。

喂！

Pronto?	*Hello?*	喂！
Pronto, chi parla?	*Hello*, who's calling, please?	喂，请问哪位？
Sì, pronto?	*Hello?*	喂！

如果对方要找的就是你，你要回答 **sì, sono io** (*speaking* 我就是)。

我就是。

Sì, sono io.	*Speaking.*	我就是。
Sì, sono io, desidera?	*Speaking*, how can I help You?	我就是，你有什么事？
Sì, sono io, chi parla?	*Yes, speaking*, who's calling, please?	是的，我就是，请问你是哪位？

接电话的时候你往往要问对方要不要留言、过一会儿再打来等等。对不熟悉的人用 **Vuole...?**，对熟人使用 **Vuoi...?** (Would you like to...? 请问你想要……吗？)。**vuole** 和 **vuoi** 都由动词 **volere** (to want 想要) 变位而来。想了解更多关于动词 **volere** 的信息，请查阅第 283 页。

请问你想要……吗？

Vuole lasciare un messaggio?	**Would You like to** leave a message?	请问您想要留言吗？
Vuole richiamare più tardi?	**Would You like to** call back later?	请问您想一会儿再打过来吗？
Vuoi che ti richiami?	**Would you like** him **to** call you back?	请问你想要他回电话给你吗？

请问你介意……吗？

Le dispiacerebbe parlare più lentamente, per favore?	**Would You mind** speaking more slowly, please?	请问您介意讲慢一点吗？
Le dispiacerebbe ripetere, per favore? La sento male.	**Would You mind** saying that again, please? I can't hearYou very well.	请问您介意再说一遍吗？我听不清。
Le dispiacerebbe dirmi come si scrive, per favore?	**Would You mind** spelling that, please?	请问您介意拼写一下吗？
Ti dispiacerebbe richiamarmi domani?	**Would you mind** calling me back tomorrow?	请问你介意明天再打给我吗？

结束通话

当你结束一次意大利语通话的时候，可以像通常面对面一样的方式说再见。用 **arrivederci** 和你不太熟悉，或者年长的人告别，**ciao** 则用于朋友或年轻人之间。

再见！

Arrivederci, signor Franceschi!	**Goodbye**, Mr Franceschi!	再见，弗朗切斯基先生！
Ciao, Maria!	**Goodbye** Maria!	再见玛丽亚！
Allora **ciao**, Emma. Ci sentiamo!	**Right, bye** Emma! Talk to you later!	好吧，再见艾玛！之后再联系！

祝你有个美好的……

Buona serata!	Have a nice evening!	祝你有个美好的夜晚。
Buona giornata!	Have a nice day!	祝你有美好的一天。
Buon weekend!	Have a nice weekend!	祝你周末愉快!

要表示"……见!"时，**a** 后面接 **domani**（*tomorrow* 明天），**più tardi**（*later* 一会儿），**stasera**（*tonight* 今晚），等等。

……再见!

A domani, Luigi!	See you tomorrow, Luigi!	明天见，路易吉!
A più tardi!	See you later!	一会儿见!
A più tardi, signora!	See You later!	一会儿见!
A stasera!	See you tonight!	今晚见!
A presto!	See you soon!	待会儿见!

小贴士!

a più tardi 只用于你希望在今天之内再见某人的情况。**Ci vediamo** 用于在未来将会与某人再见面，但不确定什么时候的情况。

在道别的同时，你也许想要向其他人表达问候或祝福。这时，要用到 **mi saluti**，或者更加正式的 **salutami**（*say hello to* 向……问好）。

向……问好

Mi saluti sua moglie.	Say hello to Your wife for me.	请代我向你夫人问好。
Salutami la tua famiglia.	Say hello from me to your family.	请代我向你家人问好。
Salutami tua sorella.	Say hi to your sister from me.	请代我向你妹妹问候。
Tanti cari saluti a suo padre.	Give Your father my best wishes.	向你父亲带去最好的祝愿。

小贴士!

也许你有兴趣知道怎么用意大利语挂断某人电话: **chiudere il relefono in faccia a qualcuno** 字面上就是把电话甩某人脸上的意思。

有时你需要很快结束通话,尤其是用手机打电话的时候。

我的……所剩不多了

Ho il cellulare **quasi scarico**.	*I've got hardly any battery left.*	我的电所剩不多了。
Ho quasi finito la scheda.	*I've got hardly any credit left.*	我的话费所剩不多了。

小贴士!

当然,突然结束手机电话的最主要原因还是信号不好。用意大利语表示就是 **non c'è campo.** 告诉别人电话断线了,可以用 **non ti sento, la linea è disturbata.** (*I can't hear you, it's a bad line* 我听不到你说的话,信号不好)。

听力

以下是打电话时可能会听到的常用短语。

Chi parla?	Who's calling, please?	请问，是谁打来的电话？
Chi lo desidera?	Who shall I say is calling, please?	请问，这是谁打来的？
Attenda in linea.	Hold the line, please.	请稍等。
Un momento, ora lo chiamo.	Hang on a minute, I'll get him.	请稍等，我去叫他。
Mi dispiace, al momento non c'è.	I'm afraid she's not here.	抱歉她现在不在。
Vuole lasciare un messaggio?	Would you like to leave a message?	您想要留个口信吗？
Magari la richiama quando rientra.	He could call You back when he returns.	她回来的时候可以给您打回去。
Ha sbagliato numero.	You've got the wrong number.	您打错了。
Ha il numero dell'interno?	Do You have the extention number?	您有分机号码吗？
Le passo l'interno.	I'll put You through.	我帮您接通。
Il numero da lei selezionato è inesistente.	The number You have dialed has not been recognized.	您拨打的号码是空号。
Il numero da lei selezionato è occupato.	The number You called is busy.	您拨打的号码线路忙。
Questo è lo 09 73 47 60 21.	You've reached 09 73 47 60 21.	您正在拨打 0973476021。
Lasciate un messaggio dopo il segnale acustico.	Please leave a message after the tone.	请在提示音后留言。
Per questa chiamata è previsto un addebito di 1 euro al minuto.	This call will be charged at 1 euro per minute.	本次通话将以 1 欧元 / 分钟计费。
I nostri operatori sono tutti impegnati, siete pregati di richiamare.	All our operators are busy, please call back later.	所有线路忙，请稍后再拨。
La vostra chiamata è stata inoltrata al servizio di segreteria.	You call is being forwarded to the mobile messaging service.	您的通话正在被转接至移动留言服务。
Ti sento male.	I can't hear you.	我听不清你说的。
Grazie della chiamata.	Thanks for calling.	感谢来电。

写信或者写 email 邮件

你可能需要用意大利语写信或者写电子邮件。以下是一些常用的短语。你也可以看一下意大利语中的信件或者邮件的示例。

私人信件或者邮件的开头

Cara Francesca, ...	Dear Francesca, ...	亲爱的弗朗切斯卡，……
Cara zia, ...	My dear aunt, ...	我亲爱的阿姨，……
Ciao Marco!	Hi Marco!	马可你好！
Carissimo Giorgio, ...	Dear Giorgio, ...	敬爱的乔吉奥，……
Carissimi Franca e Dario, ...	Dear Franca and Dario, ...	亲爱的弗兰卡和达里奥，……
Mia cara Daniela, ...	Dear Daniela, ...	亲爱的达尼埃拉，……

私人信件或者邮件的结尾

Tanti cari saluti, ...	Yours, ...	致以亲切的问候，您的……
Con affetto, Giorgia.	Love, Giorgia.	爱你的，乔吉亚。
Un abbraccio, Luca.	Love, Luca.	爱你的，卢卡。
A presto,	See you soon,	希望很快见到你，
Tanti cari saluti a Fabrizio.	Send my best wishes to Fabrizio.	向法布里奇奥致以我亲切的问候。
Bacioni, Carla.	Love, Carla.	爱你的卡拉。

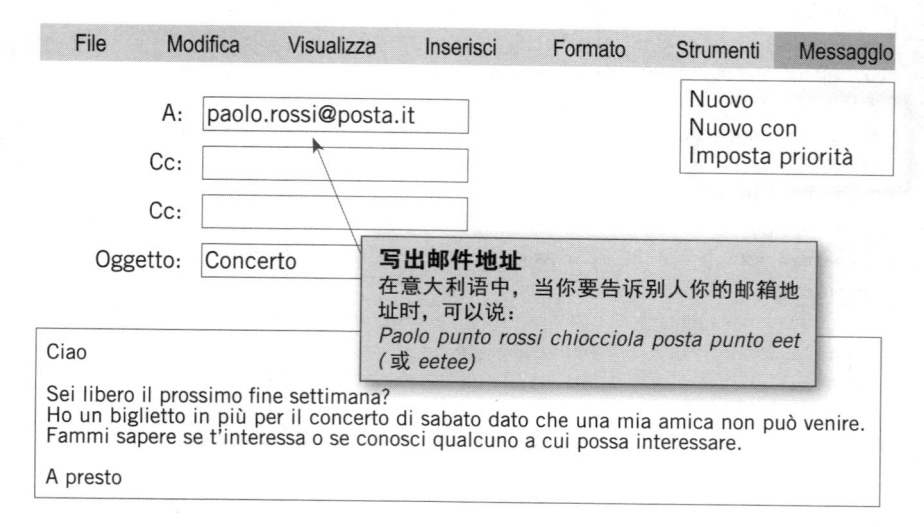

| File | Modifica | Visualizza | Inserisci | Formato | Strumenti | Messagglo |

A: paolo.rossi@posta.it

Cc:

Cc:

Oggetto: Concerto

Nuovo
Nuovo con
Imposta priorità

写出邮件地址
在意大利语中，当你要告诉别人你的邮箱地址时，可以说：
Paolo punto rossi chiocciola posta punto eet
(或 *eetee*)

Ciao

Sei libero il prossimo fine settimana?
Ho un biglietto in più per il concerto di sabato dato che una mia amica non può venire.
Fammi sapere se t'interessa o se conosci qualcuno a cui possa interessare.

A presto

如何写信

你的寄信地址及日期写在右上角 ──→ Siena, 5 giugno 2007

Cara Maria,

信件开头不须大写

ti ringrazio moltissimo del biglietto che mi hai mandato per il mio compleanno, che è arrivato il giorno della mia festa!

Midispiace che tu non sia potuta venire a Milano per il mio compleanno e spero che ti sia ripresa dopo l'influenza.
Mipiacerebbe poterti incontrare presto perché ho molte movità da raccontarti. Forse tra due settimane verrò a Torino con degli amici. Pensi di essere libera il giorno 12? Ti telefono la prossima settimana, cosí ci mettiamo d'accordo.

Baci,

Anna

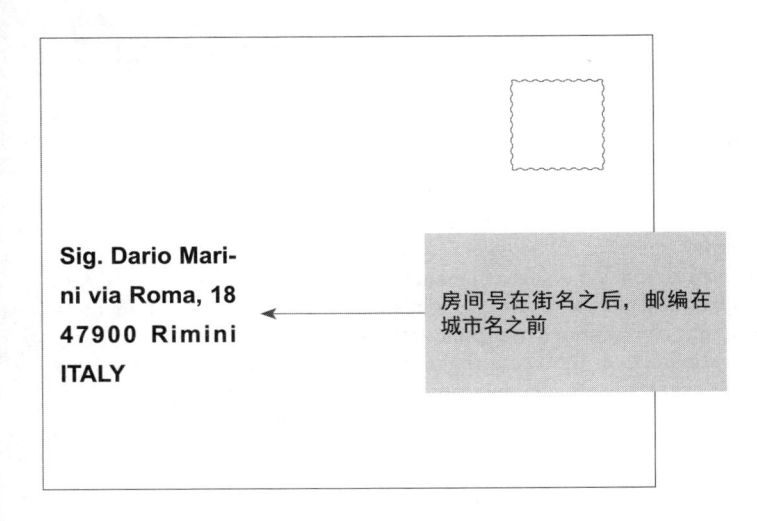

Sig. Dario Marini via Roma, 18
47900 Rimini
ITALY

房间号在街名之后，邮编在城市名之前

正式信件或者邮件的开头

Caro dott. Franceschini, …	*Dear Dr. Franceschini, …*	亲爱的弗兰切斯基尼博士，……
Gent. Ma Sig. ra Marullo, …	*Dear Ms Marullo, …*	亲爱的马鲁洛女士，……
Gent. Sig. na Rossi, …	*Dear Miss Rossi, …*	亲爱的罗西小姐，……
Egregio Prof. Gambini, …	*Dear Prof. Gambini, …*	亲爱的甘比尼教授，……
Spett. Ditta, …	*Dear Sirs, …*	亲爱的先生们，……

正式信件或者邮件的结尾

Distinti saluti,	*Yours faithfully/sincerely*	致以真诚的 / 诚挚的问候
Cordiali saluti,	*Yours faithfully/sincerely*	致以真诚的 / 诚挚的问候
Le porgo i miei più distinti saluti,	*Yours faithfully/sincerely*	致以真诚的 / 诚挚的问候

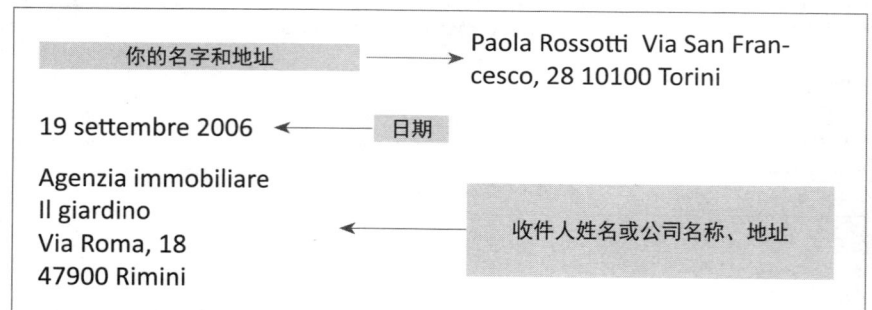

你的名字和地址 → Paola Rossotti Via San Francesco, 28 10100 Torini

19 settembre 2006 ← 日期

Agenzia immobiliare
Il giardino
Via Roma, 18
47900 Rimini

← 收件人姓名或公司名称、地址

OGGETTO: Richiesta di rimborso

Egr. Signori,
vi scrivo per presentare reclamo in merito all'appartamento che ho affittato nel condominio Le Torri per il period 5-12 agosto.
Avevo espressamente richiesto un appartamento con due camera e invece mi è stato assegnato un appartamento con una camera sola; mancava inoltre il condizionatore d'aria di cui il contratto di locazione fa specifica menzione.
Chiedo quindi un rimborso di 1000 euro comprensivo della differenza tra la tariff che ho pagato per un appartamento con due camera e aria condizionata e quella per un appartamento con una camera sola senza aria condizionata, e di un risarcimento peri disagi subiti.

Allego fotoccopia del contratto di locazione.

Distinti saluti
Paola Rossotti

短信

短信现在也成为了非常重要的沟通工具。在意大利语中，短信为 **un SMS** (esse emme esse)，复数不变：**due SMS**。如果要给某人发一条短信是 **mandare un SMS a qualcuno**，如果要收别人的短信，那就是 **recevere un SMS**。

如果你想要用意大利语发短信，以下是一些常用省略语。

缩写	意大利语	英语	汉语
+tardi	più tardi	later	晚一点
+o-	più o meno	more or less	或多或少
ba	bacio	kiss	亲
bn	bene	well	好
C6	ci sei?	are you there	你在吗？
cs	cosa	what	什么
cved	ci vediamo	see you soon	待会见
dv	dove	where	哪里
k6	chi sei?	who are you?	你是谁？
kecs?	che cosa?	what?	什么？
tu6	tu sei	you are	你是
k	che	that, what	那
qd	quando	when	什么时候
nn	non	not	不
kfai?	che fai?	what are you doing?	你在做什么
qnd	quando	when	什么时间
TVB	ti vogliobene	I love you	我爱你
TVTB	ti voglio tanto bene	I love you so much	我非常爱你
x	per	for	为了
xke	perchè	because	因为
xke?	perchè?	why?	为什么？
TAT	ti amo tanto	love you loads	爱你

生活小常识

- 一般在公众场合你的铃声（**suonerie**）以及电话通话都不要太大，尤其是在公共交通工具上以及餐馆里。
- 如果你在公司的时候要发一条短信或者打电话，你要和别人说：**scusi, devo fare una telefonata** (*sorry, I need to make a phone call* 不好意思，我需要打一个电话) 或 **devo mandare un SMS** (*I need to send a text message* 我要发一条短信)。
- 在意大利，你可以在电话号码前加拨0800打 **numero verde®**，这是免费号码。
- 意大利驾驶车的时候是禁止拨打 **telefono cellular** (*mobile phone* 移动电话) 的，不过使用免提设备是允许的。
- 如果你想去 **un Internet point** 或 **un cibercaffè** (*internet café* 网吧) 查看你的邮件，你可以询问别人费用，用 **Quanto si paga?** (*How much does it cost?* 多少钱？)
- 请注意当你要去 **ci bercafè** 或 **Internet point** 的时候，要带上护照。反恐法律要求网吧记录客户人的名字，以及需要定期地向警方通报浏览过的网站。

时间，数字，日期
Time, numbers, date

Tre, due, uno… via! 1,2,3… 走！

I NUMERI 数字

当你需要用意大利语说数字的时候，以下的数字能帮助你。

0	zero
1	uno
2	due
3	tre
4	quattro
5	cinque
6	sei
7	sette
8	otto
9	nove
10	dieci
11	undici
12	dodici
13	tredici
14	quattordici
15	quindici
16	sedici
17	diciassette
18	diciotto
19	diciannove
20	venti

小贴士！

意大利语说 0 的时候不会用字母"O"，而是用 **zero**（*zero* 零）来表达，和英语一样。你可以加冠词，如 **lo zero**，**uno zero**（1 个 0）。其他的数字加冠词是这样表达的，**il tre**，**il cinque**，**un tre**，**un cinque** 等等。用 **l'** 在元音开头的单词前面，如 **l'otto**，**l'ottocento**，**l'unidici** 等等。你可以用 **il cinque** 来说 5 号或数字 5。

在意大利语中，单词 **uno** (*one* 一) 可以更改结尾。阳性形式 **uno** 用于以 z、s+ 辅音 (st, sp, sc, sr 等) 还有以 pn, ps 开头的名词前面，如 **uno zaino** (*one rucksock* 一个背包)，**uno scolaro** (*one pupil* 一个小学生) 等等。在其他所有情况下，需要用 **un** (或阴性形式 **una**)。在元音开头的名词前面 **una** 要变为 **un'**。

Quanti DVD hai comprato? – Solo **uno**.	How many DVDs did you buy? – Only **one**.	你买了多少张 DVD？——只买了一张。
Ho **un** fratello.	I've got **one** brother.	我有一个兄弟。
Mi è rimasta sdo **una** caramella.	I've only got **one** sweet left.	我只剩下一颗糖了。
Quante pagine hai scritto? – **una**.	How many pages have you written? – **One**.	你写了多少页？——一页。

21	ventuno
22	ventidue
23	ventitré
24	ventiquattro
25	venticinque
26	ventisei
27	ventisette
28	ventotto
29	ventinove
30	trenta
31	trentuno
40	quaranta
41	quarantuno
42	quarantadue
50	cinquanta
51	cinquantuno
53	cinquantatré
60	sessanta
64	sessantaquattro
70	settanta
71	settantuno
75	settantacinque
80	ottanta
81	ottantuno
90	novanta
91	novantuno
99	novantanove

在意大利语中，除了 **uno/una**，数字是不变的，也就是说，他们不管后面跟阴性还是阳性还是复数名词，都不会改变。

有多少

Ci sono trentatré studenti nell'aula.	*There are thirty-three women in the classroom.*	教室里有三十三个学生。
Ci sono ventuno donne in questo reparto.	*There are twenty-one women in this department.*	这个部门有二十一位女性。
Ci sono trentun giorni in gennaio.	*There are thirty-one days in January.*	一月有三十一天。
Ci saranno cinquantuno persone nel gruppo.	*There'll be fifty-one people in the group.*	这个组里有五十一人。
C'erano ventun bambini alla festa.	*There were twenty-one children at the party.*	这个派对里有二十一个学生。

你可能会听到别人说 **-un** 代替 **-uno**，在数字的结尾，不过你可以一直用 **-uno**。

Ho meno di **ventun anni**.	*I'm under twenty-one.*	我还不到二十一岁。

小贴士!

在意大利语中你会说 **ho…anni** (*I'm…years old* 我……岁)。

如果要跟着 **anni**，有一些数字可以把最后一个元音去掉并加上省略号（'），如 **novant'anni**（*90 years* 90 岁）。

我多少岁

Ho diciott'anni.	*I'm eighteen years old.*	我十八岁。
Avrà settant'anni.	*He must be around seventy.*	他应该七十岁左右。
Compie trent'anni in maggio.	*He'll be thirty in May.*	他五月份就满三十岁了。
Quanti anni hai? – Ventuno.	*How old are you? – Twenty-one.*	你多少岁？—二十一岁。

小贴士!

和英语一样，你可以用年份的最后两个数字代表年，不过前面你需要加定冠词，**il novantotto**（*'98* 98 年），**nel novantotto**（*in '98* 在 98 年）。但 2006 年是 **duemilasei**（*two thousand and six* 2006 年）。

100	cento
101	centouno
150	centocinquanta
200	duecento
300	trecento
400	quattrocento
500	cinquecento
600	seicento
700	settecento
800	ottocento
900	novecento

和 **uno** 一样，**cento**（*one handred* 一百）如果和 **anni** 搭配，要把词尾 **-o** 去掉，如 **cent'anni**。

一百

Ci sono **cento** centesimi in un euro.	*There are **one hundred** cents in a euro.*	一欧元是一百分。
Avete La carica dei **centouno** su DVD?	*Do you have **One Hundred and one** Dalmatians on DVD?*	你们有《一0一忠狗》的 DVD 吗？
Hai letto **Cent'**anni di solitudine?	*Have you read **One Hundred Years of Solitude**?*	你读过《百年孤独》吗？
Costa **centocinquanta** euro.	*It costs **one hundred and fifty** euros.*	这个要一百五十欧元。
Ci devono essere state più di **duecento** persone.	*There must have been over **two hundred** people.*	这里一定有两百多人。
C'erano circa **cinquecentocinquanta** dipendenti nel palazzo.	*There were around **five hundred and fifty** employees in the building.*	这座大厦大概有五百五十名员工。

在意大利语中，可以用 **centouno, centodue, centoventi** 表示 101、102、120 等，但也可以用 **e** (*and* 和) 分开 2 个数字，如 **cento e uno** (*one hundred and one* 一百 0 一)，**cento e due** (*one hundred and two* 一百 0 二) 等。**uno** 会随后面名词的性发生变化，如 **cento e una pagina** (*one hundred and one pages* 一百 0 一页)。

······百······

Costa **cento e ottanta** euro.	It costs **one hundred and eighty** euros.	这个要一百八十欧元。
Ci sono **cento e una** pagina.	There are **one hundred and one** pages.	共有一百 0 一页。

1.000	mille
1.001	mille e uno
1.020	mille e venti
1.150	millecentocinquanta
2.000	duemila
2.500	duemilacinquecento
3.400	tremilaquattrocento
100.000	centomila

小贴士!

在意大利语中，要用小圆点来分隔千和百万。

在意大利语中 **mille** 表示"一千"，前面不加"一"。复数是 **mila** 并和其他数字连写，比如，**duemila** (*two thousand* 两千)。**duecentomila** (*two hundred thousand* 二十万)。

一百到十万

Questa città esiste da più di **mille** anni.	This city has been here for over **a thousand** years.	这个城市有一千多年的历史。
Quanto sono **centomila** euro in sterline?	How much is **100,000** euros in pounds?	十万欧元相当于多少英镑？
La casa nuova gli costa **duecentocinquantamila** sterline.	He's paying **£250,000** for his new house.	他为他的新房子支付了二十五万英镑。
Si sono sposati nel **duemiladue**.	They got married in **2002**.	他们在 2002 年结婚。
È tornato a Londra nel **duemila e quattro**.	He went back to London in **2004**.	他在 2004 年回到伦敦。

小贴士！

可以用 **e** 来连接数字，相当于汉语中的"零"，如"一千零二"或"一千零二十"。也可以用数字复合形式：**mille e due** 或 **milledue**；**duemila e venti** 或 **duemilaventi**。同样，表达数字"一千七百"也可用 **mille e settecento** 或 **millesettecento** 来表达。

1.000.000	un milione
1.000.000.000	un miliardo
1.000.000.000.000	mille miliardi

如果要表达百万或亿个，可以用 **un milione di** 或者 **un miliardo di**。

一百万到十亿

Ha vinto **un milione di** sterline alla lotteria.	He won **a million** pounds in the lottery.	他中了一百万彩票。
Il governo ha già speso **due miliardi di** sterline per questo progetto.	The government has already spent **two billion** pounds on this project.	政府在这个项目上已经花了二十亿英镑。

小贴士！

请记住在意大利语中，你需要在 **milione** 和 **miliardo** 后面加上 **di** (*of* 的)，如 **un milione di sterline** (*a million pounds* 一百万英镑)。

如果要表达"大约 10""大约 20""大约 100"等，可以用下面的表达方式。

大约……

una decina	about ten	大约 10 个
una ventina	about twenty	大约 20 个
una quarantina	about thirty	大约 30 个
un centinaio	about a tundred	大约 100 个
un migliaio	about a thousand	大约 1000 个
una dozzina	a dozen or so	大约 12 个
C'erano **una settantina di** persone.	There were **about seventy** people.	这里有大约 70 个人。
Avrà **una sessantina** d'anni.	He must be **about sixty**.	他应该 60 岁左右。
Hanno **un'ottantina di** ospiti d'estate.	They have **about 80** guests during the summer.	这个夏天大约有 80 位客人。

意大利语 **virgola** 用 (*comma* 逗号) 多过用小数点。

……点……

zero **virgola** cinque (0,5)	*nought* **point** *five (0.5)*	零点五 (0.5)
novantanove **virgola** nove (99,9)	*ninety-nine* **point** *nine (99.9)*	九十九点九 (99.9)
sei **virgola** ottantanove (6,89)	*six* **point** *eight nine (6.89)*	六点八九 (6.89)
Hanno aumentato il tasso di interesse al quattro **virgola** cinque per cento (4,5%).	*They've put interest rates up to four* **point** *five per cent (4.5%).*	他们把利率提到了百分之四点五(4.5%)。

要正确读出包含欧元及分的价格，把 **euro** 放在欧元和分之间。单词 **centesimi** 可以省略。

欧元和分

Sono **diciotto euro e novantanove**.	*That'll be* ***€18.99***.	一共是 18.99 欧元
Mi è costato **sessantacinque euro e venti centesimi**.	*It cost me **€65.20**.*	这个花了我65.20欧元。

小贴士！

记住在意大利语中，欧元没有复数形式: **un euro** (*one euro* 一欧元)，**tre euro** (*three euros* 三欧元)，**quattro euro** (*four euros* 四欧元) 等等。

公斤和克

Verrei **un chilo di** patate.	*I'd like **a kilo of** potatoes.*	我想要一公斤土豆。
Mi dà **due chili di** mele?	*Can I have **two kilos of** apples?*	我能要两公斤苹果吗？
Mi dà **mezzo chilo di** pomodori?	*Can I have **half a kilo of** tomatoes?*	我能要一斤西红柿吗？
Un chilo e mezzo di pesche, per favore.	*Can I have **one and half kilos of** peaches, please?*	劳驾我能要 1 公斤半的桃子吗？

单词 **etto** 表示 100 克。你可以用 **mezzo etto** 来表示 50 克。

一百克

Un etto di ricotta, per favore.	*One hundred grams of ricotta, please.*	劳驾给我一百克乳清干酪。
Vorrei **due etti di** carne macinata.	*I'd like **two hundred grams of** mince.*	我想要一百克肉末。
Mi dà **un etto e mezzo di** prosciutto, per favore?	*I'd like **one hundred and fifty grams of** ham, please.*	劳驾我想要一百五十克火腿。

升

Un **litro di** vino bianco, per favore.	*A **litre of** wine, please.*	劳驾，请给我一升白葡萄酒。
Quant'è la benzina al **litro**?	*How much is a **litre** of petrol?*	请问一升油多少钱？
Bastano due **litri di** acqua minerale?	*Will two **litres of** mineral water be enough?*	两升矿泉水够吗？
Occorre **mezzo litro di** latte per questa ricetta.	*You need **half a litre of** milk for this recipe.*	你做这道菜需要半升的牛奶。

公里，米和厘米

Andava a **centoquaranta chilometri** all'ora.	*He was doing **140km** an hour.*	他开车时速达每小时一百四十公里。
Siamo a **trenta chilometri** da Siena.	*We're **30km** from Siena.*	我们距离锡耶纳三十公里。
Sono alta **un metro e sessantasei**.	*I'm **one metre sixty-six centimetres** tall.*	我身高一米六六。
È **lungo venti centimetri e largo dieci**.	*It's **twenty centimetres long by** ten wide.*	长二十厘米，宽十米。

百分比

L'inflazione è al **due virgola cinque per cento** (2,5%).	*The inflation rate is **two point five per cent** (2.5%).*	涨幅率是百分之二点五（2.5%）。
Il **cinquantacinque per cento** ha votato no al referendum.	*55% voted no in the referendum.*	55% 投了反对票。

温度

La temperatura oscillerà tra i **dodici** e **i quindici gradi**.	*Temperatures will range between **twelve** and **fifteen degrees**.*	温度在十二到十五度之间。
Sono **trenta gradi**.	*It's **thirty degrees**.*	三十度。

意大利语中表示一半的词是 **mezzo**。

一半

Ne è rimasto solo **mezzo**.	There's only **half** left.	只剩下一半了。
Basta una bottiglia da **mezzo**.	A **half-litre** bottle will do.	一瓶半升的应该就够了。
Siamo dovuti tornare a casa **nel bel mezzo** della vacanza.	We had to go back home **half-way through** the holiday.	我们假期中途就必须要回家了。

……个半

Restiamo in Toscana un mese **e mezzo**.	We'll be spending a month **and a half** in Tuscany.	我们会在托斯卡纳待一个半月。
Ha nove anni **e mezzo**.	He's nine **and a half**.	他九岁半。
Era alto un metro **e mezzo**.	He was one-**and-a-half** metres tall.	他身高一米五。
Ci ho messo due ore **e mezza**.	It took me two **and a half** hours.	花费了我两个半小时。

我们有时也会用数字表示顺序。和英语一样，意大利语中也有一套这样的序数词。不过这些单词需要根据后面名词的阴阳性以及复数来变化词尾。

primo	first	第一
secondo	second	第二
terzo	third	第三
quarto	fourth	第四
quinto	fifth	第五
sesto	sixth	第六
settimo	seventh	第七
ottavo	eighth	第八
nono	ninth	第九
decimo	tenth	第十
undicesimo	eleventh	第十一
dodicesimo	twelfth	第十二
tredicesimo	thirteenth	第十三
ventesimo	twentieth	第二十
trentesimo	thirtieth	第三十
centesimo	hundredth	第一百
duecentesimo	twohundredth	第二百
millesimo	thousandth	第一千

小贴士！

和英语不同，序数词不能用于表示日期，除了 **primo**，如 **il primo Maggio** (*May 1st* 五月一号)。

第一，第二，第三

Oggi festeggiano il **primo** anniversario di matrimonio.	They're celebrating their **first** wedding anniversary today.	他们今天庆祝结婚一周年纪念日。
È la **prima** volta che viene.	This is the **first** time he's come.	这是他第一次来。
È il mio **secondo** soggiorno in Toscana.	This is my **second** trip to Tuscany.	这是我第二次来托斯卡纳旅行。
È arrivata **terza** nella gara.	She came **third** in the race.	她在比赛中获得第三名。
I ragazzi sono arrivati **quarti**.	The boys came **fourth**.	男生们位居第四。
Le ragazze si sono classificate **seconde**.	The girls got **second** place.	女生们获得第二名。

在英语中你可以写缩写 1st，5th 等，在意大利语中也同样可以，在根据名词的阴阳性在数字后面加上小 o 和小 a (1º, 5ª 等)。

第一，第二，第三

Lavora sulla **5ª** Strada. (= *quinta*)	He works on **5th** Avenue.	他在第五街上班。
È al **20º** piano. (= *ventesimo*)	It's on the **20th** floor.	在第二十层。
È il **1º** aprile. (= *primo*)	It's April **1st**.	是四月一日。

L'ORA 时间

如果你要用意大利语询问时间，可以用 **Che ora è?** 或 **Che ore sono?** (*What's the time?* 现在几点？)，也可以用 **Scusi, ha l'ora?** (*Excuse me, do You have the time?* 打扰一下，请问现在几点？)。请记住意大利语表达时间时要用冠词。一般都是用 **Sono le** (*Its... o'clock* 现在是……点)，只有三个例外：**È l'una.** (*It's one o'clock.* 一点了。)、**È mezzanotte.** (*It's midnight.* 零点了。) 以及 **È mezzogiorno.** (*It's midday.* 中午十二点了。)。

现在是……点

Sono le sei.	*It's six o'clock.*	现在是六点。
Sono le tre del mattino.	*It's three in the morning.*	现在是早上三点。
Erano le quattro del pomeriggio.	*It was four o'clock in the afternoon.*	现在是下午四点。
È l'una.	*It's one o'clock.*	现在是一点。
È mezzanotte.	*It's midnight.*	现在是午夜。
Era mezzogiorno.	*It was midday.*	现在是正午。
Devono essere più o meno le undici.	*It must be about eleven.*	现在应该是十一点了。

小贴士！

在意大利语中想说"早上三点"，要用 **sono le tre di mattina** (或 **del mattino**)，也可以用 **sono le tre di notte** (*it's three o'clock in the night* 夜里三点)。

意大利语报时方式是"小时加 **e** 加分钟"，如 **le nove e dieci** (*ten past nine* 九点十分)。

现在是……点……分

È l'una **e** venticinque.	*It's twenty-five past one.*	现在是一点二十五分。
Sono le sei **e** cinque.	*It's five past six.*	现在是六点五分。
È l'una **e** un quarto.	*It's quarter past one.*	现在是一点一刻。
Sono le cinque **e** mezza.	*It's half past five.*	现在是五点半。

小贴士！

当你要说时间的时候，**mezza** 代表半个小时，所以 **le cinque e mezza** 文字上的意思就是五点半。

如果要说"差一刻钟几点",意大利语中可以用 **meno un quarto** 表示。如 **sono le sette meno un quarto** (*it's quarter to seven* 差一刻钟七点)。同样的,差五分钟,差十分,差二十分等以此类推: **sono le sette meno cinque** (*it's five to seven* 差五分钟七点)。

现在是差……分……点

È l'una **meno** un quarto.	*It's* quarter **to** one.	差一刻钟到一点。
È l'una **meno** venti.	*It's* twenty **to** one.	差二十分钟到一点。
Sono le otto **meno** dieci.	*It's* ten **to** eight.	差十分钟到八点。
Sono le tre **meno** cinque.	*It's* five **to** three.	差五分钟到三点。

在意大利,如果要询问某事几点发生,可以用 **A che ora...?** (*What time...?* 几点……?)。

几点……?

A che ora c'è il possimo treno per Sassari?	*What time*'s the next train for Sassari?	下一趟去萨萨里的火车几点发车?
A che ora comincia?	*What time* does it start?	几点开始?
A che ora ci troviamo?	*What time* shall we meet?	我们几点碰面?
A che ora è finito il film?	*What time* did the film end?	几点电影结束?

如果要说某事几点发生用介词 a。记住 a 要和冠词连用,如 **all'una** (*at one o'clock* 在一点),**alle due** (*at two o'clock* 在两点),**alle tre e mezza** (*at half past three* 在三点半)。想了解更多关于 a 和冠词连用的信息,请查阅 255 页。

在……点

Comincia **alle** sette.	*It starts* **at** seven o'clock.	七点开始。
Il treno parte **alle** sette e mezza.	*The train leaves* **at** seven thirty.	火车七点半发车。
Ci vediamo **alle** tre e mezza.	*I'll see you* **at** half past three.	我们三点半碰面。
Ci possiamo trovare **alle** cinque e un quarto.	*We can meet up* **at** quarter past five.	我们五点一刻碰面。
Ci vediamo **alla** mezza.	*See you* **at** half past twelve.	我们十二点半见。

小贴士!

在意大利语中,中午吃饭的时间一般是 **la mezza**,也就是 **mezzogiorno e mezzo** (*half past twelve* 中午十二点半)。

要表示在某时间之前可用 **entro: entro l'una** (*by one o'clock* 一点前)，**entro le due** (*by two o'clock* 两点前)，**entro le tre e mezza** (*by half past three* 三点半前) 等等。

……点前

Puoi arrivare **entro** le tre?	Can you be there **by** three o'clock?	你能在三点前到那吗？
Dobbiamo finire **entro** l'una meno un quarto.	We must be finished **by** quarter to one.	我们必须在差一刻一点前完成。

意大利语中用 **del mattino** 或者 **di mattina** (*in the morning* 在上午) 表示午前，午后在意大利语中用 **del pomeriggio** 和 **di sera** (*in the afternoon* 在下午，*in the evening* 在晚上) 来表示。在意大利，二十四小时制也是常用。

在上午／下午……点

Il treno parte **alle otto del mattino**.	The train leaves **at eight am**.	火车在早上八点出发。
Si deve alzare **alle cinque di mattina**.	She has to get up **at five am**.	她必须早上五点起床。
Torno a casa **alle quattro del pomeriggio**.	I get home **at four pm**.	我下午四点回到家。
Il traghetto è **alle undici di sera**.	The ferry is **at eleven pm**.	船是晚上十一点的。
Vediamoci **a mezzogiorno in punto**.	Let's meet **at 12 noon sharp**.	我们中午十二点整见面吧。
Comincia **alle venti e trenta**.	It starts at **8.30 pm**.	晚上八点半开始。

小贴士！

Questa (*this* 这个) 和 **mattina** 和 **sera** 连用时要把前三个字母去掉：**stamattina** (*this morning* 这个早上)，**stasera** (*this evening* 这个晚上) 表示。**notte** 也是一样的，不过 **stanotte** 表示是昨天晚上。

时间，数字，日期 · 193

听力

以下是一些常用的短语表示数字和时间

È a pagina ventidue.	It's on page 22.	第二十二页。
Secondo piano, interno quindici.	Second floor, room 15.	第二层，十五号房间。
Sono quasi due etti.	It's almost 200 grams.	将近两百克。
Eri qua nel novantanove?	Were you here in '99?	九九年的时候你在这里吗？
Le va bene stasera alle sette?	Is 7pm okay with You?	晚上七点你可以吗？
Il treno per Roma parte alle tredici e cinquantacinque.	The train for Rome leaves at 13:55.	去往罗马的火车十三点五十五分发车。
Il treno delle quattordici e quindici per Palermo partirà dal binario due.	The 14:15 train to Palermo will depart from platform two.	去往巴勒莫的火车十四点十五从二号站台发车。
La partenza del volo tre zero sette con destinazione Londra è prevista alle ore venti e quarantacinque.	Flight number 307 for London is due to take off at 20:45.	去往伦敦的 307 次航班二十点四十五分起飞。
Il volo nove zero nove proveniente da Manchester viaggia in orario.	Flight 909 from Manchester is on time.	从曼彻斯特来的 909 航班准点到达。
Il pullman arriva a Brindisi alle diciannove e dieci.	The coach gets to Brindisi at 19:10.	教练十九点十分到达布林迪西。

DURATA 表达持续一段时间

当你要用意大利语说"在一个小时候以内"，"五分钟以内"等等时，可以用 **in** 来表示。

……之内

Ha completato l'esercizio **in** soli tre minuti.	He completed the exercise **in** only three minutes.	他只用了三分钟时间完成了练习。
È riuscito a fare il lavoro **in** un'ora.	He was able to do the job **in** an hour.	他可以在一小时以内完成这项工作。

当表示"一个小时以后"或者"五分钟以后"，用 **fra** 或者 **tra** 代替 **in**。

Sarò di ritorno **tra** venti minuti.	I'll be back **in** twenty minutes.	我二十分钟以后回来。
Sarò qua **fra** una settimana.	She'll be here **in** a week's time.	她会一周后到这里。

若要询问多长时间，或者需要多长时间，用 **Quanto dura...?** 或者 **Quanto tempo dura...?** dura 由动词 **durare** 变位而来。

......多长时间？

Quanto dura il film?	*How long's the film?*	这部电影多长时间？
Quanto dura la visita?	*How long will the tour takes?*	这次旅行要多长时间？
Quanto è durata l'opera?	*How long was the opera?*	这部歌剧多长时间？
Quanto tempo ci vuole per raggiungere la costa?	*How long will it take to get to the coast?*	多长时间才能到海湾？
Quanto ci vuole per arrivare in centro?	*How long does it take to get to the centre of town?*	如果要到市中心要多长时间？

如果你要表达做一件事情要多长时间，可以用 **ci vuole** 或 **ci vogliono** (*it takes* 需要)。**vuole** 和 **vogliono** 由动词 **volere** 变位而来。想了解更多关于 **volere** 的信息，请查阅 283 页。

需要......

Ci vuole un'ora di macchina.	*It takes an hour by car.*	开车需要一个小时。
Mi ci vogliono due ore per andare a piedi fino in paese.	*It takes me two hours to walk to the village.*	我走到镇上需要走两个小时。
Ci vogliono meno di venti minuti per raggiungere il centro a piedi.	*It takes less than twenty minutes to walk to the town centre.*	只需要不到二十分钟就能走到镇中心。
Ci è voluta mezz'ora per convincerla.	*It took half an hour to persuade her.*	花了半个小时时间去劝她。
Si fa in cinque minuti.	*It takes five minutes to make.*	花了五分钟时间来做。

当指人的时候，要用 **mettere** 来表示用了多长时间，前面要用 **ci**，以下是一些例子。

你需要......

Ci metterai almeno un'ora con questo traffico.	*It'll take you at least an hour in this traffic.*	以这种交通状况，你需要花至少一个小时时间。
Quanto ci metti?	*How long will you be?*	你要多长时间？
Non ci metto molto a raggiungerti.	*It won't take me long to join you.*	我参加你的活动不会花太长时间。
Quanto tempo ci metterà a dipingere la stanza?	*How long will it take You to paint the room?*	您需要多长时间粉刷房间？
Ci mettono un sacco di tempo a servirti qui.	*They take ages to serve you here.*	他们花了好长时间在这里服务你。

LE STAGIONE 季节

意大利语也有表达四季的方法。

la primavera	spring	春天
l'estate	summer	夏天
l'autunno	autumn	秋天
l'inverno	winter	冬天

当你要说季节的时候，必须加上冠词。

| Non mi piace affatto **l'inverno**. | I don't like **winter** at all. | 我一点都不喜欢冬天。 |
| Mi piace più di tutto **la primavera**. | I like **the spring** best. | 我最喜欢春天。 |

"在秋天"，"在冬天"，"在夏天" 以及 "在春天"，要用 **in autunno**，**in inverno**，**in estate** 和 **in primarera** 来表达。不过，也可以说 **d'estate** 和 **d'inverno**。

在……

Il tempo migliore qui è **in promavera**.	We get the best weather here **in spring**.	我们这里春天天气非常好。
Il **inverno** qui nevica sempre.	It always snows here **in the winter**.	冬天这里经常下雪。
Non andiamo in campeggio **d'inverno**.	We don't go camping **in winter**.	我们冬天不会去露营。
D'estate vanno sempre al mere.	They always go to the seaside **in the summer**.	他们经常夏天去海边。

用 **questo**（或者在元音前用 **quest'**）表示 "今年夏天"，"今年冬天" 等。

这个……

| **Quest'estate** andiamo in Calabria. | We're going to Calabria **this summer**. | 我们这个夏天将要去卡拉布利亚。 |
| Vado a Cortina **quest'inverno**. | I'm going to Cortina **this winter**. | 这个冬天我要去科尔提纳。 |

用 **scorso** 可以表示"上一个", **prossimo** 则表示"下一个"。

上一个 / 下一个

Ha fatto bel tempo **l'inverno scorso**.	The weather was good **last winter**.	上一个冬天天气非常好。
L'estate scorsa abbiamo passato un mese in Sicilia.	**Last summer** we spent a month in Sicily.	上一个夏天我们在西西里岛度过了一个月。
Il prossimo inverno andiamo tutti a sciare.	**Next winter** we'll all going skiing.	下一个冬天我们要去滑雪。
Avrà il bambino **la primavera prossima**.	She's expecting the babby **next spring**.	她将在下一个春天喜得贵子。

小贴士!

请注意在 **scorso**(*last* 上一个)和 **prossimo**(*next* 下一个)前面都需要加冠词。

I MESI DELL'ANNO 月份

在意大利语中,月份的首字母不需要大写。

gennaio	*January*	一月
febbraio	*February*	二月
marzo	*March*	三月
aprile	*April*	四月
maggio	*May*	五月
giugno	*June*	六月
luglio	*July*	七月
agosto	*August*	八月
settembre	*September*	九月
ottobre	*October*	十月
november	*November*	十一月
diceember	*December*	十二月

意大利语中要表达在"在一月","在二月"等,可以用 **in gennaio**, **in febbraio** 等等。也可以还用 **a gennaio**, **a febbraio** 等。

在……

Il mio compleanno è **in agosto**. Sono andato a trovare degli amici a Como **in settembre**. Andremo in vacanza in montagna **in agosto**. Probabilmente andremo in vacanza **a maggio**.	My birthday is **in August**. I visited some friends in Como **in September**. We're going to go to the mountains for our holidays **this August**. We'll probably go on holiday **in May**.	我的生日在八月份。我九月份会去科莫湖看朋友。我们八月份放假的时候要去爬山。我们有可能五月份会休假。

scorso 和 **prossimo** 在这里同样表示"上一个"和"下一个"。

上一个 / 下一个

Dove sei andato in vacanza **lo scorso giugno**? Vado a Glasgow **il prossimo maggio**. Spero di andare in Corsica **il prossimo luglio**.	Where did you go on holiday **last June**? I'm going to Glasgow **next May**. I'm hoping to go to Corsica **next July**.	去年6月,你去了哪里度假? 我们明年五月要去Glasgow。我希望明年七月可以去Corsica。

小贴士!

请记住 **scorso** (*last* 上一个) 和 **prossimo** (*next* 下一个) 前面都要加冠词。

如果你想要说在月初的时候发生了什么事情，你可以用 **all'inizio di**。如果你想说在月底发生了什么事情，可以用 **alla fine di**。同样的，你也可以说 **a fine marzo**，**a fine giugno** 等。

在……月初 / 末

Comincia l'università **all'inizio di** ottobre.	She starts university **at the beginning of** October.	她在十月初开始了大学生活。
Morì **alla fine di** febbraio.	He died **at the end of** February.	他二月底去世了。
Le vacanze estive cominciano **a fine** giugno.	The summer holidays start **at the end of** June.	暑假从六月底开始。
Traslocano **a metà** marzo.	They're moving house **in the middle of** March.	他们在三月中旬搬家了。

▬ LE DATE 日期 ▬

如果要表达日期，可以用 **Che data e oggi?** (*What's the date today?* 今天几号？)。意大利语用基数词 **due** (*two* 二)，**tre** (*three* 三)，**quattro** (*four* 四) 等，而非序数词 **secondo** (*second* 第二)，**terzo** (*third* 第三) 等。不过，"一号"就经常用 **primo** (*first* 第一) 来表达。

今天……月……号

È il primo luglio.	***It's the first of*** *July.*	今天是七月一日。
Oggi **è il ventotto** dicembre.	***It's*** *December **28th** today.*	今天是十二月二十八日。
Domani **è il dieci** gennaio.	*Tomorrow**'s the tenth of** January.*	明天是一月十日。
Ieri **era il venti** november.	***It was 20th*** *November yesterday.*	昨天是十一月二十。
È giovedì **due** marzo.	***It's*** *Thursday, **2nd** March.*	今天是三月二号，星期四。

小贴士！

写信的时候，书写日期的顺序为 **lunedì, 27 agosto 2007**。

时间，数字，日期·199

如果要说哪一天发生了什么事情，在数字前要加冠词 il。

在……月……号

È nato **il quattordici febbraio** 1990.	He was born **on the fourteenth of February**, 1990.	他 1990 年 2 月 14 号出生的。
Morì **il ventitré aprile** 1616.	He died **on April the twenty-third**, 1616.	他于 1616 年 4 月 23 号去世。
Avevano in programma di sposarsi **il diciotto ottobre** 2007.	They were planning to get married **on October 18th** 2007.	他们准备在 2007 年 10 月 18 日结婚。
Dove pensi che sara **il venti ottobre**?	Where do you think you'll be **on the twentieth of October**?	你认为 10 月 20 号你会在那？

I GIORNI DELLA SETTIMANA 星期

在意大利语中，星期的首个字母也不需要大写。

lunedì	Monday	周一
martedì	Tuesday	周二
mercoledì	Wednesday	周三
giovedì	Thursday	周四
venerdì	Friday	周五
sabato	Saturday	周六
domenica	Sunday	周日

如果要说今天是星期几，可以说 **è giovedi** (*it's Thursday* 是周四)，**è sabato** (*it's Saturday* 是周六)。你也可以说 **oggi è giovedi** (*today's Thursday* 今天是星期四) 等。

是……

Che giorno è oggi? – **È** giovedì.	What day is it today? – **It's** Thursday.	今天是星期几？—今天是星期四。
Oggi **è** lunedì, no?	**It's** Monday today, isn't it?	今天是周一吗？
Che bello! Oggi **è** sabato.	Great! **It's** Saturday today.	太好了，今天是周六！

当你要表示在某一天安排约会或者做什么事情时,可能会特指某一天。意大利语非常简单,只需要直接说 **lunedì**,**venerdì** 就可以表达"在周一","在周五"了。

在……

Vado a Dublino **lunedì**.	I'm going to Dublin **on Monday**.	我周一要去都柏林。
Martedì è il mio compleanno.	It's my birthday **on Tuesday**.	周二是我的生日。
Li vediamo **mercoledì**.	We'll see them **on Wednesday**.	我们周三去见他们吧。
Parto per le vacanze **martedì**.	I'm going on holiday **this Tuesday**.	我这周二要休假。

如果要表达事情在某些日子规律性发生,可以在问句中用 il 或者 di 以及日期。**il lunedì** 和 **di lunedì** 同样可以表示"每周一"。

Usciamo sempre **il venerdì**.	We always go out **on Fridays**.	我们经常在周五外出。
Arriva sempre tardi **il lunedì**.	He's always late in **on Mondays**.	他周一经常迟到。
Di sabato andiamo in palestra.	We go to the gym **on Saturdays**.	我们周六去健身。

如果想要特指一天中的某个时间,可以在日子后面加上 **mattina** (*morning* 早上),**pomeriggio** (*afternoon* 下午) 或 **sera** (*evening* 晚上,*night* 夜间)。

在……早上 / 下午 / 晚上 / 夜间

Vado in officina **martedì mattina**.	I'm going to the garage **on Tuesday morning**.	我周二早上要去车库。
Ci vediamo **venerdì pomeriggio**.	I'll see you **on Friday afternoon**.	我周五下午来见你。
C'era un bel film in tivù **domenica sera**.	There was a good film on television **on Sunday evening**.	周日晚上电视上有一部不错的电影。
Cosa fa **sabato sera**?	What are You doing **on Saturday night**?	您周六晚上做什么呢?

在意大利语中要表达"每周一","每周日"等,可以用 **tutti i lunedì**, **tutte le domeniche** 或 **ogni giovedì**, **ogni domenica** 等。

每……

Le telefoniamo **tutti i giovedì**.	We ring her **every Thursday**.	我们每周四打电话给她。
Gioca a golf **tutti i sabati**.	He plays golf **every Saturday**.	他每周六打高尔夫。
Una volta li vedevo **tutti i venerdì**.	I used to see them **every Friday**.	我每周五去看他们。
Facciamo le pulizie **tutte le domeniche mattina**.	We do the cleaning **every Sunday morning**.	我们每周日早上做清洁。
Va a messa **ogni domenica**.	She goes to mass **every Sunday**.	她每周日去做弥撒。
Ogni sabato pomeriggio andava a trovare la nonna.	He used to visit his grandmother **every Saturday afternoon**.	他以前每周六下午去看望奶奶。

如果想表达"每隔一天","每隔一周"等,可以用 **uno-su due** (one out of two... 每隔一个) 或 **ogni second...** (every second... 每隔一个)。

每隔……

Ha i bambini **una domenica su due**.	He has the children **ever other Sunday**.	他每隔一个周日看孩子。
Giochiamo a pallone **un sabato su due**.	We play football **every other Saturday**.	我们每隔一个周六踢球。
Torna a casa **ogni secondo venerdì**.	He goes home **every other Friday**.	他每隔一个周五回家。

如果要特指某一天,可以用 **questo** (this 这个), **scorso** (last 上一个), **prossimo** (next 下一个)。

这个 / 下一个 / 上一个

Questo venerdì è il nostro anniversario di matrimonio.	It's our wedding anniversary **this Friday**.	这周五是我们的结婚纪念日。
Ti ho mandato le foto via e-mail **venerdì scorso**.	I emailed you the photos **last Friday**.	我上周五把照片用电子邮件发给你了。
Le andrebbe bene **venerdì prossimo**?	Would **next Friday** suit You?	下周五您觉得可以吗?
Venerdì della settimana prossima è il mio compleanno.	It's my birthday **on Friday week**.	这周五是我的生日。
Ci siamo dati appuntamento per **venerdì della settimana prossima**.	We've arranged to meet up **a week on Friday**.	我们约好下周五见面。

如果你想问哪一天发生了什么事情,用 **Che giorno?** (*What day...?* 哪天……?)。

哪天……?

Che giorno è la riunione? – Martedì.	***What day**'s the meeting?* – *Tuesday.*	哪天开会?— 周二。
Sai **che giorno** viene? – Viene mercoledì.	*Do you know **what day** he's coming?* – *He's coming on Wednesday.*	你知道他哪天来吗?— 他周三来。
Che giorno ci sei andata? – Martedì, credo.	***Which day** did you go there?* – *Tuesday, I think.*	你哪天去那里?— 我想周二去。

如果你想要说过去,现在或者将来,以下这些短语供你参考。

昨天

ieri	*yesterday*	昨天
ieri mattina	*yesterday morning*	昨天早上
ieri pomeriggio	*yesterday afternoon*	昨天下午
l'altro ieri	*the day before yesterday*	前天
ieri sera	*yesterday evening, last night*	昨天晚上
Ieri è venuto a trovarmi Michael.	*Michael came to see me **yesterday**.*	迈克尔昨天来看我。
L'altro ieri ha chiamato Beatrice.	*Beatrice rang up **the day before yesterday**.*	贝娅特丽克丝前天打来电话。

小贴士!

表达"晚上"可以根据时间选用 **sera** (*evening* 晚上) 或者 **notte** (*night time* 夜间)。

今天

oggi	*today*	今天
Oggi è martedì.	***Today**'s Tuesday.*	今天是周二。

明天

domani	tomorrow	明天
domani mattina	tomorrow morning	明天早上
domain sera	tomorrow evening, tomorrow night	明天晚上
dopodomani	the day after tomorrow	后天
Domani è mercoledì.	**Tomorrow** is Wednesday.	明天是周三。
Devo alzarmi presto **domani mattina**.	I've got to get up early **tomorrow morning**.	我明天早上要早起。
Andiamo a una festa **domani sera**.	We're going to a party **tomorrow night**.	我们准备明天晚上去参加派对。

如果要表达某事在一段时间以前发生，可以在问句中时间段前用 **fa**。

……以前

Mi ha chiamato **una settimana fa**.	She phoned me **a week ago**.	她一周以前电话给我。
È nato **tre anni fa**.	He was born **three years ago**.	他三年前出生的。
Si sono trasferiti nella casa nuova **una decina di giorni fa**.	They moved into their house **about ten days ago**.	他们大约十天前搬进他们的房子。

如果要表达你做某事多长时间，要用动词的现在时态加 **da** 以及时间段。想了解更多关于现在时的信息，请查阅第 268 页。

……时间

Viviamo qui **da** dieci mesi.	We've been living here **for** ten months.	我们在好这里住了十个月。
Sono sposati **da** dieci anni.	They've been married **for** ten years.	他们结婚已经十年了。
Non la vedo **da** una settimana.	I haven't seen her **for** a week.	我有一个星期没有见到她了。
Sono tre settimane **che** non il vedo.	I haven't seen them **for** three weeks.	我有三个星期没有见到他们了。
Sono ore **che** aspetto.	I've been waiting here **for** hours.	我在这里等了几个小时了。

小贴士!

你也可以把句子的顺序调换一下，前面是时间段，然后跟 **che**。

L'ALFABETO 字母表

在意大利时可能需要用意大利语拼写，以下为意大利语的字母的读法。

A	a
B	bi
C	ci
D	di
E	e
F	effe
G	gi
H	acca
I	i
J	i longo
K	cappa
L	elle
M	emme
N	enne
O	o
P	pi
Q	cu
R	erre
S	esse
T	ti
U	u
V	vi
W	vi doppio
X	iks
Y	i greco
Z	zeta

小贴士！

在意大利语中，所有的字母都是阴性，所以你可以说，**si scrive con una P** (*it's spelt with a P* 这个拼写中有一个 P)。而且字母没有复数形式：**una emme，due emme** (*one M* 一个 M，*two Ms* 2 个 M)。

听力

以下是一些拼写单词时可能会听到的常用短语。

Come si scrive?	*How do you spell it?*	你怎么拼写？
Mi può dire come si scrive?	*Can You spell that for me?*	您能为我拼出来吗？
Si scrive ti-acca-o-emme-a-esse.	*That's T-H-O-M-A-S.*	是 T-H-O-M-A-S。
Le dico come si scrive?	*Shall I spell it for You?*	要我为您拼读出来吗？
Si scrive con la B.	*It's spelt with a B.*	这个词拼写有一个 B。
B come Bologna.	*B for Bologna.*	B 是博洛尼亚的 B。
Marini, con la emme maiuscola.	*That's Marini with a double F.*	Marini 的 M 大写。
Si scrive con due effe.	*That's with a double F.*	有两个 F。
Con una elle o due?	*Is that with one L or two?*	含有一个 L 还是两个 L？
Dovrebbe essere maiuscolo.	*That should be in capitals.*	应该大写。
Tutto minuscolo.	*All in small letters.*	全部是小写。
Come si pronuncia il suo nome?	*How do you say your name?*	你的名字怎么拼写？
Me lo può ripetere?	*Please can you repeat that?*	请问你能重复一下吗？

有趣的日子

- 6月2日是意大利的国庆节,是为了庆祝1946年意大利共和国成立。
- 节礼日在意大利语中叫做**Santo Stefano**,以圣斯蒂芬命名。除夕叫做**la vigilia di Capodanno**或者**San Silvestro**。元旦叫做**Capodanno**。
- 意大利小孩在1月6号的时候会得到礼物,这一天是主显节,也是国家节日。传说中这些礼物是由巫婆**la Befana**带来的,她会在夜晚的时候带着礼物从烟囱爬进来送给乖孩子,而不乖的孩子只能得到一块黑炭。
- 另外一个意大利的公共假日是4月25日,是为了庆祝1945年4月25日从纳粹获得解放。
- **Ferragosto**是8月15日是圣母升天节。8月中旬是意大利人的假期,因此很多商店和餐厅都不营业。
- 每一个意大利的城市都有一个守护神,每一个守护神的节日都会有不同的庆典。如**San Giovanni**(*St John* 圣乔万尼)是**Firenze**(*Florence* 佛罗伦萨)的守护神。因此在6月24日圣乔万尼日会有著名的**Calcio in Costume**,就是一场穿着中世纪衣服进行的足球赛。
- 很多基督教徒的名字和圣徒纪念日是相关的。在你的圣徒日,人们会祝你**Buon onomastico!**(*Happy Saint's Day!* 圣徒节快乐!)。

总结……

In summary...

Allora, recapitolando… 现在,总结一下……

在这个单元你将快速复习前面各章节中所学的意大利语的句型,我们将它们分成组以便快速找到所需要的内容。

目录

道歉	209
询问与解释	210
询问信息	210
征求许可	212
索要物品	213
抱怨	216
描述人和物	217
解释问题	218
表达意见	219
提出建议	220
描述事件经过	222
表达必要性	223
表达喜好	224
表达愿望	225
谈论计划	227

道歉

在意大利语中，道歉有很多种方式。对以 **tu** 相称的人，可以说 **scusa** 或是 **scusami**，而对以 **lei** 相称的人可以用 **scusi** 或是 **mi scusi**。如果你想从某人旁边经过或是碰到了别人，还可以说 **chiedo scusa**。

Mi scusi…

Mi scusi, non sapevo.	**Sorry**, I didn't know.	对不起，我不知道。
Scusi, ho sbagliato numero.	**Sorry**, I've dialled the wrong number.	对不起，我打错了。
Scusa, non ti avevo visto.	**Sorry**, I didn't see you.	对不起，我没看见你。

Chiedo scusa

Chiedo scusa! Posso passare?	**Sorry**! Can I get past?	不好意思，我能过一下吗？
Chiedo scusa! Le ho fatto male?	**Sorry**! Did I hurt You?	不好意思，我弄疼您了吗？

另一种表达歉意的方式是说 **mi dispiace**，道歉或是向他人表示同情时都可以用。

Mi dispiace…

Mi dispiace molto.	**I'm** very **sorry**.	我十分抱歉。
Mi dispiace di non averla richiamata prima.	**I'm sorry** I didn't call You back sooner.	对不起我没有很快给您回电话。
Mi dispiace per quello che è successo.	**I'm sorry** about what happened.	对于发生的事情我表示遗憾。

询问与解释

Perché 同时表示"为什么"和"因为",所以在寻求解释和给出解释的时候都可以用。

perché

Perché ride?	**Why** are You laughing?	您为什么笑?
Perché non vuoi venire con noi?	**Why don't** you want to come with us?	你为什么不想和我们一起去?
Perché no?	**Why** not?	为什么不呢?
Sai **perché** si sia arrabbiato tanto?	Do you know **why** he got so angry?	你知道他为什么这么生气吗?
Non te ne ho parlato **perché** non ti volevo preoccupare.	I didn't tell you **because** I didn't want to worry you.	我没告诉你是因为不想你担心。
Sono dovuta andare via presto **perché** avevo una riunione.	I had to leave early **because** I had a meeting.	我要早点离开因为我有个会。

询问信息

当你询问信息的时候需要用到疑问词,如 **Cosa...?** (What...? 什么……?), **Quale...?** (Which...? 哪一个……?), **Che...?** (Which...? 哪一个……?), **Dove...?** (Where...? 哪里……?), **Quando...?** (When...? 什么时候……?) 等等。

Cosa...?

Cos'è?	**What** is it?	这是什么?
Cosa fai nella vita?	**What** do you do for a living?	你的工作是什么?
Cosa ha detto?	**What** did he say?	他说什么了?
Cosa danno al cinema in questi giorni?	**What**'s on at the cinema at the moment?	现在正在上映什么影片?

Quale...?

Quale mi consiglia?	**Which** do You recommend?	您推荐哪一个?
Qual è quello meno caro?	**Which** one is cheaper?	哪个更便宜?
Quale preferisci?	**Which** one do you like best?	你最喜欢哪个?

Che...?

Che macchina guida? **Che** numero ha l'agenzia immobiliare? **Che** ora è?	**What** car does he drive? **What's** the number of the estate agent's? **What** time **is** it?	他开什么车? 房屋中介的电话是什么? 现在几点?

Dove...?

Dov'è il commissariato di polizia? **Dove** sono le toilette? **Dove** devo firmare? **Dov**'è il municipio?	**Where's** the police station? **Where** are the toilets? **Where** do I have to sign? **Where's** the town hall?	警察局在哪? 厕所在哪? 我要在哪签名? 市政厅在哪?

Quando...?

Quando vieni a cena? **Quando** vi sposate? **Quando** è il prossimo volo per Londra?	**When** are you coming to dinner? **When** are <u>you</u> getting married? **When** is the next flight to London?	你什么时候来吃晚饭? 你们什么时候结婚? 下一班去伦敦的航班是几点?

问某事发生的时间, 可以用 **A che ora...?** (*What time...?* 什么时候……?)。

A che ora...?

A che ora chiude il museo? **A che ora** comincia il film? **A che ora** pensi di andare?	**What time** does the museum close? **What time** does the film start? **What time** are you thinking of going?	博物馆几点关门? 电影几点开始? 你想几点走?

用 **C'è** 加单数名词和 **Ci sono** 加复数名词可以表示"有……吗?"的意思。

C'è...?

C'è una panetteria in questa zona? **C'è** carne nel sugo? **Ci sono** altre edicole qui vicino?	**Is there** a baker's in this area? **Is there** meat in the sauce? **Are there** other newsagents round here?	这附近有面包店吗? 这个酱汁里面有肉吗? 这附近有报刊亭吗?

问某事怎么做或某物如何，要用 **Come...?**。

Come...?

Come va?	How are you?	你好吗？
Come si fa a procurarsi biglietti?	How do you get tickets?	怎么买票？
Com'è Livorno?	What's Livorno like?	里窝那怎么样？
Come si chiama?	What's Your name?	您叫什么名字？

询问数量时，**quanto** 或 **quanta** 后面接不可数名词，**quanti** 或 **quante** 后面接可数名词。

Quanto...?

Quanto costa un biglietto per Genova?	How much is ticket to Genoa?	到热内亚的票多少钱？
Quanta medicina è rimasta?	How much medicine is left?	还剩多少药？
Quante cipolle sono rimaste?	How many onions are there left?	还剩几颗洋葱？
Quanti chilometri sono fino a Pavia?	How many kilometres to Pavia?	到帕维亚还有多少公里？
Quante fermate mancano al Duomo?	How many stops to the Duomo?	到米兰大教堂还有几站？
Quanto ci si mette per arrivare a Portofino?	How long does it take to get to Portofino?	到波托菲诺有多远？

征求许可

最简单的索要许可的方法是说 **Posso...?** (Can I...? 我能……吗？) 或 **Potrei...?** (Chould I...? 请问我能……吗？) 加动词不定式形式。**posso** 和 **potrei** 由动词 **potere** (to be able 可以) 变位而来。想了解更多关于动词 **potere** 的信息，请查阅第 282 页。

Possp...?

| Posso usare il telefono? | Can I use the phone? | 我能用一下电话吗？ |
| Posso pagarla in due rate? | Can I pay You in two instalments? | 我能分两次付您款吗？ |

Potrei…?

Potrei restare ancora una settimana?	**Could I** stay for another week?	请问我能再留一周吗?
Potrei parcheggiare qua la macchina?	**Could I** park my car here?	请问我能把车停在这吗?

你也可以用 **Le dispiace se…?** (*Do You mind if…?* 您介意……吗?),或更随便一点的 **Ti dispiace se…**,加动词现在时形式。如果你在和不止一个人讲话时,要用 **Vi dispiace se…?**。想了解更多关于现在时的信息,请查阅第 268 页。

Le dispiace se…?

Le dispiace se funo?	*Do You mind if* I smoke?	你介意我抽烟吗?
Le dispiace se apro la finestra?	*Do You mind if* I open the window?	你介意我开窗户吗?
Le dispiace se invito degli amici stasera?	*Do you mind if* I have a few friends over tonight?	你介意我今晚叫几个朋友来吗?
Le dispiace se non vengo con voi stasera?	*Do* **you** *mind if* I don't come with <u>you</u> tonight.	你们介意我今晚不和你一起去吗?

索要物品

用意大利语索要物品,简单的说法是说出你想要的东西的名称加 **per favore** (*please* 请)。此外还可以用 **per piacere** 或者 **per cortesia**。

Un…, per favore.

Un biglietto di sola andata per Parma, **per favore**.	*A single to Parma,* ***please***.	请给我一张到帕尔马的单程票。
Una limonata, **per favore**.	*A lemonade,* ***please***.	请给我一杯柠檬水。
Una ciabatta, **per piacere**.	*One ciabatta,* ***please***.	请给我一个夏巴塔面包。
Due panini **e quattro** pizzette **per favore**.	*Two rolls* ***and four*** *small pizzas,* ***please***.	请给我两个卷和四个小披萨。

表达你喜欢什么，或想要什么，可以用 **vorrei**（*I'd like* 我想要）。**vorrei** 由动词 **volere**（*to want* 想要）变位而来。想了解更多关于动词 **volere** 的信息，请查阅 283 页。

Vorrei...

Vorrei dei francobolli, per favore.	***I'd like*** *some stamps, please.*	我想要一些邮票。
Vorrei due biglietti per la mostra.	***I'd like*** *two tickets for exhibition, please.*	我想要两张展览门票。
Vorremmo un appartamento con vista mare.	***We'd like*** *a flat with a sea view.*	我们想要一间海景房。

小贴士！

要记住，意大利语中的 **per favore** 不像英语当中的 *please* 用的那么频繁。语气当中就可以表达礼貌。

一种询问某人是否有某物的方式是用 **Ha...?**（*Do you have...?* 您有……吗？）。**ha** 由动词 **avere**（*to have* 有）变位而来。想了解更多关于动词 **avere** 的信息，请查阅第 277 页。

Ha...?

Ha il giornale di oggi?	***Do You have*** *today's newspaper?*	您有今天报纸吗？
Ha un indirizzo di posta elettronica?	***Do You have*** *an email address?*	您有邮箱地址吗？

cerco 用于寻找某物时，它由动词 **cercare**（*to look for* 找）变位而来。

Cerco...

Cerco un posto per mettere la tenda.	***I'm looking for*** *somewhere to camp.*	我在找能露营的地方。
Cerco un ristorante vegetariano.	***I'm looking for*** *a vegetarian restaurant.*	我在找素食餐厅。
Cerchiamo un albergo in centro.	***We're looking for*** *a hotel in the town centre.*	我在找一家市中心的酒店。

向他人询问他们是否可以为你做某事，要用 **Può...?** (*Can You...?* 你能……吗？)，或者 **Potrebbe...?** (*Could You...?* 您能……吗？)，加动词不定式。**può** 和 **potrebbe** 由动词 **potere**（可以做）变位而来。想了解更多关于动词 **potere** 的信息，请查阅第 282 页。

Può...?

Può darmi una borsa, per piacere?	*Can You give me a carrier bag, please?*	请问您能给我一个手提袋吗？
Può darci una ricevuta?	*Can You give us a receipt?*	您能给我们收据吗？
Mi **può** fare una fotocopia della certina, per favore?	*Can You photocopy the map for me, please?*	请问您能帮我复印一下地图吗？
Ci **può** portare la lista dei vini, per favore?	*Can You bring us the wine list, please?*	请问您能帮我拿来酒单吗？

小贴士!

意大利语可以说 **Mi può dare...?** 或者 **Può darmi...?** (*Can you give me...?* 你能给我……吗？)。

Potrebbe...?

Potrebbe spostare la macchina, per favore?	*Could You move your car, please?*	请问您能挪一下车吗？
Le **potrebbe** dare un messaggio?	*Could You give her a message?*	请问您能给她带个口信吗？
Mi **potrebbe** contattare sul mio cellulare?	*Could You contact me on my mobile?*	请问您能打我的手机吗？
Ci **potrebbe** dare una ricevuta?	*Could you give us a receipt?*	请问你能给我们收据吗？

要表示"能给我……吗？"的意思，特别是在柜台或者让别人给你某物时，可以用 **Mi dà...?** 加 **per favore**。对熟人或者比你年轻的人可以用 **Mi dai...?**。

Mi dà...?

Mi dà una ciabatta, per favore?	*Can I have a ciabatta, please?*	请问您能给我一个夏巴塔面包吗？
Mi dà una limonata, per favore?	*Can I have a lemonade, please?*	请问您能给我一杯柠檬水吗？
Mi dai la penna, per piacere?	*Can I have your pen, please?*	请问你能给我你的钢笔吗？

抱怨

当你抱怨这里有什么或者没有什么的时候,可以用 **c'è** 或 **non c'è** 来表达。当所抱怨的事物为复数时,要用 **ci sono** 或 **non ci sono**。

C'è...

C'è troppo rumore.	**There's** too much noise.	这里太吵了。
Ci sono scarafaggi nell'appartamento.	**There are** cockroaches in the flat.	公寓里有蟑螂。
Non c'è acqua calda.	**There isn't any** hot water.	这里没有热水。
Non ci sono asciugamani puliti in camera.	**There aren't any** clean towels in this room.	房间里根本没有干净的毛巾。

也可以用 **non c'è abbastanaza** 或 **non ci sono abbastanza** 来表达没有足够的某物。

Non c'è abbastanza...

Non c'è abbastanza luce.	**There's not enough** light.	这里光线不足。
Non ci sono abbastanza informazioni.	**There isn't enough** information.	信息不足。
Non c'erano abbastanza sedie.	**There weren't enough** chairs.	这里椅子不够。

当某物用完时,可以用 **non c'è più** 或 **non ci sono più** 来表达。

Non c'è più...

Non c'è più carta igienica nella toilette delle signore.	**There isn't any** toilet paper left in the ladies.	女厕的卫生纸用完了。
Non ci sono più depliant.	**There aren't any** leaflets left.	传单都发完了。

描述人和物

当你要描述一个人或者事情的时候，在形容词前使用 **è** (*he/she/it is* 他 / 她 / 它是)。

È…

È molto alto.	He's *very tall.*	他很高。
È simpatica.	She's *nice.*	她人很好。
È bello.	It's *beautiful.*	它很漂亮。
È lontano.	It's *a long way away.*	这很远。
È pesantissimo.	It's *really heavy.*	这真的很重。

小贴士！

意大利语中，人称代词 **io, tu, lui, lei** 等 (*I, you, he, she* etc 我、你、他、她等) 使用的频繁较低。它们用来强调，如 **è lei che dovrebbe chiedere scusa** (*it's she who should apologize* 应该道歉的人是她)，**non sono stato io** (*it wasn't me* 这不是我)。

avere (*to have* 有) 用于描述人的特征。它也可以和 **anni** (*years* 年) 一起使用，来表示年龄。想了解更多关于动词 **avere** 的信息，请查阅第 277 页。

Ha

Ha i capelli grigi.	He's got *grey hair.*	他一头白发。
Ha gli occhi azzurri.	She's got *blue eyes.*	她有一双蓝色的眼睛。
Ha la carnagione scura.	He has *a dark complexion.*	他肤色黝黑。
Ho ventidue **anni**.	I'm *twenty two.*	我二十二岁。

小贴士！

记住，意大利语中描述身体部位或特征的单词前要加上冠词 (**il, la, gli** 等)，如 **ha gli occhi azzurri** (*She has blue eyes* 她有一双蓝眼睛)。

解释问题

在解释问题时,用 **c'è** 和 **ci sono** 来表示这里有什么或者没有什么。当时间为过去时,用 **c'è stato** 或者 **ci sono stati**。

C'è...

C'è uno strano rumore.	**There's** a strange noise.	这里有奇怪的声音。
Non ci sono asciugamani nella stanza.	**There aren't** any towels in my room.	我的房间里没有毛巾。
C'è stato un incidente.	**There's** been an accident.	这里曾经出过事故。
Non si sono state lamentele.	**There have been** no complaints.	已经没有问题了。

小贴士!

记住,**stato** 和 **stati** 要跟后面接着的词语的词性保持一致:**non c'è stato un volo prima di oggi** (there wasn't a flight before today 今天之前没有航班了),**non c'è stata una grande affluenza di pubblico** (not many people attended 参加的人不是很多)。

在不定式前使用 **non riesco a** (I can't 我不能),表达你不能做。

Non riesco a...

Non riesco a far partire la macchina.	**I can't** get the car to start.	我没办法发动这辆车。
Non riesco a contattare la mia famiglia.	**I can't** get in touch with my family.	我联络不上我的家人。
Non riusciamo a far funzionare il riscaldamento.	**We can't** get the heating to work.	我们无法供暖。

在不知怎么做时,用 **non so...** 表示"我不会"。

Non so...

Non so cucinare.	**I can't** cook.	我不会做饭。
Non so parlare molto bene l'italiano.	**I can't** speak Italian very well.	我意大利语讲的不是很好。
Non sa guidare.	**He can't** drive.	他不会开车。

表达意见

用 **penso che**，**trovo che** 或者 **credo che** 表示"我认为"。它们后面要加虚拟式或将来时。想了解更多关于虚拟式和将来时内容，请查阅 270 页和 268 页。

Penso che…

Penso che dovrebbe prenotare in anticipo.	**I think** You should book in advance.	我认为您应该提前预订。
Penso che pioverà.	**I think** it's going to rain.	我觉得要下雨了。
Non penso che sia una buona idea.	**I don't think** it's a good idea.	我认为这不是一个好主意。
Non penso che sia già arrivato.	**I don't think** he's arrived yet.	我觉得他还没到。
Cosa ne pensi?	**What do you think?**	你觉得呢？

Trovo che…

Trovo che abbia ragione.	**I think** he's right.	我觉得他是对的。
Trovo che sia un po' caro.	**I think** it's a bit dear.	我觉得它有点贵。
Trovo che sia un po' infantile.	**I think** he's a bit childish.	我觉得他有点孩子气。
Non trovo che sia un bel film.	**I don't think** it's a very good film.	我认为这不是一部好电影。

Credo che…

Credo che ti preoccupi per niente.	**I think** you're worrying about nothing.	我认为你没有什么好担心的。
Crede che ne valga la pena?	**Do You think** it's worth it?	您觉得它值得吗？
Non credo che ce la faremo.	**I don't think** we'll make it.	我不认为我们能做到。

用 **sono d'accordo** 表示同意，**non sono d'accordo** 表示不同意。

Sono d'accordo…

Sono d'accordo con te.	**I agree with** you.	我同意你的意见。
Siamo entrambi **d'accordo**.	**We both agree**.	我们都同意。
Non sono affatto **d'accordo**.	**I completely disagree**.	我完全不同意。

提出建议

当你想向某人建议某事时，用 **potremmo** (*we could* 我们可以)。

Potremmo…

Potremmo andare al cinema.	***We could*** *go to the cinema.*	我们可以去电影院。
Potremmo sederci fuori.	***We could*** *sit outside.*	我们可以去外面坐。

另一种表达建议的方式是，用询问的语气，将简单句变为提问语气。

Prendiamo qualcosa da bere?	***Shall we have*** *something to drink?*	我们要喝点什么吗？
Diamo un'occhiata al menù?	***Shall we have a look at*** *the menu?*	我们要看一下菜单么？

Perché non…? 可以用来表示"我们为什么不……呢？"。

Perché non…?

Perché non chiediamo a una commessa?	***Why don't*** *we ask a shop assistant?*	我们为什么不问一下店员呢？
Perché non facciamo una tappa a Urbino strada facendo?	***Why don't*** *we stop in Urbino on the way?*	我们为什么不在乌尔比诺停一下呢？

用 **E se…?** (*How about…?* ……怎么样？) 加动词未完成虚拟式形式，表示建议去做某事。想了解更多关于虚拟式的信息，请查阅 270 页。

E se…?

E se passassimo la notte qui?	***How about*** *spending the night here?*	在这儿过夜怎么样？
E se andassimo in traghetto?	***How about*** *going there by ferry?*	坐船去那儿怎么样？
E se chiedessimo al carabiniere?	***How about*** *asking the police officer?*	去问问警官怎么样？
E se noleggiassimo una macchina?	***How about*** *hiring a car?*	租辆车怎么样？

当问某人是否想去做某事时，可以用 **Le andrebbe di...?** 或者更随意一些用 **Ti andrebbe di...?** (*Would you like...?* 你觉得……怎么样?)。如果对方超过一人，用 **Vi andrebbe di...?**。**andrebbe** 由动词 **andare** 变位而来。想了解更多关于动词 **andare** 的信息，请查阅第 276 页。

Le andrebbe di...?

Le andrebbe di venire a bere qualcosa?	***Would You like*** to come and have a drink?	请问您想去喝点什么吗？
Ti andrebbe di visitare la cattedrale?	***Would you like*** to see the catherdral?	请问你想去看大教堂吗？
Vi andrebbe di cenare da noi?	***Would you like*** to come to dinner with us?	请问你们想来和我们一起吃饭吗？

问别人喜欢什么时，可以说 **Hai voglia di...?** (*Do you fancy...?* 你喜欢……吗?) 或更随意的 **Ha voglia di...?** 加动词不定式形式。如果对方超过一人，可以用 **Avete voglia di...?**。

Hai voglia di...?

Hai voglia di mangiare un gelato?	***Do you fancy*** an ice cream?	你喜欢冰淇淋吗？
Ha voglia di prendere un caffè?	***Do You fancy*** going for a coffee?	您想去喝杯咖啡吗？
Avete voglia di andare a fare un giro in barca?	***Do you fancy*** going sailing?	你们想去航海吗？

想为别人做事时，可以用 **lasci che** (或者用 **tu** 的形式 **lascia che**)，表示"让我"，加动词虚拟式中。想了解更多关于虚拟式的信息，请查阅 270 页。

Lasci che...

Lasci che l'aiuti.	***Let me*** help You.	让我来帮你。
Lasci che ti porti la valigia.	***Let me*** carry your suitcase.	让我帮你拿手提箱。

用 **Le dispiace se...?** 或更随意的 **Ti dispiace se...?** 表示"……可以吗?"如果对方超过一人,用 **Vi dispiace se...?**。

Le dispiace se...?

Le dispiace se la chiamo a casa?	*Is it okay with You if I call You at home?*	我在家给您打电话可以吗?
Ti dispiace se ripasso domani?	*Is it okay with you if I come back tomorrow?*	我明天回来可以吗?
Vi dispiace se io resto qua?	*Is it okay with you if I stay here?*	我和你们一起待在这儿可以吗?

如果你想提出更好的意见,可以用 **Mi andrebbe meglio...?** (*It would be better for me...* ……对我来说更好)。

Mi andrebbe meglio...

Mi andrebbe meglio venerdì.	*Friday would be better for me.*	星期五会更好。
Mi andrebbe meglio incontrarvi là.	*It would be better for me if I met you there.*	我在这见你们会更好。

描述事件经过

用意大利语描述事件经过,可以用 **avere** (*to have* 有) 或 **essere** (*to be* 是) 加动词过去时和过去分词形式。想了解更多关于过去时的信息,请查阅第 268 页。

Ho...

Ho avuto un incidente.	*I've had an accident.*	我出过事故。
Abbiamo mangiato molto bene.	*We ate very well.*	我们吃得很好。
Abbiamo assistito a uno scippo.	*We've witnessed a mugging.*	我们目睹了一起抢劫事件。

Sono...

Sono arrivato stamattina.	*I arrived this morning.*	我今天早上到的。
Mi sono rotta la gamba.	*I've broken my leg.*	我的腿受伤了。
È caduto.	*He fell.*	他跌倒了。

表达必要性

表达必须做的事，用 **devo** (*I need to* 我需要) 加动词不定式形式。**devo** 由动词 **dovere** (*to have to* 应该) 变位而来。想了解更多关于动词 **dovere** 的信息，请查阅第 279 页。

Devo…

Devo fare il pieno.	***I need to*** fill up the car.	我必须要给车加油。
Devo fare una telefonata.	***I need to*** make a phone call.	我需要打个电话。
Dobbiamo andarli a prendere all'aeroporto.	***We have to*** pick them up from the airport.	我们需要把他们从机场接回来。

你也可以用 **bisogna che** 加动词虚拟语气形式。想了解更多关于虚拟式的信息，请查阅第 270 页。

Bisogna cha…

Bisogna che gli patli subito.	***I must*** talk to him straightaway.	我必须立刻和他谈话。
Bisogna che li avvertiamo per tempo.	***We must*** let them know in advance.	我们必须提前让他们知道。
Bisogna che tu vada di persona.	***You must*** go in prison.	你必须独自去。

表达应该做的事，用 **dovrei** (*I should* 我应该) 加动词不定式形式。**devo** 由动词 **dovere** (*to have to* 应该) 变位而来。想了解更多关于动词 **dovere** 的信息，请查阅第 279 页。

Dovrei…

Dovrei andare.	***I should*** go.	我该走了。
Dovrei fare le pulizie.	***I should*** clean up.	我该打扫卫生。
Dovreste venire a trovarci.	***You should*** come and see us.	你该来看看我们。

表达喜好

在意大利语中，表达喜欢，用 **mi piace**（*I like* 我喜欢）加单数名词，用 **mi piacciono** 加复数名词。表达不喜欢用 **non mi piace** 或 **non mi piacciono**（*I don't like* 我不喜欢）。动词 **amare** 表示你真的非常喜欢某物。

Mi piace...

Mi piace questo quadro.	*I like* this painting.	我喜欢画画。
Mi piace molto la Calabria.	*I like* Calabria *a lot*.	我非常喜欢卡拉布里亚。
Mi piacciono i paesini dell'Umbria.	*I like* the small villages in Umbria.	我喜欢翁布里亚的小村庄。
Ti è piaciuta la commedia?	*Did you like* the play?	你喜欢这部戏吗？
Mi piace di più suo fratello.	*I think* his brother is more attractive.	我更喜欢他的兄弟。

Amo...

Amo la poesia.	*I love* poetry.	我喜欢诗歌。
Amo i film in bianco e nero.	*I love* black and white movies.	我喜欢黑白电影。
Ama cucinare.	*He loves* cooking.	他喜欢烹饪。

Non mi piace...

Non mi piace la musica jazz.	*I don't like* jazz.	我不喜欢爵士乐。
Non mi piacciono gli espressionisti.	*I don't like* expressionist painting.	我不喜欢表现主义绘画。

小贴士!

如果你想告诉某人你喜欢他们，对普通朋友用 **Mi sei simpatico** 或者 **simpatica**。用意大利语说"我爱你"，对朋友或者小孩等用 **Ti voglio bene**（*I care about you* 我爱你），而对情人说用 **Ti amo**。

表示你更偏好什么时，用 **preferisco** (*I prefer* 我更喜欢)。表达比起 **B** 更喜欢 **A** 时，用 **preferisco A a B**。**preferisco** 由动词 **preferire** 变位而来。想了解更多关于 **preferire** 一类以 **-ire** 结尾的动词的信息，请查阅第 266 页。

Preferisco...

Preferisco la camicia grigia.	***I prefer*** *the grey shirt.*	我更喜欢灰色的衬衫。
Preferisco il treno **al** pullman.	***I prefer*** *the train* ***to*** *the bus.*	比起公交车我更喜欢火车。
Preferisco la cucina italiana **alla** cucina francese.	***I prefer*** *Italian food* ***to*** *French food.*	比起法餐，我更喜欢意大利食物。

表达愿望

表达愿望你可以说 **vorrei** 或 **mi piacerebbe** (*I like* 我喜欢)。它们由动词 **volere** 和 **piacere** 变位而来。

Vorrei...

Vorrei andare a San Marco.	***I'd like*** *to go to San Marco.*	我想去圣马可。
Vorrei guadagnare di più.	***I'd like*** *to earn more.*	我想赚更多。
Vorrei controllare la mia posta elettronica.	***I'd like*** *to check my emails.*	我想查看一下我的邮箱。

Mi piacerebbe...

Mi piacerebbe vedere l'Arena.	***I'd like*** *to see the Arena.*	我想去看竞技场。
Ci piacerebbe fermarci qui un po' di più.	***We'd like*** *to stay here a little longer.*	我们想在这里再待一会儿。

表达你更想做某事，用 **preferirei**，它由动词 **preferire** (to prefer 更喜欢)。想了解更多关于 **preferire** 一类以 **-ire** 结尾的动词的信息，请查阅第 266 页。

Preferirei...

Preferirei partire al mattino presto.	**I'd rather** leave early in the morning.	我更想明天早点离开。
Preferirei prendere in affitto un appartamentino.	**I'd rather** rent a small flat.	我更想租一间小公寓。
Preferiremmo non lasciare il bagaglio in macchina.	**We'd rather not** leave the luggage in the car.	我们最好不要把行李留在车上。

如果你想表达更坚决一些，可以用 **voglio** (I want 我想) 或 **esigo** (I demand 我要)，它们由动词 **volere** (to want 想要) 和动词 **esigere** (to demand 要求) 变位而来。

Voglio...

Voglio parlare con il responsabile.	**I want to** speak to the manager.	我想和经理谈一下。
Voglio sapere perché l'appartamento non è più disponibile.	**I want to** know why the flat is no longer available.	我想知道为什么公寓不能再住？
Non voglio pagare nessun supplemento.	**I don't want to** pay supplement.	我不想再支付任何额外费用。

Esigo...

Esigo una spiegazione!	**I demand** an explaination!	我需要一个解释！
Esigo di essere risarcito di tutte le spese!	**I demand to** be refunded in full!	我需要全额退款！

谈论计划

在谈论计划时,你可以用 **ho interzion di** 或 **conto di** 加动词不定式形式,都表示"我打算……"。

Ho intenzione di...

Ho intenzione di passare due settimane in Maremma.	I'm planning to spend two weeks in Maremma.	我打算去马雷马两周。
Ho intenzione di far costruire una casa.	I'm planning to have a house built.	我打算盖所房子。
Ho intenzione di trasferirci qui.	We're planning to move here.	我们打算搬到这里来。

Conto di...

Conto di stare da un amico.	I'm planning to spend two weeks in Maremma.	我打算和一个朋友在一起。
Non conto di fermarmi qui a lungo.	I'm planning to have a house built.	我不打算长时间待在这里。
Contavamo di fermarci a dormire a Firenze.	We're planning to move here.	我们打算去佛罗伦萨住一夜。

如果想说你正打算要做什么,可以用 **penso di** (*I'm thinking of* 我在想)或 **pensavo di** (*I was thinking of* 我在想)加动词不定式形式。

Penso di...

Penso di comprarmi un lettore MP3.	I'm thinking of buying an MP3 player.	我正打算买一个 MP3 播放器。
Penso di arrivare verso le cinque.	I'm thinking of arriving around five.	我想五点左右到。
Pensavo di invitare Anna a cena.	I was thinking of inviting Anna to dinner.	我曾经想邀请安妮来吃饭。

一个表达你打算做什么的简单的方法就是使用将来时。想了解更多关于将来时的信息,请参阅第 268 页。

Chiamerò Simone.	I'm going to phone Simone.	我打算去给西蒙打电话。
Manderò una cartolina ai miei.	I'm going to send a postcard to my parents.	我打算给父母寄一张明信片。
Andremo a vedere un appartamento questa settimana.	We're going to look at a flat this week.	我们打算这周去看一下公寓。

你也可以用现在时表达你打算去做什么。想了解更多关于现在时的信息，请参阅第 268 页。

Parto domani alle undici.	**I'm leaving** tomorrow at eleven.	我打算明天上午 11 点离开。
Ceno da Marina stasera.	**I'm having dinner** at Marina's tonight.	我准备今晚在马丽娜那里吃饭。
Andiamo a Napoli tra due settimane.	**We're going** to Naples in two weeks.	我们打算去那不勒斯两周。
Arriva la settimana prossima.	**She's coming** next week.	她下周来。

表示你希望去做什么，可以用 **spero di**（*I'm hoping to* 我希望）加动词不定式形式。

Spero di...

Spero di ritornarci un giorno.	**I'm hoping to** go back there one day.	我希望有一天能回到那里。
Spero di potervi raggiungere sabato.	**I'm hoping to** be able to join you on Saturday.	我希望周六可以加入你们。
Speriamo di arrivare in tempo.	**We hope** we'll get there in time.	我们希望准时到。

表示可能做的事情，可以用 **forse**（*perhaps* 可能）加动词现在时或将来时形式。

Forse...

Forse faccio una festa.	**I may** have a party.	我可能开个派对。
Forse stasera vado a bere qualcosa con Thomas.	**I may** go and have a drink with Thomas tonight.	我今晚可能去和托马斯喝点什么。
Forse si trasferirà per sempre in Italia.	**She may** move to Italy permanently.	她可能永久搬去意大利了。

一站式短语汇总

One-stop phrase shop

Chiedo scusa? 对不起，请您再说一遍。

每天我们都使用很简单短语，例如"请坐"、"快点"、"恭喜"、"生日快乐"、"过得愉快"、"谢谢"、"你也一样"等等。在本章节，我们将告诉你所有这些你将用到的意大利语，让你可以自信而得当地表达。

目录

你好，再见	231
请，谢谢	234
引起某人注意	235
确定别人明白了	236
核对事实	237
祝愿	238
道歉	239
使人安心	240
观点	240
同意、不同意、拒绝	241
恭喜祝贺	244
对好消息和坏消息的反应	244
感叹句	245
惊奇	246
鼓励	247
给某人某物	247
危急情况	248
说出你的想法	248
会话用语	249

你好,再见

第一印象是很重要的,所以你要恰当地和人问好。像英语一样,在意大利语中也有几种表达方式。对和你不是很熟的人,或者在商店或办公室,可以在白天用 **buongiorno** 或者晚一点的时候用 **buonasera** (*good afternoon or good evening* 下午好或晚上好)。也可以用非正式的 salve (*hello* 你好)。对熟悉的人或者年轻人,可以用 **ciao** (*hi* 你好)。

你好

Buogiorno, signora.	*Good morning (or afternoon).*	早上好(或下午好)
Buonasera, professore.	*Good evening, professor.*	晚上好,教授。
Salve, mi sa dire dov'è la banca?	*Hello, can you tell me where the bank is, please?*	你好,请问可以告诉我银行在哪里吗?
Ciao, c'è la mamma?	*Hi, is your mun in?*	嗨,你妈妈在家吗?

小贴士!

signora 不像英语中的 *madam* 那么正式。不管是和陌生人还是和认识的女士打招呼都可以用。

再见

Arrivederci, signora!	*Goodbye!*	再见!
Ciao!	*Bye!*	再见!
Buongiorno!	*Goodbye!*	再见!
Buonasera!	*Good night!*	晚安!

小贴士!

你要注意,**ciao** 在见面和告别时都可以用,**buongiorno** 和 **buonasera** 也一样,但 **buonanotte** (*good night* 晚安)只在临睡前说。

……见

A dopo!	See you later!	一会见!
A più tardi!	See you later!	一会见!
A domani!	See you tomorrow!	明天见!
A lunedì!	See you on Monday!	周一见!
Ci vediamo!	See you again!	再见!

小贴士!

要记住，**a dopo** 或 **a più tardi** 表示你很可能同一天晚些时候还会见到这个人。**ci vediamo** 表示未来某个时刻再见面。

当你被介绍给某人时，要知道该怎样回答。**piacere** 是常见的回答方式。

你好

Piacere. – Piacere.	Nice to meet you. – Nice to meet you too.	很高兴见到你。— 我也很高兴见到你。
Piacere di conoscerla. – Il piacere è mio.	Pleased to meet you. – Pleased to meet You too.	很高兴见到你。— 我也很高兴见到你。
Piacere di conoscerti. – Altrettanto.	Nice to meet you. – Nice to meet you too.	很高兴见到你。— 我也很高兴见到你。

在意大利语中，欢迎某人用 **benvenuto**（或 **benvenuta**）加 **a** + 城镇名或 **in** + 国家/地区名称。

欢迎来到……!

Benvenuto!	Welcome!	欢迎!
Benvenuto in Italia.	Welcome to Italy!	欢迎来意大利!
Benvenuta a Perugia!	Welcome to Perugia!	欢迎来佩鲁贾!
Benvenuti in Sicilia, signori!	Welcome to Sicily, ladies and gentlemen!	女士们先生们，欢迎来到西西里!
Benvenute a Trieste, signore!	Welcome to Trieste, ladies!	女士们，欢迎来到的里雅斯特!

见到你真高兴!

Che piacere rivederti, Gianni!	How lovely to see you again, Gianni!	真高兴再次见到你，贾尼!
Che piacere rivederla, signora!	How lovely to see You again!	真高兴再次见到你!
Sono secoli che non ci vediamo!	I haven't seen you for ages!	我好久没见到你了!

和英语一样，在意大利语中也有好几种方式询问"你怎么样"，回答方式也很多。

你好吗?

Come va? – Bene, e tu?	*How are you? – Fine thanks, and you?*	你好吗？——很好,谢谢,你呢?
Come sta, signora? – Bene, grazie, e lei?	*How are you? – Fine thanks, and You?*	你好吗？——很好,谢谢,你呢?
Salve! **Come te la passi**?	*Hello! How's it going?*	你好，怎么样了?
Come ti senti?	*How are you feeling?*	你感觉怎么样?

我……

Bene, grazie, e tu?	*I'm fine thanks. And you?*	我很好，谢谢,你呢?
Non male!	*Not too bad!*	不差!
Si tira avanti!	*Surviving!*	凑合!
Non mi posso lamentare.	*Mustn't grumble.*	还行。
Molto meglio, grazie.	*A lot better, thanks.*	好很多了，谢谢。

敲门

C'è qualcuno?	*Is there anyone here?*	有人吗?
Chi è?	*Who is it?*	是谁?
Un momento!	*One moment!*	稍等!
Arrivo!	*I'm coming!*	我来了!

请某人进来

Avanti!	*Come in!*	请进!
Dopo di lei!	*After You!*	您先请!
Si accomodi!	*Do sit down!*	请坐!
Prego, ragazzi, sedetevi pure.	*Do sit down, everybody.*	大家请坐!
Fai come se fossi a casa tua.	*Make yourself at home.*	请自便。

请，谢谢

当对别人提出要求时，你可以用 **per favore** (*please* 请)，也可以用 **per piacere** 或 **per conrtesia**。

请

Mi dà una birra piccola, **per favore**?	Can I have a half of lager, **please**?	可以给我半杯啤酒吗？
Mi passi il telecomando, **per favore**?	Could you give me the remote control, **please**?	可以给我一下遥控机吗？
Due chili di arance, **per cortesia**.	Two kilos of oranges, **please**.	两公斤橘子，谢谢。
Mi direbbe l'ora, **per piacere**?	**Please** could You tell me the time?	可以告诉我一下时间吗？
Sì, **grazie**.	Yes, **please**.	是的，请。

小贴士!

意大利语中的 **per favore** 不像英语当中的 *please* 使用得那么频繁。语气当中就可以表达出礼貌。

和英语中的 *thank you* 一样，在意大利语中对以 **tu**, **lei** 或者 **voi** 相称的人均可使用 **grazie**。

谢谢!

Grazie!	Thank you!	谢谢!
Grazie del regalo.	Thank you for the present.	谢谢你的礼物。
Mille **grazie**.	Thank you very much.	非常感谢。
Molte **grazie**, signora!	Many thanks!	太感谢了!
La **ringrazio**, signore.	Thank You, sir.	谢谢您，先生。
Ti **ringrazio**.	Thank you.	谢谢。
Ti **ringrazio** tanto della lettera.	Thank you very much for your letter.	非常感谢您的来信。

小贴士!

当你接受别人提供的东西时，可以说 **sì grazie** 或 **grazie**，如 Beve qualcosa? -Sì, grazie (*Would You like a drink? -Yes, please* 您要喝点什么吗？— 是的，谢谢)。

对 **grazie** 最常见的回答是 **pergo** (*you're welcome* 不必客气），或用 **di niente** (*not at all* 不客气）。对以 **lei** 相称的人用更正式的 **s'immagini** 或 **si figuri**，对以 **tu** 相称的人用 **figurati** (*don't mention it* 不客气）。

不必客气

Grazie! – Prego!	Thank you! – You're welcome!	谢谢！— 不用谢！
Di niente!	Not at all!	不必客气！
Si figuri!	Don't mention it!	不用客气！
Grazie, Andrea. – Di niente, figurati!	Thank you, Andrea. – Don't mention it!	谢谢你，安德里亚。— 不用客气！
Grazie. – Grazie a lei!	Thank You. – Thank You!	谢谢。— 谢谢您！
Grazie tante, signora. – S'immagini, è un piacere!	Thank You. – Don't mention it, it's a pleasure.	谢谢。— 不必客气，这是我的荣幸。

引起某人注意

在引起某人注意时，可以用 **scusi** 或 **mi scusi**。对熟悉和比你年轻的人可以用 **scusa** 或者 **scusami**。

打扰一下！

Scusi!	Excuse me, please!	打扰一下！
Mi scusi, signora!	Excuse me!	打扰一下！
Scusa!	Excuse me!	打扰一下！
Scusami!	Excuse me!	打扰一下！

确定别人明白了

有时你也许不懂别人用意大利语说什么或者不知道如何用意大利语正确表达自己想说的。以下是一些在此种情况下常用的短语。

我不明白

Scusi, **non capisco**.	*Sorry, **I don't understand**.*	对不起，我不明白。
Potrebbe ripetere? **Non ho capito**.	*Please could You repeat that? **I didn't understand**.*	请再重复一遍好吗？我不明白您说的。
Mi scusi, **non ho capito** quello che ha detto.	*Sorry, **I didn't understand** what You said.*	对不起，我不明白您刚才说的。

怎样说……？

Come si dice 'driving licence' in italiano?	***How do you say*** *'driving licence' in Italian?*	"驾照"用意大利语怎么说？
Come si chiama in italiano?	***What's this called*** *in Italian?*	这个用意大利语怎么说？

……你介意吗？

Le dispiacerebbe parlare più lentamente?	***Would You mind*** *speaking more slowly?*	您介意说慢一点吗？
Le dispiacerebbe ripetere?	***Would You mind*** *repeating that?*	您介意再重复一遍吗？

……什么？

Scusi, **cosa** ha detto?	*Sorry, **what** did You say?*	对不起，您说什么？
Scusa, **come** hai detto?	*Sorry, **what** did you say?*	对不起，你说什么？
Mi scusi, **cosa vuol dire** 'vietato'?	*Sorry, **what** does 'vietato' mean?*	对不起，请问"vietato"是什么意思？

核对事实

核对事实的时候可以用 **vero** 和 **no**?。他们用在陈述事实的结尾,表示"对吗"。

……对吗?

Siete di Napoli, **vero**?	You're from Naples, **aren't you**?	你们来自那不勒斯,对吗?
È rumoroso, **vero**?	It's noisy, isn't it?	非常吵闹,对吗?
Voi siete arrivati ieri, **no**?	You arrived yesterday, **didn't you**?	你们是昨天到的,对吗?
Vieni **o no**?	Are you coming **or not**?	你来吗?
Tu gli hai detto che andava bene, **no**?	You told him it was okay, **didn't you**?	你告诉他一切都好,对吗?
Hai i passaporti, **vero**?	You do have the passports, **don't you**?	你有驾照,对吗?

在意大利语中表达"你觉得呢?",你可以对一些不熟悉的人用 **non trova**,对熟悉的人或年轻人用 **non trovi**,对几个人说话时可以用 **non trovate**。

你觉得呢?

Fa freddo, **non trova**?	It's cold, **don't You think**?	很冷,您觉得呢?
Le sta bene, **non trovi**?	It suits her, **don't you think**?	这很适合她,你觉得呢?
È bello, **non trovate**?	It's beautiful, **don't you think**?	很漂亮,你们觉得呢?

祝愿

希望某人过得愉快、周末愉快等,在阳性词前用 **buon**,阴性词前用 **buona**。

……愉快!

Buon fine settimana!	Have a nice weekend!	周末愉快!
Buon viaggio!	Have a good trip!	旅途愉快!
Buon appetito!	Enjoy your meal!	用餐愉快!
Buona notte!	Sleep well!	睡个好觉!
Buone vacanze!	Have a nice holiday!	假期愉快!
Buon divertimento!	Have fun!	玩得愉快!
Alla salute!	Cheers! (when drinking)	干杯!(喝酒时)
Salute!	Bless you! (when somebody sneezes)	保佑你!(别人打喷嚏时)

你也可以用 **buon** 和 **buona** 祝愿别人"……快乐!"。

……快乐!

Buon Natale!	*Happy* Christmas!	圣诞节快乐!
Buon Anno!	*Happy* New Year!	新年快乐!
Buon compleanno!	*Happy* birthday!	生日快乐!
Buon anniversario di matrimonio!	*Happy* wedding anniversary!	结婚纪念快乐!
Buona Pasqua!	*Happy* Easter!	复活节快乐!

小贴士!

Altrettanto!(*The same to you!* 你也一样!)是个有用的词语。如果你也想祝福别人相同的事情,如 **Buon Natale!**(*Happy Christmas!* 圣诞节快乐!)和 **Buon appetito!**(*Enjoy your meal!* 用餐愉快!),重复以上表达即可。

祝你好运！

Buona fortuna!	**Good luck!**	祝你好运！
Buona fortuna col nuovo lavoro!	**Good luck** with your new job!	祝你找到新工作！
Auguri per l'esame!	**Good luck** for the exam!	祝你考试顺利！

小贴士！

有时候祝某人好运实际上是被认为"不幸运"。相反，你应该说 **In bocca al lupo!** (*literally In the wolf's mouth!* 字面意思"在狼嘴里！"）。这是不正式的说法，应该用 **Crepi il lupo!** (*May the wolf die!* 愿狼死去！）进行回答。

道歉

表达抱歉时，可以用 **mi dispiace**，**mi scuso** 或 **scusa**。更为正式一些的，特别是你做了一件比较严重的事情，可以用 **sono desolato**，女性用 **sono desolata**。

对不起……

Mi dispiace, non intendevo offenderla.	**I'm sorry**, I didn't mean to offend You.	对不起，我无意冒犯你。
Mi dispiace di non averla richiamata prima.	**I'm sorry** that I didn't call You back soon.	对不起，我没能尽快回复您。
Mi scuso del ritardo,	**I'm sorry** I'm late.	对不起，我迟到了。
Scusa, è colpa mia.	**Sorry**, it's my fault.	对不起，是我的错。
Sono veramente **desolato!**	**I'm** really **sorry!**	真的很抱歉！

小贴士！

当你需要别人让一下或者撞上某人时，你也可以说 **chiedo scusa** (*sorry or excuse me* 对不起或劳驾）。

我想恐怕……

Ho paura di sì.	**I'm afraid** so.	我想恐怕是这样。
Temo di sì.	**I'm afraid** so.	我想恐怕是这样。
Temo di no.	**I'm afraid** not.	我想恐怕不是这样。
Ho paura di no.	**I'm afraid** not.	我想恐怕不是这样。
Temo di averlo rotto.	**I'm afraid** I may have broken it.	我想恐怕可能把它打破了。

使人安心

如果别人向你道歉或告诉你他们不是故意的，你可以用 **non fa niente** 或 **non importa** (*it doesn't matter* 没关系) 让他们安心。当然还有其他的表达方式。

没关系

Non fa niente.	It doesn't matter.	没关系。
Non importa.	It doesn't matter.	没关系。
Non si preoccupi, signora!	Don't worry, madam!	别担心，夫人！
Non si preoccuparti!	Don't worry!	
Non preoccuparti, non ha importanza.	Don't worry about it! It doesn't matter.	别担心，没有关系。
Nessun problema.	Don't worry about it.	不要担心。

观点

意大利语表达观点，可以用 **credo**，**penso** (*I think* 我认为) 或 **suppongo** (*I suppose* 我想)。

我认为是这样

Credo di sì.	I think so.	我认为是这样。
Penso di sì.	I think so.	我认为是这样。
Suppongo di sì.	I suppose so.	我想是这样。

我认为不是这样

Non credo.	I don't think so.	我认为不是这样。
Penso di no.	I don't think so.	我认为不是这样。
Suppongo di no.	I suppose not.	我想不是。

我希望如此

Lo spero.	I hope so.	我希望如此。
Lo spero proprio.	I really hope so.	我真的希望如此。
Spero di sì.	I hope so.	我希望如此。
Spero proprio di no.	I really hope not.	我真希望不是这样。

我不确定

Non sono sicuro.	I'm not sure.	我不确定。
Non so.	I don't know.	我不知道。
Sei sicuro?	Are you sure?	你确定吗?

小贴士!
记住如果你是女性,要用 **sicura** 而不是 **sicuro**。

我怀疑

Ne dubito.	I doubt it.	我怀疑。
Ho i miei dubbi.	I have my doubts.	我怀疑。

我不介意

Mi è indifferente.	I don't mind.	我不介意。
Non importa.	I don't mind.	我不介意。
Per me fa lo stesso.	It's all the same to me.	对我来说都一样。

■ 同意、不同意、拒绝 ■

意大利语中的"是的"是 **sì**。

是的

Sì.	**Yes**.	是的。
Sì, certo.	**Yes**, of course.	是的,当然。

真的

È vero.	That's true.	真的。
Non è proprio **vero**.	That's not really **true**.	那不是真的。
È proprio **così**.	It's exactly **that**.	正是。

我同意……

Sono completamente **d'accordo**.	I totally **agree**.	我完全同意。
Sono d'accordo con Paola.	I **agree** with Paola.	我同意保拉。
Anch'io la penso così.	I think that too.	我也那样认为。

如果别人要求你做某事，特别常用的短语是 **D'accordo!** (*OK!* 好的!)，**Certo!** (*Of course!* 当然可以!) 或 **Nessun problema!** (*No problem!* 没问题!)。**OK** 在意大利语中也很常用。

好的!

D'accordo!	OK!	好的!
Allora d'accordo.	OK, then.	那好的!
OK, va bene così.	OK, that's fine.	很好!
Ti dispiace? – No, nessun problema.	Do you mind? – No, no problem.	你介意吗? — 不介意，没问题。

当然

Ma **certo**!	*Of course!*	当然!
Sì, **certo**.	Yes, *of course*.	是的，当然。
Mi aiuterai? – Ma **certo**!	Will you help me? – *Of course I will.*	你能帮我吗? —当然可以!

表达不同意别人或者拒绝别人时，可以使用 **no** 或者其他几个表达不同意的常见句子。

不

No.	*No.*	不。
Certo che no.	*Of course not.*	当然不。
Non è vero.	*That's not true.*	那不是真的。
Be', ti sbagli.	*Well, you're wrong.*	你错了。
Non sono affatto d'accordo.	*I don't agree at all.*	我一点都不同意。
Ha torto marcio.	*He's completely in the wrong.*	他完全错了。

用 **non posso**（*I can't* 我不能）表达你不能做某事时，可以一起用几个词，如 **onestramente**（*honestly* 说实话），**sinceramente**（*truly* 真的），**sfortunatamente**（*unfortunately* 很可惜）。

我不能

Vorrei ma sfortunatamente **non posso**.	I'd like to but unfortunately **I can't**.	我很愿意，但是可惜我不能。
No, onestamente proprio **non posso**.	No, honestly, **I** just **can't**.	不，说实话，我不能。
Mi dispiace ma **non posso**.	I'm afraid **I can't**.	我恐怕不能。
Mi dispiace veramente, ma **non mi sarà possibile** venire.	I'm truly sorry, but **I won't be able** to make it.	真的很抱歉，我不能。

如果你不想作出承诺，**forse** 是意大利语中表达"可能"最简单的用法。表达不确定性有其它几种表达方式。

可能

Forse.	Perhaps.	可能。
È possibile.	Possibly.	也许。
Potresti aver ragione.	You may be right.	可能你是对的。
Può essere benissimo.	It could well be.	这个极有可能。
Dipende.	It depends.	看情况。
Vedremo.	We'll see.	以后会知道的。
Chissà, magari funziona.	Who knows, it might work.	谁知道呢，可能行得通。
Magari ce la facciamo.	We might still make it.	可能我们仍可以实现。

恭喜祝贺

恭喜别人取得成功时,可以用 **Complimenti!** 或 **Congratulazition!** (Congratulations! 恭喜!)。不太正式的说法是 **bravo** (或 **brava** 等)。

恭喜!

Congratulazioni!	*Congratulations!*	恭喜!
Congratulazioni per aver superato gli esami!	*Congratulations on passing your exams!*	恭喜你通过了考试!
Complimenti!	*Well done!*	做得好!
Complimenti per la tua promozione!	*Congratulations on your promotion!*	恭喜你获得提升!
Bravo, **complimenti!**	*Well done!*	做得好!
Bravissimi!	*Well done, all of you!*	你们都做得很好!
Le mie più sentite **congratulazioni** agli sposi.	*My warmest congratulations to the bride and groom.*	对新郎新娘致以最热烈的祝贺!

对好消息和坏消息的反应

当别人告诉你他们很好或者他们有好事时,要知道如何应对。

很高兴听到它

Ma fa piacere.	*Glad to hear it.*	很高兴听到它。
Sono proprio contenta per te.	*I'm really pleased for you!*	我真的为你感到高兴。
È una gran bella notizia.	*That's very good news.*	那真是个好消息。
Che splendida notizia!	*What wonderful news!*	多好的消息!
Splendido!	*How wonderful!*	太棒了!
Ottimo!	*That's great!*	太好了!
Fantastico!	*Fantastic!*	妙极了!

当别人发生不好的事情时，可以用 **mi dispiace**（*I'm sorry* 很难过）来应答。

很抱歉！

Mi dispiace.	*I'm sorry*.	很难过！
Mi dispiace tanto per tua zia.	*I'm really sorry to hear about your aunt.*	听到你姑姑的事我感到很难过。
Ci dispiace moltissimo **per** quanto è successo.	*We're very sorry about what happened.*	对发生的事我们感到很难过。
Sentite condoglianze a lei e alla sua famiglia.	*My condolences to You and Your family.*	对您和您的家人致以最深切的慰问。

表达事情没有那么糟糕或没有那么坏，有很多种表达，如 **non è poi così grave**（*it's not as bad as all that* 事情还没有那么糟糕）。

还没有那么糟糕

Non è poi così grave.	*It's not as bad as all that.*	还没有那么糟糕。
Non è andata poi così male.	*It didn't go too badly after all.*	毕竟没有那么糟糕。
Coraggio! Poteva andar peggio.	*Cheer up! It could have been worse.*	振作起来！事情没有那么糟糕。
Potrebbe esser peggio.	*Things could be worse.*	事情没有那么糟糕。

感叹句

英语中经常说"*What a...!*"表达事情对我们的影响或者我们的感受。意大利语中，可以在名词前边加 che。

多么……啊！

Che paura!	*What a fright!*	多么恐怖啊！
Che peccato!	*What a shame!*	多么丢人啊！
Che sfortuna!	*What bad luck!*	运气太差了！
Ma guarda **che** sorpresa!	*What a surprise!*	多么令人吃惊啊！
Che splendido edificio!	*What a wonderful building!*	多么好的建筑啊！

小贴士！

英语中的 **a** 在意大利语中不会翻译成类似的表达。

英语中的感叹句用"*How...?*",意大利语中可以用 **Com'è...!** 或 **Che...!**。

多么……!

Com'è bello!	*How beautiful!*	多么漂亮!
Che generoso da parte sua!	*How generous of him!*	他好帅!
Che sciocco!	*How silly!*	好傻!
Che delusione!	*How disappointing!*	好失望!
Interessante!	*Interesting!*	真有趣!

小贴士!

像英语中一样,有时 **che** (*how* 多么) 可以省略。

惊奇

意大利语中表达惊奇有很多种方式。

È incredibile!	*That's incredible!*	难以置信!
Ma che sorpresa!	*What a surprise!*	太惊奇了!
Da non crederci!	*I can't believe it!*	我不敢相信!
Non può essere!	*That's impossible.*	不可能。
Ma tu guarda!	*Well, what do you know!*	啊,你知道什么!
Davvero?	*Really?*	真的吗?
Santo cielo! È tardissimo!	*On dear! Is that the time?*	天哪,已经这么晚了吗?

鼓励

如果你需要让别人快点或者让他们做某事，你可以说 **Forzai!** (*Come on! 来吧!*)。

来吧！

Forza, andiamo!	***Come on!*** *Let's go!*	快点，我们走！
Forza! Siamo in ritardo.	***Come on!*** *We're late.*	快点，我们迟到了。
Coraggio che ce la fai!	***Come on!*** *You're going to make it.*	来吧，你能做到！
Non mollare! Quasi ci sei!	***Keep it up!*** *You're nearly there!*	坚持下去，你快达到了！
Presto! Il treno sta per partire!	***Quick!*** *The train is about to go!*	快，火车要开了！
Sbrigati! Il film sta per cominciare!	***Hurry up!*** *The film's about to begin!*	快，电影要开始了！

小贴士！

对以 **tu** 相称的人用 **Sbrigati!**，对以 **lei** 相称的人用 **Si sbrighi!**，对一个以上的人用 **Sbrigatevi!**。

给某人某物

给某人某物时，可以用 **ecco**，也可以用 **tieni**，更正式的说法是 **tenga**。它们由 **tenere** 变位而来。

给你

Ecco.	*Here you are.*	给你。
Tieni, sono i soldi per la corriera.	*Here's the money for the bus.*	这是坐公共汽车的钱。
Tenga, questa è la chiave della cassaforte.	*Here You are, this is the key for Your safe.*	给您，这是您保险柜的钥匙。

危急情况

下面列出了一些在危险和紧急情况下有用的表达方式,希望你永远用不到它们。

小心!

Attenzione!	Look out!	小心!
Stai attento!	Be careful!	当心!
Stia attenta, signora!	Be careful, madam!	小心,夫人!
Tenete d'occhio la borsa!	Watch your bags!	看好你们的包!
Aiuto!	Help!	救命!
Aiutatemi!	Help me!	救救我!
Al ladro!	Stop thief!	抓小偷!
Al fuoco!	Fire!	着火了!

说出你的想法

如果你陷入了一场争论,以下是一些表达你想法的短语,同时也一定要使用很多肢体语言。

我的天哪!

Ma per piacere!	For goodness sake!	我的天哪!
Ma cosa fa?	What do You think You're doing?	您觉得您在做什么?
Ma chi crede di essere?	What do You think You are?	您以为您是谁啊?
Mi prendi in giro, vero?	Are you joking?	你在开玩笑吗?
Figuramoci!	Honestly!	实话实说!
Incredibile.	I don't believe it.	我不相信。
Neanche per sogno.	It's out of the question.	这根本谈不上。
Sciocchezze!	Nonsense!	胡扯!
Ma siamo matti?	This is crazy!	这太疯狂了!

会话用语

如同英语中一样，意大利语中也有很多连接不同观点或表达你对某事不同态度的表达方式。以下是几种表达，如果使用，则会让你的表达更加流利自然。

a dire il vero

| A dire il vero, non è solo colpa sua. | It's not just his fault, to be honest. | 说实话，这不只是他的错。 |

alla fine

| Lo hai trovato, alla fine? | Did you mange to get hold of him in the end? | 你最终找到他了吗？ |

allora

| Sono stanca. – E allora va a dormire.
E allora, che si fa?
Ma allora aveva proprio ragione lui!
E allora? – Allora, cosa? | I'm tired. – Go to bed, then.
What are we doing, then?
So, he was right after all.
So? – So what? | 我很累。—那就上床睡觉吧。
那我们在干什么？
所以他毕竟是对的！
所以？—所以什么？ |

a proposito

| A proposito, suoni ancora il sax? | Do you still play the sax, by the way? | 顺便问一下，你还在吹萨克斯吗？ |

comunque

| Comunque è coperto dall'assicurazione.
È meglio andarci comunque. | It's covered by the insurance anyway.
It's best to go anyway. | 不管怎样，这个包括在保险内。
不管怎样我们最好还是走吧。 |

davvero

| Ho deciso di non invitarla. – Davvero?
È davvero incredibile. | I've decided not to invite her. – Really?
It's totally unbelievable. | 我决定不邀请她。—真的吗？
这真的完全难以置信。 |

dunque

| Dunque, cos'hai deciso? | What have you decided, then? | 那你是怎么决定的? |

e per finire

| E per finire, una bella fetta di torta al cioccolato! | And to finish, a nice slice of chocolate cake! | 最好再来一块美味的巧克力蛋糕! |

e poi

| E poi che facciamo? | Then what shall we do? | 那我们该怎么做? |

finalmente

| Finalemente! È più di un'ora che ti aspetto! | At last! I've been waiting for you for over an hour! | 最终我还是等了你一个多小时! |

小贴士!
记住意大利语中 **finalmente** 意思是"最终",不能等同于英语中的 finally。

innanzitutto

| Innanzitutto dovremmo telefonare all'agenzia. | First of all, we should call the agency. | 首先我们应该打给代理处。 |

in ogni caso

| In ogni caso, il problema è suo, non nostro. | In any case, it's his problem, not ours. | 无论如何,这是他的问题,不是我们的。 |

inoltre

| Sono stanca, e inoltre non ho nessuna voglia di andarci. | I'm tired and what's more I just don't feel like going. | 我很累,而且我感觉不舒服。 |

insomma

| Ma insomma! Te l'ho appena detto! | But I've just told you! | 但是我刚告诉了你! |

Ma dai

| Ma dai! Non è poi così complicato! | **Oh come on!** It's not that hard! | 噢来吧,没有那么难! |

> **小贴士**!
> 意大利语中通常在句子开头加 ma 进行强调,如 **Ma no!**（*No!* 不!）、**Ma certo!**（*But of course!* 当然了!）、**Ma dai!**（*oh come on!* 来吧!）。

però

| **Però** è strano, vero? | **Still**, it's strange, isn't it? | 这仍然很奇怪,不是吗? |

può darsi

| Tornate l'anno prossimo? – Sì, **può darsi**. **Può darsi** che abbia preso un altro treno. | Are you coming back next year? – Yes, **maybe**. She **might** have caught a different train. | 你们明年回来吗? —是的,有可能。她可能坐上了另一辆火车。 |

purtroppo

| **Purtroppo** ha ragione lui. | **Unfortunately**, he's right. | 不幸的是他说对了。 |

va bene

| **Va bene**, vado io. Rispond tu? – **Va bene**. | **OK**, I'll go. Can you get that? – OK. | 好的,我会去的。你能拿一下那个吗? —好的。 |

名词

名词的阴阳性

在意大利语中所有的名词均为阴性或阳性：

- 名词前如果有 **il**，**lo**，**un** 或者 **uno**，表示这个名词是阳性。
- 名词前如果是 **la** 或者 **una**，那么这个名词是阴性。

当你使用名词的时候，需要知道这个名词是阳性还是阴性，因为这会影响和这个名词搭配的其他词的用法，如：

- 修饰名词的形容词，如 **Che bella città!** (*What a nice town!* 这真是一个美丽的城市！)。
- 冠词，如 **Il treno è in ritardo** (*The train is running late* 火车晚点了)。
- 代替名词的代词，如 **Te lo present dopo** (*I'll introduce him to you later* 我待会儿会介绍他给你认识。)

形容词、冠词以及代词都会受到名词性的影响。

指人的名词

大部分指男性或男孩的名词都是阳性的。

| un uomo | a man | 一个男人 |
| un ragazzo | a boy | 一个男孩 |

大部分指女性或女孩的名词都是阴性的。

| una ragazza | a girl | 一个女孩 |
| una siciliana | a woman from Sicily | 一个从西西里岛来的女人 |

指代物的名词

在汉语中我们说所有的事物，如桌子，车，书等都可以用"它"表示。然而，在意大利语中，东西也要分为阳性或阴性。

在很多情况下，你可以根据单词的结尾来判断是阳性还是阴性：

- 以 **-a** 结尾的单词，通常是阴性，如 **una pasticceria** (*a baker's* 一个面包房)，**una banca** (*a bank* 一个银行)。
- 以 **-o** 结尾的单词，通常是阳性，如 **un panino** (*a sandwich* 一块三明治)，**un gatto** (*a cat* 一只猫)。
- 以辅音结尾的单词，一般是阳性，如 **il film** (*the film* 一部电影)，**un autobus** (*a bus* 一辆公交车)。
- 以 **-à**，**-sione** 以及 **-zione** 结尾的单词一般是阴性，如 **una città** (*a town* 一个城市)，**una pensione** (*a guesthouse* 一个旅社)，**la stazione** (*the station* 一个车站)。

注意，以 **-e** 结尾的单词有些是阳性，有些是阴性，如 **il pallone** (*the ball* 球)，la gente (*people* 人)。

另外，要注意一些常见的以 **-a** 结尾的单词却是阳性，如 **un problema** (*a problem* 一个问题)，**il programma** (*the program* 程序)，**il clima** (*the climate* 天气)。还有一些单词以辅音结尾，但却是阴性，如 **una jeep**。

星期和月份是阳性，如 **il lunedì** (*on a Monday* 星期一)，**il luglio scorso** (*last July* 去年7月)。还有表示语言的单词，也是阳性，如 **il francese** (*French* 法语)，**il giapponese** (*Japanese* 日语)。在意大利语中，城市名是阴性的：**Parigi è bella** (*Paris is beautiful* 巴黎很漂亮)。

冠词的用法

定冠词

在意大利语中，定冠词和不定冠词要根据名词的阴阳性来变化。

定冠词	阳性名词	阴性名词
单数	**il** 或 **lo(l')**	**la (l')**
复数	**i** 或 **gli**	**le**

有很多规则帮助你记住应该使用哪种冠词：

- **il** 和 **i** 用于以辅音开头的阳性名词前，如 **il ragazzo** (*boy* 一个男孩)，**i bambini** (*the children* 几个小孩)。
- **la** 和 **le** 用于以辅音开头的阴性名词前，如 **la ragazza** (*the girl* 一个女孩)，**le sorelle** (*the sisters* 姐妹们)。
- **lo** 和 **gli** 用于以 **z** 或者 **s+** 以及其他辅音开头的 **gn**，**pn**，**ps**，**x** 或者 **y** 的名词前，如 **lo zio** (*the uncle* 叔叔)，**lo stagno** (*the pond* 池塘)，**lo yogurt** (*the yoghurt* 酸奶)，**gli**

zaini (*the rucksacks* 帆布背包)。

- **gli** 用于以元音或者 h 开头的阳性复数名词前，如 **gli amici** (*the friends* 朋友们)，**gli hotel** (*the hotels* 酒店)。
- **l'** 用于所有以元音或者 h 开头的阳性或者阴性单数名词前，如 **l'amico** (*the friend* 朋友)，**l'arancia** (*the orange* 橙子)，**l'hotel** (*the hotel* 一个酒店)。

当使用定冠词的时候，如果加介词 **a**，**da**，**di**，**in** 和 **su** (*to*，*from*，*of*，*in and on* 到，从，里，上)，介词和冠词通常采用合写形式：

- **a+** 冠词 → **al/allo/alla/all'/ai/agli/alle**
- **da+** 冠词 → **dal/dallo/dalla/dall'/dai/dagli/dalle**
- **di+** 冠词 → **del/dello/della/dell'/dei/degli/delle**
- **in+** 冠词 → **nel/nello/nella/nell'/nei/negli/nelle**
- **su+** 冠词 → **sul/sullo/sulla/sull'/sui/sugli/sulle**

不定冠词

意大利语不定冠词是 **un** 或 **una**，根据名词阴阳性来变化。

	阳性	阴性
单数	**un** 或者 **uno**	**una** 或者 **un'**
复数	**dei** 或者 **degli**	**delle**

un bambino	*a boy*	一个男孩
uno scolaro	*a pupil*	一支铅笔
una riunione	*a meeting*	一个会议
un'amica	*a girlfriend*	一个女朋友

C'erano **dei** ragazzini qua fuori.	There were **some** kids out here.	有一些小孩在外面。
Incontrava **degli** amici.	She was meeting **some** friends.	她在和一些朋友碰面。
Avresti **delle** graffette?	Have you got **any** clips?	你有没有回形针？

如果要表达说"一些面包"，"一些面条"等，即"一些"加单数名词，在意大利语中可以用 **del** (或 **dello**)，**della** (或 **dell'**)。

C'è ancora **del** pane, se vuoi.	There's still **some** bread left, if you'd like it.	如果你想要的话，这里还剩下一点面包。
Potremmo avere **dell'**acqua, per piacere.	Could we have **some** water, please?	请问我们能要一点水吗？

意大利语使用定冠词要比英语多。一般来说，意大利语句子很少会以没有冠词的名词开头。

La Toscana è molto bella.	Tuscany is very beautiful.	托斯卡纳非常漂亮。
La mamma arriva subito.	Mum is coming.	妈妈正在过来。
Non mi piace **il** riso.	I don't like rice.	我不喜欢米饭。

在意大利语中"我的"，"你的"，"他的"前面也加冠词。

Quella è **la mia** macchina.	That's **my** car.	那是我的车

在意大利语中，如果要搭配身体部位，也可以用冠词代替"我的"、"你的"、"他的"等。

Dammi **la** mano.	Give me **your** hand.	给我你的手。

代词

主语代词

主语代词像"我"、"他"、"她"以及"他们"，用来表示发出动作的主体。

io	I	我
tu (informal, singular)	you	你
lui (masculine)	he, it	他，它
lei (feminine; polite form)	she, it; You	她，它，您
noi	we	我们
voi (plural)	you	你们
loro	they	他们

小贴士！

人称代词如 **egli** (he 他)，**ella** (she 她)，**esso/essa** (it 它) 和 **essi** (they 他们) 会用在文学或者正式用语中，你可能要了解。不过，在口语中这种说法很少用。

在意大利语中什么时候要用到主语代词？

意大利语中很少用代词，因为动词的结尾就已经很清楚地表明了主语。不过，在以下情况下你必须要用代词。

- 没有动词：

| Chi è il più bravo? – **Lui**. | Who is the best? – **He** is. | 谁是最好的？是他。 |

- 强调，对比或者澄清：

| Pago **io**! | **I**'ll get this! | 我会拿这个！ |
| **Io** vado, e tu? | **I**'m going, what about you? | 我已经出发了，你呢？ |

- 在 **anche** (*too* 也) 或 **neanche** (*neither or either* 两个都不) 之后：

| Vengo **anch'io**. | I'm coming **too**. | 我也来了。 |
| **Neanche** lui lo sa. | He doesn't know **either**. | 他也不知道。 |

在意大利语种如何说"你"？

意大利语中有三个词语都表示"*you*"：**tu**，**lei** 和 **voi**。

- 当你要和你比较熟悉的人或者和小孩说的时候用 **tu**。
- 当你要和陌生人，或者你不太知道要用什么语气和别人说的时候，要用 **lei**。
- 用 **voi** 表示不止一个人。

在意大利语中，人称代词很少出现，一般根据动词结尾来判断。在本书中，例句中小写的 *you* 表示 **tu**，大写的 *You* 表示尊称 **lei**，带下划线的 <u>*you*</u> 表示 **voi**。

Mi presti un CD?	Will you lend me a CD?	你能借我一张 CD 吗？
Mi ripete il nome, per favore?	Could You repeat Your name, please?	请问可以重复一下您的名字吗？
Venite?	Are <u>You</u> coming?	你们来吗？

小贴士！

如果你不太知道用哪一种，最安全的办法是用 **lei**，这样就不会冒犯其他人了。

直接宾语代词

直接宾语代词"我"，"他"，"我们"和"他们"用来代替名词。它们受动词直接影响，表示动作直接影响的人或者物品。

mi	me	我
ti (*informal, singular*)	you	你
lo (*masculine*)	him, it	他，它
la (*feminine; polite form*)	her, it; You	她，它，您
ci	us	我们
vi (*plural*)	<u>you</u>	你们
li	them	他们

和英语不同，意大利语直接宾语代词通常会在动词前出现。

Mi ha chiamato Maria.	Maria called **me**.	玛利亚叫我。
Ho preso il giornale. **Lo** vuoi leggere?	I've bought the paper. Do You want to read **it**?	我已经买了报纸，你们想看吗？

有时，代词和动词会连在一起，如在祈使句中。

Chiama**mi** domani.	Call **me** tomorrow.	明天请打电话给我。

使用动词不定式形式时代词可以和不定式动词组合一起，也可以分开。

Posso aiutar**ti**?	Can I help **you**?	我能帮你吗？
Ti posso aiutare?	Can I help **you**?	我能帮你吗？

间接宾语代词

间接宾语代词用来表示动词会给某人或者某事物带来好处的。如："他为我做这件事"中的"我"就是间接宾语代词。以下是意大利语中的间接宾语代词：

mi	me, to me, for me	我，给我，为我
ti (*informal, singular*)	you, to you, for you	你，给你，为你
gli (*masculine*)	him, to him, for him; it, to it, for it	他，给他，为他；它，给它，为它
le (*feminine; polite form*)	her, to her, for her; it, to it, for it	她，给她，为她；它，给它，为它；
	You, to You, for You	您，给您，为您
ci	us, to us, for us	我们，给我们，为我们
vi (*plural*)	you, to you, for you	你们，给你们，为你们
gli/loro	them, to them, for them	他们，给他们，为他们

意大利语不像英语，要把代词放在动词前。

Me l'ha dato Francesca.	Francesca gave it **to me**.	弗朗杰西卡把这个给我了。
Gli ho dato la cartina.	I gave **him** the map.	我给他一张地图。
Ho chiesto **loro** di restare.	I've asked **them** to say.	我已经请他们留下了。

小贴士!

尽管 **gli** 经常用来表示"他们 / 给他们"，不过语法上正确的写法应该是 **loro**，不过现在主要用于一些书面或正式演讲的场合。

强调宾语代词

当你要强调某些事情的时候，就需要用到强调宾语代词，如"这个是给我的吗？"里面的"我"。它们和主语代词形式一样，除了 **me** 和 **te** 要变为 **io** 和 **tu**。

me	I, me	我
te (*informal, singular*)	you	你
lui (*masculine*)	he, him, it	他,它
lei (*feminine; polite form*)	she, her, it; You	她,它,您
noi	we, us	我们
voi (*plural*)	you	你们
loro	they, them	他们

强调宾语代词经常用在介词后面或用来强调和对比。

Vieni con **me**.	Come with **me**.	跟我来。
Non guardava **me**, guardava **lei**.	He wasn't looking at **me**, he was looking at **her**.	他没有看我,他在看她。

如何用 si

在英语中会用到 *you* 或 *one* 表达一个常规状态或提出问题,"*Can you park here?*" "*One has to be careful*"。意大利语中可以用 si

Si può nuotare qui?	Can you swim here?	这里可以游泳吗?

形容词

形容词性数一致

在意大利语中,你需要知道如何根据名词和代词更换不同的形容词,使他们性数一致,下面是一些规律:

阴性名词形容词变法:

- 如果阳性名词以 **-o** 结尾,把 **-o** 变为 **-a**:

un ragazzo **simpatico**	a *nice* boy	一个可爱的男孩
una ragazza **simpatica**	a *nice* girl	一个可爱的女孩

不需要变更词尾的情况:

- 阳性形容词以 **-e** 结尾
- 某些颜色
- 形容词以辅音结尾

un treno **veloce**	a **fast** train	一辆很快的列车
una macchina **veloce**	a **fast** car	一只跑得很快的猫
un tappeto **blu**	a **blue** carpet	一块蓝色的地毯
una tovaglia **blu**	a **blue** tablecloth	一块蓝色的桌布
un gruppo **pop**	a **pop** group	一个流行的组合
la musica **pop**	**pop** music	流行音乐

如何变形容词复数：

- 如果阳性单数形容词以 **-o** 结尾，把 **-o** 变为 **-i**：

un fiore **rosso**	a **red** flower	一朵红花
dei fiori **rossi**	**red** flowers	红花

- 如果阴性单数形容词以 **-a** 结尾，把 **-a** 变为 **-e**：

una gonna **nera**	a **black** skirt	一条黑色的裙子
delle gonne **nere**	**black** skirts	黑色裙子

- 如果形容词以 **-e** 结尾，阳性及阴性都需要把 **-e** 变为 **-i**：

un esercizio **difficile**	a **difficult** exercise	一个很难的练习
degli esercizi **difficili**	**difficult** exercises	很难的练习
una storia **triste**	a **sad** story	一个伤心的故事
delle storie **tristi**	**sad** stories	伤心的故事

有一些形容词单复数形式一致。

una macchina **blu**	one **blue** car	一架蓝色的车
due macchine **blu**	two **blue** cars	两辆蓝色的车

小贴士！

注意当你在描述一对夫妇或者一群人，形容词要用阳性复数形式，除非这个群体全部都由女性组成，形容词才用阴性复数形式。

形容词的顺序

意大利语形容词通常在名词后面，尤其是形容颜色、形状或国籍的形容词。

la cucina **italiana**	**Italian** food	意大利食物
delle cravatte **rosse**	**red** ties	红色领带

一些常用的表达法中形容词在名词前面。

| une **bella** giornata | *a lovely day* | 非常好的一天 |
| **Buona** fortuna! | *Good luck!* | 祝你好运！ |

一些形容词可以在名词前面或后面，但是表达的意思有可能是不一样的。

una casa **vecchia**	*an old house*	一所老房子
un mio **vecchio** amico	*an old friend of mine (long-standing)*	我的一位老朋友
Cara Maria	*Dear Maria*	亲爱的玛利亚
un ristorante **caro**	*an expensive restaurant*	一家昂贵的餐厅

下面的形容词要放在名词前面：

- **mio**，**tuo**，**suo** 等 (*my, your, his etc* 我的，你的，他的等)

| **mio** fratello | *my brother* | 我的兄弟 |

- **questo**，**quello** 等 (*this, that etc* 这个，那个等)

| **questa** strada | *this street* | 这条街 |
| **quei** ragazzi | *those boys* | 那些男孩 |

- **ogni** (*each, every* 每一个)，**qualche** (*some* 某些)，**nessuno** (*no* 没有人)

ogni giorno	*every day*	每一天
qualche errore	*some mistakes*	一些错误
nessuna chiamata	*no calls*	没有来电

- **quale**，**quanto** 等 (*which, what, how much* 哪一个，多少)

| **Quanta** pasta vuoi? | *How much pasta do you want?* | 你要多少面条？ |
| **Quali** programmi hai? | *What plans do you have?* | 你有什么计划？ |

如果两个形容词来形容名词，而且都放在名词后面，要用 **e** (*and* 和) 来连接。

| una persona interessante **e** divertente | *an interesting, funny person* | 一个非常有趣的，诙谐的人 |

对比

如果要表示某样东西更大一些，更漂亮一些等，把 **più** (*more* 更多) 放在形容词前面。如果要说某样东西没有那么重要，不是太贵等，把 **meno** (*less* 更少) 放在形容词前面。"比"在意大利语中用 **di** 来表示，当后面跟冠词 (**il**, **lo**, **la**, **l'**, **i**, **gli**, **le**) 时可以连写为 **del**, **dello**, **della**, **dell'**, **dei**, **degli** 或 **delle**。

Emma è **più** alta **di** te. La mia stanza è **meno** spaziosa **della** tua.	*Emma is tall**er than** you. My room is **less** spacious **than** yours.*	艾玛比你高。我的房间比你的要小一些。

如果你想说"最……"可以用 **il più/la più** 等来表示。

la più bella città del mondo /**la** città **più** bella del mondo	*the most beautiful city in the world*	世界上最漂亮的城市

物主形容词

物主形容词是指"我的","你的","我们的"等等表示某人或者某物拥有什么的词语。

	搭配阳性单数名词	搭配阴性单数名词	搭配复数阴性/阳性名词
我的	mio	mia	miei/mie
你的	tuo	tua	tuoi/tue
他的,她的,它的,您的	suo	sua	suoi/sue
我们的	nostro	mostra	nostri/nostre
你们的	vostro	vostra	vostri/vostre
他们的	loro	loro	loro

物主形容词只与所修饰名词保持性数一致,而非同物主。如 **sua** 可以表示"他的"、"她的"、"它的"、"您的",不过后面只能加阴性名词。注意在意大利语中你需要在"我的","你的"等前面加上冠词。

I miei genitori sono in pensione. **La sua macchina** è dal meccanico.	*My parents are retired.* *His or her or Your car is at the garage.*	我的父母已经退休了。他的/她的/您的车在车库里。

当名词前面是 **mio**、**tuo** 等,后面加表示亲属的名词时,前面不用加冠词。

Mio fratello si chiama Leo.	*My brother is called Leo.*	我的兄弟叫里奥。

小贴士!

不过,当你用形容词描述你的亲属时,必须用冠词。如 **la mia cara nonna** (*my dear grandmother* 我亲爱的奶奶)。

问题

意大利语如何提问。

在意大利语中有很多种方法去询问问题。

- 一般疑问句词序不变,在句子结尾用升调表示疑问。

| Prendi un caffè? | Would you like a coffee? | 你要一杯咖啡吗? |

- 你也可以通过更改词序来提问。

| È bella la Calabria? | Is Calabria nice? | 卡拉布利亚漂亮吗? |

不同于英语,在意大利语中,你可以回答 sì 或者 no。

| Sa nuotare? – Sì. | Can he swim? – Yes, he can. | 他能游泳吗?—是的,他可以。 |

如果你想要用一个完整的短语,意大利语中你需要再重复一次动词。

| Sa nuotare? – Sì, sa nuotare. | Can he swim? – Yes, he can. | 他能游泳吗?—是的,他可以。 |

否定句

否定

在意大利语中,如果你想要表达一个否定的意见,你一般会说 **non** 来表示。不过注意 **non** 要放在动词前。

| Non fumo.
Jeremy non abita più qui. | I don't smoke.
Jeremy doesn't live here anymore. | 我不抽烟。
杰瑞米不在这里住了。 |

Neanch'io 或 **nemmeno io** 是可以替换使用的,表示"我也不喜欢","我也不","我也不是"等意思。可以用在所有的情景中,无论动词时态是什么。

| Non sono mai stata in Spagna. – **Neanch'io**.
Non lo conosco. – **Nemmeno io**.
Io non ci vado, e **neanche lui**. | I've never been to Spain. – Neither have I.
I don't know him. – Neither do I.
I'm not going and neither is he. | 我没有去过西班牙。—我也没有。
我不认识他。—我也不认识他。
我不准备走,他也是。 |

否定句中的词序

如果动词前出现 **mi**, **ti**, **ci**, **vi**, **li** 或 **le**，**non** 要加在它们的前面。

| Marco **non mi** ha telefonato. | Marco **didn't** phone **me**. | 马可没有打电话给我。 |
| **Non l'**ho vista. | **I didn't** see her. | 我没有见到她。 |

在"现在还没有"、"不总是"等短语中，non 也要放在最前面。

| **non ancora** | *not now* | 现在还没有 |
| **non sempre** | *not always* | 不是总是 |

一些短语中用 **no** 代替 **non**

sempre **no**, ma qualche volta	*not always, but sometimes*	不是经常，但是有时候。
Credo di **no**.	*I don't think so.*	我不这么认为。
Ha detto di **no**.	*He said no.*	他说不。
Vieni o **no**?	*Are you coming or not?*	你来还是不来？

在英语中只能用一个否定词，如 *I haven't ever seen him* 而不能用 *I haven't never seen him*。在意大利语中你可以用两个否定词。如 **non** 和另外一个否定词如 **niente**（*nothing* 什么都没有），**mai**（*never* 从来没有）等。

Non hanno fatto **niente**.	*They haven't done anything.*	他们没有做任何事情。
Non la vedo **mai**.	*I never see her.*	我没有见到她。
Non c'era **nessuno**.	*There was nobody there.*	这里没有人。

如果句子以否定词开头，如 **niente**，**nessuno**，那么后面就不用 **non** 了。

| **Nessuno** è venuto. | *Nobody came.* | 没有人来。 |

动词

动词简介

动词要和主语一起用：名词，代词如"我"，"你"，"他"或某人的名字。它们可以用于现在时，过去式以及将来时——这叫做动词的时态。

动词可以是：

- 规则的：有规律的变位方法
- 不规则的：不规律的变位方法

在英文单词中动词原形，如 *walk* 走路。前面如果用 *to* 连接的时候就是动词不定式，如 to walk。

意大利语中也有不定式，一般单词结尾时 -are、-ere 或者 -ire，比如 **parlare**（to speak 说话），**credere**（to believe 相信），**dormire**（to sleep 睡觉）。

除动词原形与不定式之外，英文中的动词后面会根据人称不同相应变化，比如 -s、-ing、-ed。意大利语动词变位则比英文要复杂。

意大利语动词结尾要根据主语的人称变化，单数是 **io**（I 我），**tu**（you 你），**lui/lei/Lei**（he/she/You 他 / 她 / 您，复数是 **noi**（we 我们），**voi**（you 你们），**loro**（they 他们）。意大利语动词还要根据现在时、过去时以及将来时等不同时态进行变化。

在英语中，代词如"我"、"你"、"他"经常用作动词的主语。而在意大利语中，代词用的要少得多，因为动词已经可以表明主语。

不规则动词

意大利语的一些动词不遵循规律变化，这些词我们称之为不规则动词。这里包括很多重要的常用动词，如 **avere**（to have 有），**essere**（to be 是），**fare**（to do or to make 做）和 **andare**（to go 去）。最常见的不规则动词和很多其他一些常用的动词会出现在动词变位表中。

有一些常见的不规则动词以 **-rre** 结尾的。比如：

comporre	to compose 构成	**condurre**	to lead 引导
pore	to put 放置	**produrre**	to produce 生成
proporre	to propose 提议	**ridurre**	to reduce 减少
supporre	to suppose 假设	**tradurre**	to translate 翻译

规则动词

三种类型结尾的规则动词：

- -are：**parlare** 一类以结尾的动词（273 页）
- -ere：**credere** 一类以结尾的动词（274 页）
- -ire：**dormire** 一类以结尾的动词（275 页）

它们被称之为规则动词是因为它们的变位是有规律的。学过这些变位模式之后就能根据相关规律变位这样的规则动词。

如果要将规则动词变成现在时，将来时，条件式，未完成时，命令式或虚拟式，去掉不定式最后三个字母，如 parlare—parl-；credere—cred-；dormire—dorm- 然后在后面加上相应的变位形式。

以 **-are**、**-ere** 和 **-ire** 结尾的规则动词变位是有一套变位规律的。在书后的动词变位表里面动词结尾变位规律会用颜色突出。

dormire 一类以 -ire 结尾的动词中有一组动词在 **io**，**tu**，**lui/lei/Lei** 和 **loro** 的现在时以及现在虚拟式中变位中以 isc 结尾，如 **capire** (*to understand* 明白)，**preferire** (*to prefer* 偏好)，**finire** (*to finish* 完成)。

preferisco	*I prefer*	我更喜欢
preferiamo	*we prefer*	我们更喜欢
capisce	*he understands*	他明白
capite tutti	*you all understand*	你们都明白
finisci	*you finish*	你完成
finiscono	*they are finishing*	他们完成

要想把规则动词变成完成时态，需要：

- 知道 **avere** 和 **essere** 的现在时变位情况（277 页和 280 页）
- 将动词变为过去分词形式

要把规则动词变成过去分词，就要去掉不定式最后 3 个字母，如 **parlare—parl-**，**credere—cred-**，**dormire—dorm-**，然后在后面加上 **-ato**，**-uto**，**-ito**。因此以上三个动词的过去分词为 **parlato**，**creduto** 和 **dormito**。

还有一些动词在一些时态中是规则变位，而在另外一些时态中是不规则变位，如 **avere** (*to have* 有)，**andare** (*to go* 去)，**volere** (*to want* 想)，**dovere** (*to have to* 应该)，**sapere** (*to know* 知道) 以及 **potere** (*to be able* 能) 的过去分词都是规则的：**avuto**，**andato**，**voluto**，**dovuto**，**saputo** 和 **potuto**。

常见不规则动词的过去分词

有很多动词在多数时态下是规则变位的，不过过去分词是不规则变位的。以下是一些例子

aprire, aperto	*to open, opened*	打开
chiedere, chiesto	*to ask, asked*	询问
chiudere, chiuso	*to closed, closed*	关闭
decidere, deciso	*to decide, decided*	决定
leggere, letto	*to read, read*	阅读
mettere, messo	*to put, put*	放置
offrire, offerto	*to offer, offered*	提供
prendere, preso	*to take, taken*	拿
rimanere, rimasto	*to stay, stayed*	留下
scendere, sceso	*to get off, got off*	下车
scrivere, scritto	*to write, written*	写

反身动词

反身动词与反身代词如 "我自己", "你自己", "她自己" 连用, 如 "我（给自己）洗澡", "他（给自己）刮胡子"。意大利语中的反身动词就是在不定式动词结尾的 **e** 改成 **si** (*oneself* 自己), 如 **divertirsi** (*to enjoy oneself* 玩得愉快), **chiamarsi** (*to be calles* 名叫)。

英语中很多动词在意大利语中是反身动词。

accomodarsi	to sit down	坐下
addormentarsi	to go to sleep	去睡觉
alzarsi	to get up	起床
annoiarsi	to get abroad	厌烦
chiamarsi	to be called	叫做
incontrarsi	to meet	见面
perdersi	to get lost	迷失
preoccuparsi	to worry	忧虑
ricordarsi	to remember	记住
sedersi	to sit down	坐下
sbrigarsi	to hurry	着急
sposarsi	to get married	结婚
svegliarsi	to wake up	醒来
trovarsi	to meet	见面
vestirsi	to get dressed	穿衣服

要用到意大利语中的反身动词, 需要选择使用反身代词。以下是一些意大利语的反身代词

主语代词	反身代词	词义
io	mi	我自己
tu	ti	你自己
lui, lei, Lei	si	他、她、它、您自己
noi	ci	我们自己
voi	vi	你们自己
loro	si	他们自己

反身代词需要加在动词不定式的后面, 但是有时候也可以放在动词前面

Dove vuole seder**si**?	*Where would You like to sit?*	您想坐在哪里？
Mi chiamo Silvia.	*My name's Silvia.*	我的名字是西维亚。
Quando **vi** sposate?	*When are <u>you</u> getting married?*	你们什么时候结婚的？
Va bene se **ci** incontriamo là?	*Does it suit you okay if we meet there?*	我们可以在那里见面你觉得可以吗？

动词时态

现在时

现在时用来表达目前的状态，规律性发生的动作，以及现在发生的事情，如 "我是一个学生"，"他是一个顾问"，"我正在学习意大利语"。

在英语中有两种现在时态，意思不同，如可以说 *I speak* 或 *I'm speaking*，而在意大利语中两种意思都可以用 **parlo** 来表示

Parlo un pessimo italiano.	*I speak* terrible Italian.	我意大利语说得不太好。
Parlo troppo veloce?	*Am I speaking* too fast?	我是不是说得太快了？

你也可以用另外一种形式表示现在时：**sto parlando**，表示 "我正在说" 的意思。但是这种形态用的不像英语中现在进行时用得那么多。它主要是为了强调现在发生的事情：

Stanno arrivando!	*They're coming*!	他们来啦！
Cosa **stai facendo**?	What *are you doing*?	你现在在做什么？

在英语中你也可以用现在时来表示不久的将来，在意大利语中也一样。

Parto domani alle undici.	*I'm leaving* tomorrow at eleven.	我明天 11 点离开。
Arriva la settimana prossima.	*She's coming* next week.	她下周会过来。

将来时

将来时表示讨论将来发生的事情，在英语中有很多种方式来表示：可以用将来时，现在时或 *going to* 后面跟不定式。在意大利语中你可以用将来时或现在时表示将来要发生的事情。

Quando **saranno** pronti i documenti?	When *will* the documents *be* ready?	这份文件什么时候能准备好？
Se non le dispiace **ripasso** sabato.	If You don't mind *I'll come back* on Saturday.	如果您不介意的话，我会周六来。
Vedo Gianni giovedì.	*I'm seeing* Gianni on Thursday.	我周四要见嘉妮。
Pensi di rivederlo?	*Are you going to* see him again?	你要再见他吗？

未完成过去时

未完成过去时用于谈论过去，尤其用于描述，说明过去经常发生的事情，如 "我曾经在曼彻斯特工作"，"昨天是晴天"。

Ieri mi **sentivo** bene.	*I **felt** fine yesterday.*	我昨天感觉不错。
Quanto **pensava** di spendere?	*How much **were** You **thinking** of spending?*	您当时考虑花多少钱?
Tu gli hai detto che **andava** bene, no?	*You told him it **was** okay, didn't you?*	你告诉他没问题, 是不是?
Ci **trovavamo** ogni venerdì.	*We **used to meet** every Friday.*	我们曾经每周五见面。

完成时态

英语中完成时态由 *have* 和动词过去式组成: *I have done; he has gone.* 完成时态和过去式在意义上是有区别的。

意大利语中的完成时态也有两部分组成: 一般时态的 **avere** 或者 **essere** 加过去分词。想了解更多关于如何构成规则动词的过去分词形式的信息, 请查阅第 266 页。

英语的完成时和过去时在意大利语中都翻译成完成时态。

Ma insomma! Te l'**ho** appenda **detto**!	*But I **have** just **told** you!*	不过我刚刚告诉你了!
Te l'**ho detto** ieri.	*I **told** you yesterday.*	我昨天和你说过了。

大多数动词都要加 **avere** 构成完成时态。但是有两组动词在变位完成时态时要加 **essere**, 而不是 **avere**: 所有的反身动词 (请查阅 267 页), 和主要表示位移或某种变化的动词, 包括:

andare	*to go*	去
venire	*to come*	来
succedere	*to happen*	发生
partire	*to leave, to go*	离开
scendere	*to go down, to come down, to get off*	下降, 脱下
salire	*to go up, to come up*	上升, 增长
entrare	*to go in, to come in*	进入
uscire	*to go out, to come out*	出去
morire	*to die*	死亡
nascere	*to be born*	出生
divenire	*to become*	成为
restare	*to stay*	停留
cadere	*to fall*	落下

Si è rotto una gamba.	He's broken his leg.	他摔断了腿。
Com'è andata la vacanza?	How was your holiday?	你假期过得怎样啊?
Sono partita prima di lui.	I left before him.	我在他之前离开了。

命令式

命令式用来发出命令和指引,如"请安静!","不要这样做!","请填写表格!"。

在意大利语中,你可以给别人发出指引或命令,只要根据 **-are**、**-ere** 以及 **-ire** 增加适当的结尾即可。

如果要提出建议,(让我们……,我们要不要……?),要用到 **noi** 的命令式形式。

Parlami del tuo nuovo ragazzo.	Tell me about your new boyfriend.	告诉我你新男朋友的情况。
Compili questo modulo, per cortesia.	Please fill in this form.	请填写表格。
Aiutatemi!	Help me!	请帮助我!
Prendiamo prima un aperitivo?	Shall we have drink first?	我们不如先喝一杯?

要告诉某人不要做某事,**non** 用在命令式的前面。如果对方是以 **tu** 相称的人,**non** 后面要用不定式。

Non dimenticate ragazzi.	Don't forget children.	不要忘了孩子。
Non preoccuparti!	Don't worry!	你不要担心!

虚拟语气

虚拟式现在时一般加在 **che** 后面。

Vuole che patli più piano?	Do You want me to speak more slowly?	您要我说慢一些吗?
Bisogna che tu vada di persona.	You must go in person.	你必须亲自去!

虚拟式未完成式一般用于 **E se...?** 之后来提出建议。

E se passassimo la notte qui?	How about spending the night here?	你觉得今晚在这里过夜怎么样?
E se ci andassimo in traghetto?	How about going there by ferry?	你觉得坐船去怎么样?

条件式

条件句用来表示可能会发生的事情,或在某些条件下才能发生的事情。如"如果可以,我肯定会帮助你"。也可以表示你想要什么或需要什么,如"请问你能给我账单吗?"。

Mi piacerebbe rivederti.	**I'd like** to see you again.	我希望能再见到你。
Quando ti **andrebbe** bene?	When **would be** a good time for you?	你觉得什么时间比较好?
Portrebbe portarci i caffè?	**Could You** bring us our coffee?	您能给我们一些咖啡吗?

条件句中用 **preferire** 加 **che** 加虚拟式未完成式表示你希望别人做什么。

Preferirei che mi rimborsasse.	**I'd rather** You gave me my money back.	我希望您还我钱。
Preferirei che spedisse la pratica per posta.	**I'd rather** You sent the file by post.	我希望您能邮寄文件给我。

to speak 说

	现在时		虚拟式现在时
(*io*)	par**lo**	(*io*)	par**li**
(*tu*)	par**li**	(*tu*)	par**li**
(*lui/lei/Lei*)	par**la**	(*lui/lei/Lei*)	par**li**
(*noi*)	par**liamo**	(*noi*)	par**liamo**
(*voi*)	par**late**	(*voi*)	par**liate**
(*loro*)	par**lano**	(*loro*)	par**lino**
	完成时		未完成式
(*io*)	ho par**lato**	(*io*)	par**lavo**
(*tu*)	hai par**lato**	(*tu*)	par**lavi**
(*lui/lei/Lei*)	ha par**lato**	(*lui/lei/Lei*)	par**lava**
(*noi*)	abbiamo par**lato**	(*noi*)	par**lavamo**
(*voi*)	avete par**lato**	(*voi*)	par**lavate**
(*loro*)	hanno par**lato**	(*loro*)	par**lavano**
	将来时		条件式
(*io*)	par**lerò**	(*io*)	par**lerei**
(*tu*)	par**lerai**	(*tu*)	par**leresti**
(*lui/lei/Lei*)	par**lerà**	(*lui/lei/Lei*)	par**lerebbe**
(*noi*)	par**leramo**	(*noi*)	par**leremmo**
(*voi*)	par**lerete**	(*voi*)	par**lereste**
(*loro*)	par**leranno**	(*loro*)	par**lerebbero**
	命令式		过去分词
	par**la**/par**liamo**		par**lato**
	par**late**		
	现在分词		
	par**lando**		

例句

Pronto, chi **parla**?	Hello, who**'s speaking**?	喂，谁呀？
Di cosa **parla** quel libro?	What is that book **about**?	那本书讲的是什么？
Lascia che gli **parli** io.	Let me **talk** to him.	让我和他谈谈。

to believe 相信

	现在时		虚拟式现在时
(io)	cred**o**	(io)	cred**a**
(tu)	cred**i**	(tu)	cred**a**
(lui/lei/Lei)	cred**e**	(lui/lei/Lei)	cred**a**
(noi)	cred**iamo**	(noi)	cred**iamo**
(voi)	cred**ete**	(voi)	cred**iate**
(loro)	cred**ono**	(loro)	cred**ano**

	完成时		未完成时
(io)	**ho** cred**uto**	(io)	cred**evo**
(tu)	**hai** cred**uto**	(tu)	cred**evi**
(lui/lei/Lei)	**ha** cred**uto**	(lui/lei/Lei)	cred**eva**
(noi)	**abbiamo** cred**uto**	(noi)	cred**evamo**
(voi)	**avete** cred**uto**	(voi)	cred**evate**
(loro)	**hanno** cred**uto**	(loro)	cred**evano**

	将来时		条件式
(io)	cred**erò**	(io)	cred**erei**
(tu)	cred**erai**	(tu)	cred**eresti**
(lui/lei/Lei)	cred**erà**	(lui/lei/Lei)	cred**erebbe**
(noi)	cred**eremo**	(noi)	cred**eremmo**
(voi)	cred**erete**	(voi)	cred**ereste**
(lore)	cred**eranno**	(loro)	cred**erebbero**

命令式
cred**i**/cred**iamo**
cred**ete**

过去分词
cred**uto**

现在分词
cred**endo**

例句

Non ci **credo**!	I don't **believe** it!	这我不信!
Non dirmi che **credi** ai fantasmi!	Don't tell me you **believe** in ghosts!	别告诉我你信鬼!
Non voglio che lei **creda** che sono un bugiardo.	I don't want her to **think** I'm a liar.	我不想让她觉得我是骗子。

to sleep 睡觉

	现在时		虚拟式现在时
(*io*)	dorm**o**	(*io*)	dorm**a**
(*tu*)	dorm**i**	(*tu*)	dorm**a**
(*lui/lei/Lei*)	dorm**e**	(*lui/lei/Lei*)	dorm**a**
(*noi*)	dorm**iamo**	(*noi*)	dorm**iamo**
(*voi*)	dorm**ite**	(*voi*)	dorm**iate**
(*loro*)	dorm**ono**	(*loro*)	dorm**ano**

	完成时		未完成时
(*io*)	**ho** dorm**ito**	(*io*)	dorm**ivo**
(*tu*)	**hai** dorm**ito**	(*tu*)	dorm**ivi**
(*lui/lei/Lei*)	**ha** dorm**ito**	(*lui/lei/Lei*)	dorm**iva**
(*noi*)	**abbiamo** dorm**ito**	(*noi*)	dorm**ivamo**
(*voi*)	**avete** dorm**ito**	(*voi*)	dorm**ivate**
(*loro*)	**hanno** dorm**ito**	(*loro*)	dorm**ivano**

	将来时		条件式
(*io*)	dorm**irò**	(*io*)	dorm**irei**
(*tu*)	dorm**irai**	(*tu*)	dorm**iresti**
(*lui/lei/Lei*)	dorm**irà**	(*lui/lei/Lei*)	dorm**irebbe**
(*noi*)	dorm**iremo**	(*noi*)	dorm**iremo**
(*voi*)	dorm**irete**	(*voi*)	dorm**ireste**
(*loro*)	dorm**iranno**	(*loro*)	dorm**irebbero**

命令式	过去分词
dorm**i**/dorm**iamo**	dormito
dorm**ite**	

现在分词
dorm**endo**

例句

Era così stanco che **dormiva** in piedi.	*He was so tired he **was asleep** on his feet.*	他太累了，站着就睡着了。
Dormivo e non ti ho sentita entrare.	*I **was asleep** and didn't hear you come in.*	我睡着了，没听见你进来了。
Sta **dormendo**.	*She's **sleeping**.*	她在睡觉。

to go 走

	现在时		虚拟式现在时
(io)	**vado**	(io)	**vada**
(tu)	**vai**	(tu)	**vada**
(lui/lei/Lei)	**va**	(lui/lei/Lei)	**vada**
(noi)	**andiamo**	(noi)	**andiamo**
(voi)	**andate**	(voi)	**andite**
(loro)	**vanno**	(loro)	**vadano**
	完成时		未完成时
(io)	sono andato/a	(io)	andavo
(tu)	sei andato/a	(tu)	andasvi
(lui/lei/Lei)	è andato/a	(lui/lei/Lei)	andava
(noi)	siamo andati/e	(noi)	andavamo
(voi)	siete andati/e	(voi)	andavate
(loro)	sono andati/e	(loro)	andavano
	将来时		条件式
(io)	**andrò**	(io)	**andrei**
(tu)	**andrai**	(tu)	**andresti**
(lui/lei/Lei)	**andrà**	(lui/lei/Lei)	**andrebbe**
(noi)	**andremo**	(noi)	**andremmo**
(voi)	**andrete**	(voi)	**andreste**
(loro)	**andranno**	(loro)	**andrebbero**
	命令式		过去分词
	vai/andiamo		andato
	andate		
	现在分词		
	andando		

例句

Su, **andiamo**!	Come on, **let's go**!	走，出发！
Come **va**? - bene, grazie!	How **are** you? – fine thanks!	你好吗？——很好，谢谢！
La mamma vuole che tu **vada** a fare la spesa.	Mum wants you to **go** and do the shopping.	妈妈想让你去购物。

to have 有

	现在时		虚拟式现在时
(io)	**ho**	(io)	**abbia**
(tu)	**hai**	(tu)	**abbia**
(lui/lei/Lei)	**ha**	(lui/lei/Lei)	**abbia**
(noi)	**abbiamo**	(noi)	**abbiamo**
(voi)	avete	(voi)	**abbiate**
(loro)	**hanno**	(loro)	**abbiano**

	过去时		未完成时
(io)	ho avuto	(io)	avevo
(tu)	hai avuto	(tu)	avevi
(lui/lei/Lei)	ha avuto	(lui/lei/Lei)	aveva
(noi)	abbiamo avuto	(noi)	avevamo
(voi)	avete avuto	(voi)	avevate
(loro)	hanno avuto	(loro)	avevano

	将来时		条件式
(io)	**avrò**	(io)	**avrei**
(tu)	**avrai**	(tu)	**avresti**
(lui/lei/Lei)	**avrà**	(lui/lei/Lei)	**avrebbe**
(noi)	**avremo**	(noi)	**avremmo**
(voi)	**avrete**	(voi)	**avreste**
(loro)	**avranno**	(loro)	**avrebbero**

命令式
abbi/abbiamo
abbiate

过去分词
avuto

现在分词
aveedo

例句

All'inizio **ha avuto** un sacco di problem.	He **had** a lot of problems at first.	开始他有很多问题。
Ho già mangiato.	**I've** already eaten.	我已经吃了。
Ha la macchina nuova.	She**'s got** a new car.	她有一辆新车。

to give 给

	现在时		虚拟式现在时
(*io*)	do	(*io*)	dia
(*tu*)	**dai**	(*tu*)	dia
(*lui/lei/Lei*)	**dà**	(*lui/lei/Lei*)	dia
(*noi*)	diamo	(*noi*)	diamo
(*voi*)	date	(*voi*)	diate
(*loro*)	**danno**	(*loro*)	**diano**
	完成时		未完成时
(*io*)	ho dato	(*io*)	davo
(*tu*)	hai dato	(*tu*)	davi
(*lui/lei/Lei*)	ha dato	(*lui/lei/Lei*)	dava
(*noi*)	abbiamo dato	(*noi*)	davamo
(*voi*)	avete dato	(*voi*)	davate
(*loro*)	hanno dato	(*loro*)	davano
	将来时		条件式
(*io*)	**darò**	(*io*)	**darei**
(*tu*)	**darai**	(*tu*)	**daresti**
(*lui/lei/Lei*)	**darà**	(*lui/lei/Lei*)	**darebbe**
(*noi*)	**daremo**	(*noi*)	**daremmo**
(*voi*)	**darete**	(*voi*)	**dareste**
(*loro*)	**daranno**	(*loro*)	**darebbero**
	命令式		过去分词
	dai or **da'**/diamo date		dato
	现在分词		
	dando		

例句

Gli **ho dato** un libro.	*I **gave** him a book.*	我给了他一本书。
Può **darsi** che sia malata.	*She **may** be ill.*	她可能生病了。
La mia finestra **dà** sul giardino.	*My windoe **looks** onto the garden.*	我的窗户朝向花园。

to have to 应该

	现在时		虚拟式现在时
(*io*)	**devo**	(*io*)	**debba**
(*tu*)	**devi**	(*tu*)	**debba**
(*lui/lei/Lei*)	**deve**	(*lui/lei/Lei*)	**debba**
(*noi*)	**dobbiamo**	(*noi*)	**dobbiamo**
(*voi*)	**dovete**	(*voi*)	**dobbiate**
(*loro*)	**devono**	(*loro*)	**debbano**
	完成时		未完成时
(*io*)	ho dovuto	(*io*)	dovevo
(*tu*)	hai dovuto	(*tu*)	dovevi
(*lui/lei/Lei*)	ha dovuto	(*lui/lei/Lei*)	doveva
(*noi*)	abbiamo dovuto	(*noi*)	dovevamo
(*voi*)	avete dovuto	(*voi*)	dovevate
(*loro*)	hanno dovuto	(*loro*)	dovevano
	将来时		条件式
(*io*)	**dovrò**	(*io*)	**dovrei**
(*tu*)	**dovrai**	(*tu*)	**dovresti**
(*lui/lei/Lei*)	**dovrà**	(*lui/lei/Lei*)	**dovrebbe**
(*noi*)	**dovremo**	(*noi*)	**dovremmo**
(*voi*)	**dovrete**	(*voi*)	**dovreste**
(*loro*)	**dovranno**	(*loro*)	**dovrebbero**
	命令式		过去分词
	—		dovuto
	现在分词		
	dovendo		

例句

Ora **devo** proprio andare.	I've really **got** to go now.	我现在真的得走了。
Devi finire I compiti prima di uscire.	You **must** finish your homework before you go out.	你出去之前必须完成作业。
Dev'essere tardi.	It **must** be late.	一定晚了。

to be 是

	现在时		虚拟式现在时
(io)	**sono**	(io)	**sia**
(tu)	**sei**	(tu)	**sia**
(lui/lei/Lei)	**è**	(lui/lei/Lei)	**sia**
(noi)	**siamo**	(noi)	**siamo**
(voi)	**siete**	(voi)	**siate**
(loro)	**sono**	(loro)	**siano**
	完成时		未完成时
(io)	sono **stato/a**	(io)	**ero**
(tu)	sei **stato/a**	(tu)	**eri**
(lui/lei/Lei)	è **stato/a**	(lui/lei/Lei)	**era**
(noi)	siamo **stato/e**	(noi)	**eravamo**
(voi)	siete **stato/e**	(voi)	**eravate**
(loro)	sono **stato/e**	(loro)	**erano**
	将来时		条件式
(io)	**sarò**	(io)	**sarei**
(tu)	**sarai**	(tu)	**saresti**
(lui/lei/Lei)	**sarà**	(lui/lei/Lei)	**sarebbe**
(noi)	**saremo**	(noi)	**saremmo**
(voi)	**sarete**	(voi)	**sareste**
(loro)	**saranno**	(loro)	**sarebbero**
	命令式		过去分词
	sii/siamo		stato
	siate		
	现在分词		
	essendo		

例句

Sono italiana.	**I'm** Italian.	我是意大利人。
Mario è appena partito.	Mario **has** just left.	马里奥刚走。
Siete mai **stati** in Africa?	**Have** you ever **been** to Africa?	你们去过非洲吗?

to do, to make 做

	现在时		虚拟式现在时
(*io*)	**faccio**	(*io*)	**faccia**
(*tu*)	**fai**	(*tu*)	**faccia**
(*lui/lei/Lei*)	fa	(*lui/lei/Lei*)	**faccia**
(*noi*)	**facciamo**	(*noi*)	**facciamo**
(*voi*)	fate	(*voi*)	**facciate**
(*loro*)	**fanno**	(*loro*)	**facciano**
	完成时		未完成时
(*io*)	ho **fatto**	(*io*)	**facevo**
(*tu*)	hai **fatto**	(*tu*)	**facevi**
(*lui/lei/Lei*)	ha **fatto**	(*lui/lei/Lei*)	**faceva**
(*noi*)	abbiamo **fatto**	(*noi*)	**facevamo**
(*voi*)	avete **fatto**	(*voi*)	**facevate**
(*loro*)	hanno **fatto**	(*loro*)	**facevano**
	将来时		条件式
(*io*)	**farò**	(*io*)	**farei**
(*tu*)	**farai**	(*tu*)	**faresti**
(*lui/lei/Lei*)	**farà**	(*lui/lei/Lei*)	**farebbe**
(*noi*)	**faremo**	(*noi*)	**faremmo**
(*voi*)	**farete**	(*voi*)	**fareste**
(*loro*)	**faranno**	(*loro*)	**farebbero**
	命令式		过去分词
	fai or **fa'**/ **faciammo**/fate		fatto
	现在分词		
	facendo		

例句

Due più due **fa** quattro.	Two and two **makes** four.	二加二等于四。
Fa il medico.	He **is** a doctor.	他是医生。
Fa caldo.	It's hot.	天很热。

to be able 可以，能

	现在时		虚拟式现在时
(io)	**posso**	(io)	**possa**
(tu)	**puoi**	(tu)	**possa**
(lui/lei/Lei)	**può**	(lui/lei/Lei)	**possa**
(noi)	**possiamo**	(noi)	**possiamo**
(voi)	**potete**	(voi)	**possiate**
(loro)	**possono**	(loro)	**possano**
	未来时		未完成时
(io)	ho potuto	(io)	**potevo**
(tu)	hai potuto	(tu)	**potevi**
(lui/lei/Lei)	ha potuto	(lui/lei/Lei)	**poteva**
(noi)	abbiamo potuto	(noi)	**potevamo**
(voi)	avete potuto	(voi)	**potevate**
(loro)	hanno potuto	(loro)	**potevano**
	将来时		条件式
(io)	**potrò**	(io)	**potrei**
(tu)	**potrai**	(tu)	**potresti**
(lui/lei/Lei)	**potrà**	(lui/lei/Lei)	**potrebbe**
(noi)	**potremo**	(noi)	**potremmo**
(voi)	**potrete**	(voi)	**potreste**
(loro)	**potranno**	(loro)	**potrebbero**
	命令式		过去分词
	—		potuto
	现在分词		
	potendo		

例句

Si **può** visitare il castello tutti i giorni dell'anno.	You **can** visit the castle any day of the year.	城堡常年对外开放。
Può avuto un incidente.	She **may** have had an accident.	她可能出事了。
Speriamo che **possiate** aiutarci.	We hope you **can** help us.	我们希望你们能帮我们。

to want 想要

	现在时		虚拟式现在时
(io)	**voglio**	(io)	**voglia**
(tu)	**vuoi**	(tu)	**voglia**
(lui/lei/Lei)	**vuole**	(lui/lei/Lei)	**voglia**
(noi)	**vogliamo**	(noi)	**vogliamo**
(voi)	**volete**	(voi)	**vogliate**
(loro)	**vogliono**	(loro)	**vogliano**

	完成时		未完成时
(io)	ho voluto	(io)	**volevo**
(tu)	hai voluto	(tu)	**volevi**
(lui/lei/Lei)	ha voluto	(lui/lei/Lei)	**voleva**
(noi)	abbiamo voluto	(noi)	**volevamo**
(voi)	avete voluto	(voi)	**volevate**
(loro)	hanno voluto	(loro)	**volevano**

	将来时		条件式
(io)	**vorrò**	(io)	**vorrei**
(tu)	**vorrai**	(tu)	**vorresti**
(lui/lei/Lei)	**vorrà**	(lui/lei/Lei)	**vorrebbe**
(noi)	**vorremo**	(noi)	**vorremmo**
(voi)	**vorrete**	(voi)	**vorreste**
(loro)	**vorranno**	(loro)	**vorrebbero**

	命令式		过去分词
	—		voluto

	现在分词
	volendo

例句

Voglio comprare una macchina nuova. Devo pagare subito posso pagare domain? – Come **vuole**.	I want to buy a new car. Do I have to pay now or can I pay tomorrow? – As You prefer.	我想买一辆新车。我要现在付钱还是明天也可以? — 随便，都可以。